Rafael Puget als vint anys.

UN SENYOR DE BARCELONA

GENTILESA DE LA

CAIXA D'ESTALVIS PROVINCIAL
DE BARCELONA

JOSEP PLA

UN SENYOR DE BARCELONA

COL·LECCIÓ EL DOFÍ

EDICIONS DESTINO

Primera edició: 1951
Segona edició: 1953
Tercera edicio: 1962
Quarta edició: 1966
Cinquena edició: 1972
Sisena edició: 1977

Dipòsit legal: B. 5084-1977
ISBN: 84-233-0078-1

Gràfiques Instar, S. A.
Constitució, 19
Barcelona-14

Consell de Cent, 425. Barcelona-9
Printed in Spain

DEDICATÒRIA

Aquí teniu, estimat don Rafel, el llibre que fa dos anys us vaig prometre escriure recollint, fins on la meva habilitat arribés, les vostres opinions, notícies, anècdotes i reminiscències. Si vaig tenir una mica de gràcia a portar a cap aquesta feina, és cosa que vós dilucidareu —vós i els vostres amics. Jo he tractat de correspondre a la vostra bondat, que és inesgotable; de tota manera, hi ha una classe d'aspiracions que per mi són molt difícils, per no dir impossibles. Sigui com sigui, una de les més grans satisfaccions de la meva pobra, dispersa i erràtica vida literària ha estat escriure aquest llibre.

Us volia dir, perquè fins avui no havíem tingut ocasió de parlar-ne, que fa molts anys que us conec de vista. Quan el 1917, essent jo estudiant de la Facultad de Dret, vaig fer-me soci transeünt de l'Ateneu Barcelonès, vaig creuar-me moltes vegades amb vós en les escales de la docta corporació. Solíeu baixar-ne els esglaons amb el vostre amic el doctor Font Torner. Era al capvespre, en aquella Barcelona fantàstica de vida, de llum, de benestar, de l'època. La parella que fèieu amb el vostre amic semblava un dibuix de Toulouse-Lautrec. Vós, tan alt i espigat, una mica rígid, amb el barret llonguet de color gris i cinta blava, el coll d'aletes i el plastró sobre el vestit còmode i fort, de bona llana, les sabates rosses brunyides —i en la vostra cara destinada a la curiositat aquell joc de llums i d'ombres, de vegades angèlica, de sobte voltairiana, càustica o bondadosa, sempre profundament humana. A la vostra dreta caminava Font Torner, irrisori i petit, posat dins de l'últim macfarlan de Barcelona, la corbateta i el barretet negre acabat en punta, el seu ull de vidre, la cara entre morosa i cínica.

Alguns anys després, ja una mica fatigat d'anar de la Seca a la Meca, vaig ésser-vos presentar a la vostra tertúlia del "Colón" per don Amadeu Vives, que en pau descansi. Això devia ésser l'any 1932. La tertúlia era una mica crepuscular. Els seus assistents semblaven una mica fatigats. Alguns eren molt vells. Gairebé tots tenien aquell punt de cansada displicència que es tenia llavors a Barcelona a tres quarts de nou del vespre. Vós manteníeu la frescor, la vivacitat de mirada de sempre. Es parlava de senyores. En aquella època, quan no es tenia res més a fer —cosa que sovintejava—, es parlava de senyores. Exposàreu aquesta opinió —ho recordo molt bé—: "Les senyores han d'ésser de més de trenta anys. Els arguments de Balzac són irrebatibles. La dona de trenta anys pot tenir la noció, el fervor, el desig, de la persona que vol rebre. Les de menys edat tenen només excepcionalment aquestes virtuts excelses. En general no saben el que volen. Són belles, però insignificants, encara que atractives..."

Us escoltava fascinat, com gairebé sempre vaig fer a les tertúlies. Però el mestre Vives, com recordareu, era un home molt inquiet. Sospito —sense que ho pugui assegurar— que en un apart de la conversació us parlà del general Prim. Aquest era, precisament, l'objecte de la meva visita: poder llegir, amb la vostra ajuda, unes cartes escrites per Prim a la seva mare. Us transformàreu instantàniament. La vaga reticència que tenia el vostre monòleg esdevingué curiositat vivíssima. Em donàreu una cita. Anàrem en una casa del carrer d'Alfons XII, a Sant Gervasi —molt propera, potser veïna de la que don Joan Maragall ocupà en vida—, una casa d'estil moro, com correspon al general de "A l'Àfrica, minyons, a matar moros, a matar moros". Poguérem llegir les cartes La vostra amabilitat fou inusitada, deliciosa, agradabilíssima. I quantes coses no em contàreu del general Prim! Per a fer-ne un llibre.

Passaren més anys, i un dia vaig arribar a la vostra casa

del carrer Gran de Gràcia. Em rebéreu amb el vostre infatigable humor de sempre. D'això deu fer dos o tres anys. Us vaig trobar posat a dins de la vostra folgada robe de chambre, *amb un mocador de seda blanca al coll nuat amb el nus graciós que hi saben fer els pagesos, la gorreta de propietari rural i les plantofes espesses. Em portàreu cap al menjador, ens acostàrem al braser —cap al vostre menjador, tan ple de records i de coses belles! Parlàrem... millor dit: parlàreu llargament. Després, en acomiadar-nos i passar, a través del corredor, davant de la porta de la cuina, sentírem un filet d'olor exquisida de sopa de menta. Passàreu, un moment, el cap per la porta i diguéreu:*

—Aquesta sopa té una marxa discreta. Que sigui espessa!

L'endemà ens tornàrem a veure. A la tercera visita vaig armar-me amb un llapis i un bloc de paper. Això us féu una certa gràcia —i de la gràcia que us féu nasqué aquest llibre.

Quantes hores passàrem després, plegats, a Barcelona, a Corriol, parlant de les coses de la vostra vida, en un ambient recollit, plàcid, situat fora de l'espai i del temps! Parlàveu gairebé sempre vós, amb el vostre indefectible to menor, amb l'esforç per mantenir immòbil la vostra cara tan sensible, amb la vostra gesticulació escassa, grisa, discretíssima, subratllant a penes les paraules, deixant que el picant o la gràcia, l'estupidesa o la crueltat es deduïssin de la mateixa relació... La vostra prodigiosa memòria us feia passar d'una a una altra anècdota, sense solució de continuïtat, o l'atzar del vostre humor o de la vostra fantasia... Us diré que ha estat precisament la riquesa de les vostres reminiscències, la seva frondositat, el que ha complicat l'elaboració d'aquest llibre. Quantes coses hi trobareu a faltar! Descruire l'art que teniu a mantenir l'interès d'una anècdota, jugant-hi com un gat amb un manyoc de fil, és superior a les meves forces. Dibuixar el moment solemne en què vós, estimat Puget, us alceu lentament del seient i, ja tot el vostre altíssim cos dempeus, remateu, amb el gest d'una mà, el guspireig dels vostres ulls, les faccions de la cara, una anècdota, seria prodigiós i inoblidable —si jo sabés fer-ho.

Iací teniu el llibre. Perdoneu les faltes que conté. Dissimuleu. No he pogut deixar de posar-hi els meus recalcitrants, arrelats defectes.

J. P.

L'Escala, 1942-44.

P. S. Trobant-se aquest llibre pràcticament imprès, m'arriba la notícia de la mort de don Rafel Puget (A. C. S.). No hi ha temps de canviar res. El lector se'n farà càrrec —potser.

Així, doncs, aquest llibre no haurà pogut arribar a les mans del meu inoblidable amic. Això em produeix una gran tristesa, perquè la finalitat essencial d'aquests papers era distreure un moment una persona que m'havia fet amable la vida.

La mort de don Rafel Puget ha gairebé coincidit amb la del meu pobre pare. Aquests darrers viatges posen un vel de tristesa sobre tantes hores de la vida, sobre imatges caríssimes, sobre records obsessionants d'una precisió gairebé malaltissa.

J. P.

A LA PRIMERA EDICIÓ CATALANA

Ara aquest llibre apareix en la llengua en què fou parlat, pensat, planejat, elaborat i, en definitiva, escrit. Tinc la impressió que aquesta versió —única original— s'acosta a la realitat autèntica. Potser Puget l'hauria estimada. A mi, no m'agraden els meus llibres. Però ara aquest em desagrada menys.

J. P.

Palafrugell, estiu 1951.

ELS MEUS AVANTPASSATS

Suposant que a vós o que a algun vostre jove amic —els amics del meu temps gairebé tots han mort— pugui interessar la data del meu naixement, m'és agradable de fer-vos sabedor que vaig néixer a Manlleu, a la Plana de Vic, el dia 11 de desembre de 1873.

El meu avi patern era d'Osseja, i de la Cerdanya francesa vingué en aquest país. Vingué amb la família, i el seu fill gran fou, al cap d'uns anys, el meu pare. L'avi Puget s'establí a Vic, on construí una baluerna que en el meu temps venguérem. En el casalot, hi establí una fàbrica de filats i teixits, molt primitiva, accionada per mules. En determinats moments, la família arribà a tenir quaranta-vuit mules a l'estable. Aquests animals, dividits en quatre tandes de dotze mules, accionaven una sínia que posava en moviment una complicada i sorollosa màquina de filar i de teixir.

El país, llavors, era verge. L'any 44, el meu avi comprà un petit salt d'aigua a Manlleu i s'hi establí amb la família. Vengué les velles mules i utilitzà, enmig d'una admirativa expectació general, la força hidràulica. La prehistòria de la industrialització tèxtil, en aquest país, va lligada amb la capacitat de treball d'unes quantes famílies franceses.

Els Puget, d'Osseja, foren una de les famílies més antigues de la Cerdanya francesa.

De petit vaig sentir parlar dels avantpassats de la meva família. Recordo Antoni del Puget, mariscal de camp i escriptor, que ens ha deixat unes memòries que relaten les turbulències religioses al Llenguadoc des de 1561 a 1596; el comte del Puget, militar i naturalista, escriví diversos tractats sobre l'artilleria del seu temps; Josep Puget, marquès de Barlantane, militar i diplomàtic, nascut a Avinyó; Lluís Puget, naturalista, un dels fundadors de l'Acadèmia de Lió; Lluïsa Puget, compositora que morí a Pau, i un altre Puget, també compositor, nascut a Nantes, el 1850, que fou mestre de la coreografia de l'Òpera de París. I, atès que en les famílies, per a anar bé, hi ha d'haver de tot, recordaré el convencional Puget, que votà la decapitació de Lluís XVI i figurà, així, entre els regicides de la Revolució.

El cèlebre escultor i arquitecte M. Pierre Puget mereix un paràgraf a part. Fou una de les més grans illustracions del segle de Lluís XIV. Construí l'Hôtel de Ville de Marsella, que és un edifici molt bell, i produí notables escultures barroques, molt arravatades, algunes de les quals són a París, i altres, en l'esvelta i rosada església de Carignano, a Gènova. Ja coneixeu el que Stendhal diu, en els seus papers italians, de l'obra del meu parent.

Nét del convencional Puget fou M. Pierre Puget, que he conegut a la seva casa pairal d'Osseja. Era un home ponderat i equànime, polític de temperament, republicà moderat. Parlant un dia amb M. Pams, aquest senyor em confessà que gràcies al meu oncle tingué sempre l'elecció assegurada en una sens fi de pobles del Rosselló. Fou un home propens al sacrifici i a servir la gent nit i dia —un home que estimava la terra. Morí pobre, i la família de Cerdanya s'ha extingit.

L'avi Puget envià el meu pare, molt jove, a Anglaterra, a estudiar maquinària tèxtil. Passà dos anys a Manchester —en el Manchester de l'època de Dickens— i tornà parlant i escrivint perfectament el francès i l'anglès. Portà també les idees del seu temps: la tolerància, la bondat, la paciència, l'amor a les coses concretes. Això donà un gran to a la seva vida —un to que durant molts anys fou en aquest país una cosa inèdita.

El meu pare fou un home de talla gegantina, fort, valent. A Manlleu arribà a tenir un prestigi excepcional i durant molts anys fou l'àrbitre universal en tota classe de qüestions socials, industrials i del poble.

Es casà dues vegades. La seva primera muller fou una senyora Oms, de Gurb. Hi fou casat durant trenta-tres anys i no hi tingué descendència.

La història del seu segon matrimoni és curiosa, i us la contaré en poques paraules. Els germans Riu, de Palau, poblet de prop d'Osseja, baixaren a Barcelona i crearen l'"Hotel d'Espanya" del carrer de Sant Pau, que encara existeix. Com a veïns de poble i companys de país, foren amb el meu pare íntims amics. Un dia Jordi Riu digué al meu pare que li convindria casar-se amb persona adequada als seus gustos i al seu temperament. El meu progenitor li contestà que el suggeriment li semblava plausible i que a Manlleu coneixia una senyoreta anomenada Teresa —Teresa Munt— que probablement li convindria.

—Aquesta senyoreta, que és persona de qualitat —digué el meu pare—, irà amb la seva mare a prendre les aigües de Caldetes. Tu t'hi hauries de fer trobadís, parlar amb ella i veure si t'agrada...

Jordi Riu anà a Caldetes, considerà la senyoreta Teresa, se la mirà, parlà més o menys amb ella, deliberà, com a bon francès, sobre la tenidoria de l'operació i finalment li semblà que era de la seva absoluta conveniència.

Succeí, però, que entre els suggeriments del meu pare i la decisió de Riu passaren uns mesos, en el curs dels quals morí la senyora Oms de Puget. Poques setmanes després d'haver quedat vidu, el meu progenitor es presentà a casa de Tereseta i li demanà la mà, però no per a Jordi Riu, sinó per a ell. Tereseta accedí i es miraren amb aquell entendriment.

Jordi Riu s'ho agafà filosòficament... I no passà res més. A l'"Hotel Espanya" el meu progenitor continuà essent considerat com un dels més vells clients, i per aquest fet gaudí sempre d'una rebaixa conspícua.

Del seu segon matrimoni nasqueren sis fills. El més gran morí de dos mesos. Els altres hem estat persones altes i fortes; cap dels germans, però, no ha arribat a tenir l'alçada i el vigor imponent del vell.

Durant tota la seva vida el meu pare conservà la nacionalitat francesa. Nacionalitzà, en canvi, tots els seus fills en el país. Mentre visqué tingué sempre a mà una bandera francesa. Quan, a l'època de la segona guerra civil, es produïa qualsevol barrabassada —llavors passaren per Manlleu tota classe de gent— hissava la bandera al balcó, a la façana, i la casa quedava al marge d'incomoditats, molèsties i estupideses.

Fou durant la segona guerra civil que el meu pare sostingué la teoria, que imposà no sols per la força del raonament, sinó donant diners a l'alcalde Sabater, que Manlleu no havia de fortificar-se ni murallar-se. Si aquesta opinió no hagués prevalgut (opinió que contrastava amb els sentiments essencialment retòrics de determinats elements), el poble hauria quedat arrasat i destruït pels contendents. La idea de fer de Manlleu un poble obert fou la seva salvació. Successivament travessaren el poble incomptables vegades carlins i liberals, que el prengueren sense tirar un tret, i això permeté al comerç fer bons negocis, venent a uns i altres indistintament. Aquestes idees del meu pare, lleugerament antiheroiques, saturades de pragmatisme i de bon sentit, em semblaren sempre dignes del més gran respecte.

D'idees, el meu pare fou bonapartista. El seu programa fou: progrés i patriotisme. La meva mare fou filla d'una de les famílies més conegudes de la Plana de Vic, de les més antigues de Manlleu; tingué antecedents familiars carlistes. A pesar d'aquesta radical disparitat, visqueren bé i foren feliços. Penjats al menjador de casa, a Manlleu, hi havia dos grans gravats: un representava l'Emperador a la batalla de Friedland, muntat a cavall, cobert de pells, davant d'un paisatge nevat, amb un posat arrogant i trist. L'altre representava don Carles VII, el pretendent absolutista. El meu pare fou un home bondadós, obert, alegre, eclèctic. Només quan parlava de la grandesa de l'Imperi adoptava un aire sever.

La senyora Josefina Fontana, nascuda Puget, la meva germana, s'anomena Josefina a conseqüència del bonapartisme del meu pare: per la reminiscència sentimental de Josefina de Beauharnais.

A la sala del primer pis de la meva casa de Corriol hi ha una pintura que representa el rei de Roma assegut en un sofà, abraçat a l'espasa del seu pare, l'Emperador. Una senyora molt ben vestida ofereix al jove rei, que té l'aspecte lànguid d'un poeta romàntic, una tassa de brou. Al fons es veu, molt borrós, el comte de Las Cases. Aquesta pintura prové de la nostra casa de Manlleu.

L'OMBRA DEL COMTE D'ESPANYA

És molt possible que quan el meu pare, a l'època de la segona guerra, imposà el criteri que Manlleu es mantingués una població oberta, recordés el que succeí en el poble a l'època de la primera. L'incendi de Manlleu per la tropa del comte d'Espanya, el 1838, fou un esdeveniment que quedà gravat en la memòria de molta gent. El general comte d'Espanya envià a les autoritats de Manlleu un ultimàtum demanant la rendició. Els liberals de la població, reforçats pels de Roda de Ter, li tornaren el paper després d'haver-lo passat per una determinada part del cos d'un individu qualsevol.

El comte d'Espanya es trobava en la gran masia del Vilar de Sant Boi, en el Lluçanès, quan rebé la resposta. L'acord de forçar i incendiar Manlleu fou pres pel general, els seus ajudants i el propietari del Vilar, després d'una fabulosa partida de truc a unça el tant. Els liberals foren derrotats aclaparadorament.

Els d'Espagne foren una família de la noblesa francesa que vingué ací amb els emigrants de l'època de la Revolució. Carles d'Espagne féu la guerra contra la invasió napoleònica, treballà amb els anglesos i fou durant la campanya de la Independència un dels generals de xoc —com ara es diu— més valents i distingits de Wellington, l'Iron Duke. Nacionalitzat espanyol i ennoblit amb el títol de comte d'Espanya, esdevingué, a l'època de Ferran VII, un dels elements més destacats de la política de Calomarde, del "calomardisme". El seu comandament a la Capitania General de Catalunya fou tèrbol, ominós i cruel. Les decisions del Congrés de Verona i l'arribada dels cent mil fills de sant Lluís li pujaren al cap i perpetrà innombrables besties. Anys més tard, servint l'anomenada Regència d'Urgell, fou agafat en una trampa a Organyà i tirat des de gran altura, des de la barana del pont, al Segre.

I ja que parlem d'aquest personatge us diré que m'hauria fet molta il·lusió de poder conèixer don Pío Baroja, que admiro, per demanar-li de rectificar un error sobre Carles d'Espanya contingut en una de les seves novel·les. El cadàver del comte d'Espanya fou enterrat a Organyà, però no és cert que el seu crani fos robat per un metge boig que passà, més tard, per aquell poble.

Sobre el crani del comte d'Espanya, he tingut ocasió, en el curs de la meva vida, de tenir-ne algunes notícies.

Anys enrera, trobant-me a la notaria vella de Manlleu, vaig parlar amb un capellà de molta edat que havia estat rector d'Organyà i que llavors era rector de Ribes de Freser. L'eclesiàstic, que em semblà molt bon home, em digué el següent:

—Essent rector d'Organyà, se'm presentaren un dia dos senyors d'aspecte distingit i em lliuraren una carta lacrada que portava els segells del capítol de la Seu d'Urgell. En la carta es deia que em posés a les ordres de les persones que me la farien a mà, i així ho vaig fer. Els dos emissaris em demanaren que els acompanyés al fossar. Quan hi arribaren, desplegaren un plànol, prengueren unes mides amb una cinta i un d'ells, de sobte, digué:

”—És aquí!

”El fosser, amb l'aixada, féu un clot a terra, i aparegué al cap de poca estona un esquelet. Una vegada foren desenterrats els ossos, els miraren amb molta atenció i després digueren:

”—Són els ossos del comte d'Espanya.

”Amb això, un d'aquells senyors agafà el crani de l'esquelet amb totes dues mans i l'alçà de terra sense dificultat. Després l'embolicaren amb un drap blanc, el posaren dins d'una maleta i digueren al fosser:

”—Ja podeu tornar a tapar el clot quan us sembli.

”A la porta del cementiri s'acomiadaren molt cerimoniosos i desaparegueren. No he sabut mai més res ni d'ells ni de l'afer.

Passaren anys, i un dia, parlant amb don Miquel del Sants Oliver del cèlebre personatge absolutista, em digué que el crani era guardat a Mallorca pels seus descendents. Afegí que li constava que un familiar del general havia transportat el crani a Palma i que, amb posterioritat, un Espanya que havia anat a Filipines se l'havia emportat amb ell. En tornar, els ossos havien viatjat en les seves maletes. “Ara —acabà dient Oliver— el crani torna a ésser a Palma i és guardat per la família.”

Sabent fins a quin punt Oliver coneixia les coses del seu país, vaig creure literalment el que em deia. És per això que si alguna vegada hagués tingut el gust de parlar amb Baroja li hauria explicat aquestes curioses notícies.

Si més no, el meu pare aprofità l'experiència que el saqueig i incendi de Manlleu per Carles d'Espanya, el 1838, deixà en la seva memòria, i amb això demostrà ésser un home prudent.

Don Ferran de Segarra ha escrit la història de la Regència d'Urgell i del general absolutista. El seu llibre, que és ple d'interès, no serà pas superat fàcilment.

La meva mare era filla d'una de les cases més antigues de Manlleu: de casa Munt. Quan, a l'època de la primera guerra, el poble fou cremat, casa Munt en sofrí, naturalment. La família es refugià a Puigventós, a la gran casa del baró de Canyelles, del patrimoni del qual el meu avi matern fou administrador durant molts anys. Fou per raó d'aquestes circumstàncies que la meva mare nasqué a Puigventós.

La meva mare fou una gran senyora, molt generosa, caritativa, hospitalària, boníssima. Cada setmana tenia dia fix per a fer caritat: els dijous. Vestida de negre, amb un petit cistell de vímets al braç, es col·locava a l'esglaó de la porta de casa i desfilaven davant d'ella els pobres de la població i els vagabunds de la Plana de Vic. Per a tots tenia una paraula agradable. Una mica esborrades, perdudes en la llunyania del temps, encara veig algunes siluetes de captaires; no faltaba mai l'Home del Dijous, el Cec de Sant Pere, la Gardela... Quan morí el meu pare foren donats a cada pobre deu rals i un pa com una roda. Se'n presentaren més de cent cinquanta.

Avui els pobres han desaparegut. Els vagabunds de les carreteres són invisibles. Han desaparegut perquè la moneda divisionària que se'ls donava ja no existeix. Però això no vol dir que el nombre de pobres vergonyants, infinitament més pobres que els captaires i vagabunds antics, no hagi augmentat considerablement.

Encara em sembla que veig la meva mare presidint els funerals del meu pare a Manlleu. A l'hora de l'ofertori es feia l'oferiment d'un pa i un ciri. Veig sortir de l'església les notabilitats de la població amb el copalta i un pa blanc a sota el braç —un pa que deixava una rosada taca de farina a la roba negra. El pa que fou repartit el dia d'aquells funerals costà més de cent duros.

La meva mare tingué molt d'esperit; gaudí de gran respecte

Les galeries i el jardí de la casa Puget a Manlleu.

Corriol, en ple Collsacabra, és una gran casa de camp de noble arquitectura.

La façana de llevant de Corri

Dos aspectes d'una revista de Sometents a Santa Maria de Corcó a començaments de segle.

i estimà tothom. En aquella època tan caòtica i insegura, els perills i les complicacions eren constants i calia dormir amb un ull obert. La meva mare col·laborà en els afers del pare d'una manera discreta i intel·ligent.

Quan, al començament de la segona guerra, el general Castells prengué Manlleu, agafà com a ostatges dotze propietaris perquè responguessin de la contribució que imposà al poble. El fet produí un gran enrenou. El pare anà a veure el general i protestà de la decisió iniqua.

—Però vostè em respon dels diners? —li preguntà Castells.

—Sí senyor.

S'acordaren uns pagaments escalonats, i el primer el féu efectiu el pare davant de dos regidors de Manlleu en el Vilar de Sant Boi, on estava instal·lada la intendència carlista.

Pocs dies després, el pare anà a Barcelona per mobilitzar sobre Manlleu unes bales de cotó per evitar la completa paralització del poble. Torbant-se a la Fonda d'Espanya, on baixava habitualment, fou denunciat com a "recaudador" de contribucions carlistes. Per fortuna, un seu amic —el senyor Sindreu— l'avisà a temps. Davant de la fonda es produí un tumult, però el pare havia ja passat per ull i caminava a peu, cap a Sant Andreu, per tal de prendre el tren de Granollers. A Granollers, agafà la tartana del Merlino, de Vic.

A la tartana s'assabentà que entre la Garriga i el Figaró havia aparegut un "cabecilla" que actuava pel seu compte, anomenat En Bet de l'Abella, el qual havia considerat una provocació el fet que hagués passat una determinada quantitat de cotó cap al Ter sense pagar el peatge que ell havia establert. En un moment de furor, Bet havia donat ordres als seus homes que, en el cas que fos detingut un tal Puget de Manlleu, fos lligat a la cua d'un cavall i arrossegat a tot galop.

El pare decidí prendre les coses frontalment i, revestint-se de valor, es presentà davant del bandit.

—Qui sou vós? —li demanà Bet.

—Sóc Puget, de Manlleu.

Davant de tanta serenitat, Bet es desconpongué. Es produí

una llarga i complicada explicació. Al final s'arreglà l'afer del cotó i del retorn del pare a casa.

Feia a penes vint-i-quatre hores que havia arribat quan En Xicu de Taradell, amb els seus voluntaris de la República, entrà a Manlleu. Pocs moments després, una patrulla trucà a casa amb la missió de detenir el "recaudador" de contribucions carlistes y traslladar-lo a la presó de Vic. Els voluntaris tenien mala fama. Els trasllats eren considerats molt perillosos. En aquest país, el que s'anomena el "passeig" fa moltíssims anys que fou inventat.

El meu pare es negà, naturalment, a seguir.

Xicu donà tota classe de seguretats i la paraula d'honor que el pres seria lliurat al comandant de la plaça de Vic. Després d'una llarga discussió quedà entès que l'alcalde de Manlleu acompanyaria, en una tartana, el detingut a Vic. En aquell moment, estant el poble en mans dels republicans, l'alcalde era, és clar, republicà. Quan els carlistes, en canvi, prenien el poble, l'alcalde republicà desapareixia i l'alcalde tenia el matís de l'ocupant. Semblava que jugaven a cuit.

—Vostè és "recaudador" de contribucions carlistes! —digué severament el comandant de la plaça.

—Sí senyor! De la mateixa manera que demà seré el "recaudador" de les contribucions republicanes! —contestà encara més severament el pare.

Però, davant de l'escàndol de la detenció, s'havia mobilitzat la ciutat, i això pogué evitar una desgràcia.

En aquella època es vivia així. La inquietud, les dificultats, eren constants.

El pare contava moltes coses d'aquest aire.

Un capvespre d'hivern es trobava a la fàbrica, situada als afores de la població. Tothom havia ja plegat. Al despatx hi havia un sol escrivent: Bracons. Se sentí tot d'una que trucaven a la porta. Davant de la porta del despatx hi havia un replà i una petita escala.

—Qui hi ha? —digué el meu pare, obrint la porta i apareixent en el replà.

A baix, en la vaga claror de l'hora, es distingia un capità carlista amb quatre individus que semblaven armats. El capità digué que venia de la part del general Savalls, el qual necessitava mil duros amb la màxima urgència.

—Digueu a Savalls —féu el meu pare— que aquestes no són hores ni aquesta és la manera de demanar diners...

—Quan els podrem tenir? —preguntà el capità, amb impertinència.

Davant de la pregunta, el pare comprengué que es tractava de lladres vestits de carlistes, i, davant del temor d'ésser pres com a ostatge, féu un salt per la barana de l'escala i desaparegué en l'obscuritat. La rapidesa del moviment evità la descàrrega de trabucs i pistoles. Ja deseixit, es dirigí al molí que hi havia prop de la fàbrica. Envià el moliner a la meva mare, de seguida, ordenant-li que aquella nit no obrís la porta a ningú, passés el que passés.

Mentrestant els facinerosos entraren al despatx i s'emportaren Bracons, l'escrivent. Era ja negra nit quan arribaren a la porta de la casa i trucaren. Era a l'hivern. Els carrers eren obscurs i deserts. No es veia una ànima. La mare obrí el balcó del primer pis.

—Carlistes! —cridaren des del carrer.

—Tinc ordres de no obrir ningú, passi el que passi.

—Li portem una comunicació molt important...

La mare lligà un cordill a un cistell i l'arrià a baix. Els del grup escriviren un paper i el posaren dins del cistell: "Si no lliureu mil duros de seguida —deia el paper— morirà un home". La mare tancà el balcó i reforçà les portes. Al cap d'una llarga estona, els bandits se n'anaren.

Portaren Bracons al Clot del Capellà, on el tingueren una llarga temporada. En tornar a Manlleu contà que els suposats carlistes eren voluntaris de la República capitanejats per un tal Targarona, els quals, vestits de voluntaris, es dedicaven al saqueig i a la depredació.

Mentrestant, calgué anar pagant la contribució als carlistes per evitar que cada vegada que entraven s'emportessin els ostatges. Aquesta operació, la realitzaven, personalment, el pare i la mare. Quan s'acostava el venciment, apareixia un individu que, després de donar el sant i senya, proposava lloc, dia i hora per a fer el pagament. De vegades calgué portar els diners al Vilar de Sant Boi; altres, a Madiroles o a Coma d'Orís. S'hi dirigien, generalment, a peu. La mare portava els diners cosits a la cotilla. El meu pare s'havia fet fer una escriptura per demostrar, en cas de dificultats, que anava a prendre possessió d'una finca. Arribaven al lloc convingut —que sempre fou alguna gran masia— que començava de fosquejar. Tot d'una sentien el trot d'uns cavalls... Era la intendència carlista. Escortats per la força, arribaven a la casa. Un dels qui solien dedicar-se a la feina de cobrar era el pare de l'advocat Alier, aquell senyor tan flac i esgrogueït que passava tantes hores a la biblioteca de l'Ateneu. Es pagava la contribució i després sopaven a la cuina de la masia. A la matinada iniciaven el retorn amb les mateixes precaucions que a l'anada.

Quins temps, valga'm Déu! Però el cert és que els homes som fets d'una manera que només apreciem la pau i la seguretat quan ho hem perdut. És un fet ben estrany.

Entre liberals i carlins

Un dels millors amics del meu pare fou l'avi de Rusiñol, don Jaume Rusiñol, que Santiago immortalitzà en la figura del senyor Esteve. Una vegada don Jaume deixà al meu progenitor setze mil duros —quantitat que llavors era una fortuna—, que foren tornats al cap d'un any i mig, com havia estat establert, d'una manera matemàtica. El qui serví per a crear la figura del senyor Esteve, temperament de liberal-conservador, home enèrgic i actiu, un dels primers catalans d'idees pròpiament moder(nes, fou un senyor d'una incomparable bondat.

A Roda de Ter, hi vivia un francès anomenat Baurier, un dels *pionniers* de la indústria tèxtil que anava tirant sense pena ni glòria, pobrament. En un moment de dificultats, el meu pare li deixà un equip de maquinària que contribuí que el seu negoci agafés una marxa normal i que fos, més endavant, l'inici d'una gran fortuna. Més tard, una senyora Baurier es casà amb Tivolier, propietari de l'Hôtel Tivolier de Toulouse i que tingué gran fama en aquells temps. Aquest Hôtel Tivolier, contribuí en gran manera a l'educació d'aquest país, perquè donà als indígenes que el freqüentaven la primera noció de com es pot menjar de bé en aquesta vall de llàgrimes. El *foie-gras* de Tivolier, sobretot, gaudí d'un respecte merescut i sincer.

En aquella època els francesos eren encara anomenats "gavatxos", en record de la guerra de la Independència. El trànsit de francesos per la frontera era escàs. Després en vingueren més i de tota mena. Amb els anys aparegueren per Manlleu paraigüers, calderers, esmolets i estanyapaelles. El pare es feia indefectiblement amic dels que passaven i mantenia amb ells llargues converses. Eren nòmades que solien saber moltes notícies, generalment fonamentades i certes. El pare els recollia i els ajudava com podia.

Perquè us feu càrrec de la força amb què sentia el pare la justícia i la tolerància, us contaré una anècdota. En un moment de la segona guerra civil recollí a casa, ferit, un coronel liberal. L'installà al segon pis i en tingué cura tan bé com sabé. Malgrat les seves conviccions, la mare el tractà com si fos de la família. Amb això, els carlins ocuparen el poble, i don Rafel Tristany s'installà a casa com sempre feia en arribar a Manlleu. El general s'installà a l'habitació habitual del primer pis. La situació era delicada... Hipotèticament era incomprensible que poguessin conviure en un mateix edifici un coronel liberal i un general carlista. El fenomen era tan insòlit que el pare se sentí inquiet. Decidí parlar-ne a Tristany clarament. Li digué:

—Us parlo, don Rafel, no com a representant d'una bandera, sinó com un home del qual la bondat em consta d'una manera positiva. Haureu notat a la casa una cosa anormal... Tinc amagat al segon pis un coronel liberal i penso continuar amagant-lo. És ferit...

Tristany, emocionat, no el deixà continuar. Li féu una abraçada.

—No passarà res, amic Puget! —digué—. La vostra generositat és sabuda de tothom. La cosa quedarà coberta. Jo me n'encarrego.

El coronel liberal visqué en el segon pis més de dos mesos. Tristany féu la seva vida ordinària en el primer durant tot aquest temps. Després el coronel marxà i no en sabérem mai més res. En l'època de les eleccions de la Revolució de Setembre, que donaren lloc, més tard, a les Constituent de la primera República, s'armà a Manlleu una situació molt violenta entre carlistes i republicans que produïa garrotades i trets intermitents. El meu pare, des del balcó de plaça, contemplava aquelles escenes amb una indignació creixent. Comprengué que, si no s'hi posava mà, el desordre esdevindria endèmic. Un dia d'aldarull es decidí: amb una calma impressionant, baixà a la plaça sol, armat del bastó que utilitzava per a caminar —tenia una mica de reuma—, i començà a garrotejar a dreta i esquerra, sense contemplacions, fins que els hagué dispersats i aclarits. Aquelles bastonades els feren entrar a la raó i el poble quedà tranquil.

Home ple de vitalitat, el sen valor personal fou constatat per les persones que el conegueren. A més a més, parlava bé. Tenia el cap claríssim i exposava les coses amb diafanitat, directament. Sempre sabia el que s'havia de dir o de fer.

L'any 84 començà a construir la nostra gran casa de Manlleu, amb un jardí espaiós, esplèndid —casa que començàrem d'habitar el 86. Fins que fou saquejada, en el curs de la darrera revolució, aquesta casa constituí una de les més grans il·lusions de la meva vida. En ella vaig posar totes els coses més belles que en el curs de la vida vaig poder comprar. Des que fou destruïda no hi he tornat més ni tan sols pretenc ésser enterrat en el cementiri de Manlleu.

A l'època de la meva infància i de la meva adolescència encara vagaven pels aires de la Plana de Vic les figures llegendàries de Roca Guinarda i de Joan de Serrallonga.

Conec superficialment l'obra de mossèn Vincenç Garcia, el Rector de Vallfogona. Em sembla un Rabelais de poc volum i, sobretot, d'espardenya. El sonet que Vallfogona dedicà a "Un famós pillard anomenat N. Roca", que comença:

Quan baixes de muntanya, valent Roca,
com si una roca de Montseny baixara,
mostres al món ta fortalesa rara...

indica l'enorme importància que aquest home tingué en el seu temps i fa comprensible que Cervantes l'immortalitzés en el "Quixot".

Les ombres de llegenda de Roca Guinarda i de Serallonga irradiaven encara, en aquella època, sobre la Plana de Vic, una fosforescència màgica.

Roca Guinarda nasqué a Oristà, en el Lluçanès, i fou un instrument de la noblesa i de l'alta clerecia contra les aspiracions del poble. Llavors la noblesa territorial, els bisbes i els abats, posseïdors de la terra, utilitzaven els bandits, i el poble, els frares franciscans i caputxins per a dirimir els seus plets d'interessos i les vexacions feudals. Roca Guinarda fou un bandit de l'època de Felip II. Llavors els barrets començaren d'agafar una gran volada i es veieren les primeres plomes al vent, tan petulants.

Guinarda fou, sobretot, un agent del famós bisbe de Vic Robusté i Sala, un dels homes més ferotges i de cos enter que ha ocupat aquella seu episcopal. En una ocasió en què el bisbe Robusté es trobà amb el seu palau assetjat pel poble, Guinarda resistí com un lleó i guanyà la partida. També estigué a les ordres de l'abat de Ripoll i defensà els interessos d'aquella riquíssima comunitat.

Guinarda rebé innombrables reconvencions de Felip II perquè entrés en la llei, i a la fi hi entrà. Obtingué un comandament en els exèrcits espanyols d'Itàlia i hi morí obscurament, mig oblidat.

Don Joan de Serrallonga em sembla una figura no tan fina com la de Roca Guinarda. El seu nom era Joan Sala. Era fill de la Sala de Viladrau i es casà amb la pubilla Serrallonga, de Carós, a la Guilleria. Del matrimoni nasqué un fill, que estudià la carrera de capellà al seminari de Vic.

Com Guinarda, Serrallonga fou un instrument de les classes riques i dels braços forts contra el poble. Una de les dignitats que l'utilitzà amb més freqüència fou l'abat de Sant Pere de Roda, monestir en el qual passà llargues temporades. Una vegada, embarcat, anà del Port de la Selva al Rosselló a curar-se una malaltia venèria. Serrallonga corregué pel país amb una molinera fresca i picant de les vores de la Muga. Morí a traïció. Un any, uns amics seus de Santa Coloma de Farners el convidaren a matar el porc. Mentre s'hi trobava, fent una vida còmoda i regalada, fou delatat per un dels seus companys. Pres per la justícia, fou traslladat a Barcelona i processat. En un moment del procés, el seu fill, el capellà, escriví una carta patètica als jutges, emocionant, defensant el seu pare. Fou condemnat a garrot i escanyat.

Un dia, el redactor del Brusi i historiador Joan Cortada, que fou conegut meu, passava per la Baixada de la Presó Vella, a Barcelona, i observà que cremaven papers al mig del carrer. S'hi acostà. Al sòl de terra hi havia un gran lligall a punt d'ésser tirat al foc. Cortada llegí a la coberta: "Proceso de don Juan de Serrallonga..." Pogué fer-se, amb unes certes dificultats, amb els papers. Si no hagués estat per aquesta casualitat, ben poca cosa sabríem de concret sobre el famós bandit.

Quan, en aquells anys llunyans, s'arribava al Dijous Gras, les noies, a la Plana de Vic, cantaven la cançó d'En Serrallonga:

Les ninetes ploren,
ploren de tristor,
perquè Serrallonga,
és a la presó.

A les places dels pobles es ballava, així mateix, el Ball d'En Serrallonga, que era una reminiscència vulgar del ballet de l'època de Felip IV. En realitat, era una bufonada que a penes s'assemblava a l'antiga dansa. En l'època de Felip IV es portaven uns barrets grandiosos i els plomalls estaven en el seu punt màxim.

La figura de Roca Guinarda, com la de Serrallonga, com tantes altres figures, més o menys borroses, que han passat com ombres esquives sobre el procés històric i social d'aquest poble, demostren que ací la depredació ha existit gairebé sempre i que en aquest país s'ha viscut, llevat d'ocasions excepcionals, en estat de guerra civil real o larvat.

La vida antiga. El canonge Vinyeta

Don Jaume Collell, que fou un dels meus primers amics, havia conegut la vida antiga, sabia moltes coses i em contava records de la seva joventut. Em solia parlar del canonge Vinyeta. Aquest clergue vigatà fou, en el seu temps, molt cèlebre. Era absolutista i reaccionari, professava un epicureisme rústic i era poeta. Quan, en el curs de la primera guerra civil, els carlistes prengueren Vic, l'operació fou facilitada per la intromissió de Vinyeta i els seus amics. Els carlins escalaren la murada servint-se del trampolí del col·legi de Sant Miquel, que està adossat a la murada, i així pogueren prendre la ciutat amb una facilitat relativa. Aquest camí subreptici, el proporcionà Vinyeta. L'atac frontal hauria estat més difícil.

A Vic, hi fa un fred que pela, però a mi em sembla que abans n'hi feia més que ara. Jo he vist penjar de les barbacanes dels teulats puntes de gel com espasins. De vegades a Vic passàvem tres setmanes seguides sense veure el sol, dins d'una boira baixa glacial, una boira que us glaçava els ossos de l'esquelet. Si un dia sortia el sol per unes poques hores, les estalactites de gel gotejaven sobre les lloses dels carrers ombrius i la caiguda de les gotes feia un soroll monòton i trist.

A l'hivern, el canonge Vinyeta sortia de la catedral després de cantar la terça embolicat amb el manteu i es dirigia, gairebé corrent, cap a la seva *camilla.* Era molt fredolic. Arribat el mes de març, la sortida del cor no era tan cruel. Llavors, amb algun altre company de capítol, encaminava els seus passos cap a la carretera de Barcelona, que és el lloc més assolellat i resguardat de Vic. Aquestes sortides tenien un objecte que fa entendrir: vigilar l'arribada de les orenetes. Quan Vinyeta, en el curs del seu passeig, pels volts de Sant Josep, descobria la primera, posava el genoll en terra, descrivia —tenint a la mà el seu enorme barret de teula— un gest aparatós de reverència i deia, amb l'emfàtica titil·lació que li produïa l'acabament del llarguíssim hivern:

Benvingudes orenetes,
que nos porteu el bon temps...

Deia, doncs, que Vic fou pres pels carlins i que poc temps després fou reconquerit pels cristins. A conseqüència d'aquest infaust motiu, el canonge hagué de fugir i amagar-se. Escollí per a retirar-se un paratge de molta amenitat, encara que molt rústec i emboscat, situat entre Sant Pere de Torelló i el Vidrà. El paratge s'anomena Forat Micó. Allí Vinyeta compongué una cançó que vaig sentir recitar i cantar de criatura. Diu així:

Si a mi em donessin tants quants diners
com té Remisa, Zafont, Xifré...
—Molt els hi estimo! —diria jo—,
molt més m'agrada Forat Micó.

La perdiu canta dins d'aquells pins.
Si ve la tropa, fica't a dins!
D'aquelles mates no tinguis por.
Per'xò m'agrada Forat Micó.

Quan jo hi pescava, vora aquell riu,
m'hi refrescava, i era a l'istiu;
ple d'avellanes duia el sarró.
Per'xò m'agrada Forat Micó.

Jo pel bon vi em vendria la burra;
jo, pel bon vi, la burra i el pollí...

En la seva cançó, Vinyeta, enumera els noms de les tres grans fortunes barcelonines d'aquella època, les tres grans potències del diner. Un d'ells, Zafont, era conegut a Vic, perquè hi havia comprat, a l'època de la desamortització, el convent de Carmelites Descalços, on mossèn Miquel tenia installat el seu inoblidable collegi.

Remisa fou un home de molts diners. Tingué casa de Banca a Barcelona i a Madrid, on fou un gran personatge en els primers anys del regnat d'Isabel II.

Don Bonaventura Carles Aribau fou empleat de la central del Banc de Remisa a Barcelona. Quan, per raons del servei, Aribau fou traslladat a la sucursal de la banca a Madrid, escriví la seva oda "A la Pàtria" que s'ha fet tan famosa i a la qual s'atribueix una intenció política i literària que Aribau no pogué ni somniar.

Del meu patró la glòria canto!,

diu el poeta en la seva composició. El vers implica una fidelitat comercial, absolutament respectable, certament. L'oda és la típica elucubració que produeixen els poetes adscrits a una administració quan són traslladats d'una població a l'altra per la raó que sigui. En els últims decennis, la substància poètica és tan rara i les persones que escriuen en vers abunden en tanta de manera, que hom aprofita qualsevol oportunitat —un trasllat de despatx— per a justificar les pretensions a la poesia.

La família Remisa enllaçà amb els Moret, oriünds de Roda de Ter. Hi ha un gran retrat de Vicent López d'una senyora Remisa i Moret que fou una considerable senyora de la societat del seu temps. A conseqüència de l'enllaç, Moret-Remisa, una branca de la família se n'anà a viure a Madrid, s'hi installà definitivament i d'aquesta branca sortí, més tard, el qui fou divertidíssim collaborador de Sagasta i més tard President del Consell: el senyor Moret.

El vell Moret, avi del que fou President, fou, a l'època de la primera guerra civil, un liberal exaltat, cridaner i imprudent, que contribuí, per un excés de zel, per un entusiasme gratuït i pueril, a la crema de Manlleu pel comte d'Espanya i a la derrota del general liberal Carbó pel cèlebre cabdill absolutista. En la derrota infligida a Carbó, hi moriren de dues a tres-centes persones conegudes i importants de la comarca —xifra fabulosa per a l'època.

Hi ha persones que creuen —i així se sent dir— que Moret era d'ascendència castellana o andalusa. No. Si ho hagués estat, com ha fet observar el nostre amic Francesc Pujols, s'hauria anomenat Morito.

Zafont comprà a baix preu, a l'època de la desamortització de Mendizábal, una gran quantitat de cases, convents, terres de la mà morta. Les fortunes que es feren amb la desamortització foren conspícues. La de Zafont fou enorme. Pel convent dels Carmelites de Vic, en pagà una quantitat irrisòria de diners. La fortuna de Xifré, el que construí davant de la Llotja, a Barcelona, els famosos porxos que porten el seu nom, i sota dels quals hi hagué installada la famosa bunyoleria del "Tío Nello", que fou, durant tants anys, el *rendez-vous* de la societat barcelonina, fou feta en gran part a Amèrica.

Figures de la segona guerra carlista

Els meus records de la primera infància estan saturats d'imatges i de ressonàncies de la segona guerra carlista. Quan el general Tristany, amb la columna, arribava a Manlleu i s'installava a casa, em feia seure sobre els seus genolls o em donava el seu sabre, que arrossegava, de qutre grapes, pel corredor. Encara em sembla sentir, al clatell, les pessigolles que em produïen els pèls grisos de la seva llarga barbeta.

Quan el Pretendent donà ordres de començar la guerra, el primer que es tirà a la muntanya, des de Gràcia on vivia, fou don Joan Castells. Ho féu amb quatre amics i sense que en realitat ningú se n'adonés.

Castells havia fet la primera guerra, amb Cabrera. Era un tros de pa, pobre com una rata, confiat, una mica beneit. Era el que en solem dir un sòmines. Així com Savalls fou un home nerviós i astut com la guineu, que tingué sempre muntat al seu voltant un servei d'espionatge perfecte —indispensable en tota guerra i més en una guerra basada gairebé exclusivament en la sorpresa—, Castells solia ésser agafat desprevingut gairebé sempre, i així es passà la campanya saltant per les finestres, escalant parets i venint-li tot sempre d'un fil.

Castells fou el primer capità general carlista de Catalunya en aquella guerra. No crec que tingués un qualsevol coneixement estratègic o tàctic, al contrari de Tristany, que havia estat amb el duc de Mòdena, i de Savalls, que havia estat oficial amb el comte d'Espanya i amb Cabrera durant la guerra dels Matiners i després, emigrat a Itàlia, oficial de zuaus pontificis, i havia ajudat a defensar, contra Garibaldi, Civitavecchia i la Porta Pia.

El general Tristany era un home greu i seriós, amb un gran bigoti caigut i una llarga pera bufada, *soufflée* com una truita a la francesa. Era baró d'Altet. Els Tristany són d'Ardèvol, en terres de Solsona, on posseïen —i potser encara posseeixen—

una casa forta a quatre vents, magnífica. Són propietaris, en el país, des de temps immemorials, molt antics.

En la família Tristany hi ha un fet que sempre m'impressionà. És aquest: des de la guerra dels Segadors no s'ha produït en aquest país cap alçament ni intent d'alçament contra el Govern que no hi hagi pres part destacada un o altre individu de la família Tristany. Des d'aquella època, setze o disset Tristanys moriren en el camp de l'honor, lluitant com feres. És una llàstima que no tinguem encara una història d'aquesta dramàtica família que porta el nom de casa més bell de la llengua catalana.

Durant la guerra dels Matiners, un germà de don Francesc Tristany, el gran general de la primera guerra, el canonge don Benet Tristany, de la seu de Girona, fou fet presoner pel coronel liberal Baixeres i afusellat.

En la família Tristany existia un costum molt antic: s'entenia que tot Tristany que se n'anava a la guerra, encara que fos l'hereu, quedava automàticament desheretat en favor del Tristany d'aspecte pacífic i inofensiu que es quedava a la casa pairal d'Ardèvol. D'aquesta manera la família pogué conservar el patrimoni familiar a través de les innombrables peripècies de les guerres i del paper de protagonistes que hi feren els Tristany.

En el curs de la segona guerra, don Rafel Tristany agafà Vic; fou un fet de molta anomenada.

Malgrat la seva intrínseca severitat i ésser un home de sincers i arrelats sentiments religiosos, el partit apostòlic no atorgà mai al general Tristany la seva plena confiança. Don Francesc Savalls, en canvi, fou l'ídol de frares i capellans —malgrat el seu "empordaneisme" essencial, la seva absoluta despreocupació, l'aire d'arrauxament i dc caprici que caracteritzà la seva actuació i el seu comandament. La història, vista de prop, té zones d'ombra inextricables.

Un altre personatge de qui, essent una criatura, vaig sentir parlar moltíssim fou el brigadier don Jeroni Galceran. Un dia que amb la seva força atacà un comboi que des de Vic pujava a Ripoll, fou mort d'una bala al cap, en el tros de carretera comprès entre Vinyoles i la Gleva. La mort del brigadier donà lloc a una acció llarga, violenta, tenaç.

En el moment d'aquests fets era rector de Vinyoles un germà del brigadier que acabava de traspassar: mossèn Josep Galceran. Mossèn Galceran tenia de vicari, a la parròquia, mossèn Jacint Verdaguer, que acabava de cantar missa. Quan mossèn Josep es trobà amb el poble atacat per tots cantons i amb la notícia de la mort del seu germà, fugí, amb el seu vicari, camps a través. Passaren el Ter amb aigua a mitja cuixa, la sotana al cap, i arribaren a Torelló fets una llàstima.

A conseqüència de la mort de don Jeroni, el seu germà, el capellà, penjà momentàniament els hàbits i entrà en les forces del Pretendent. Els fets memorables en què prengué part crearen la figura llegendària de mossèn Galceran, coronel de requetès, figura comparable a la del cèlebre frare Marañón, "el Trapense", que a l'època de la Regència d'Urgell féu la guerra per les terres de l'Ebre, en companyia de Josefina Commenford, la bellíssima irlandesa, nascuda a Tarifa, d'Andalusia.

En l'acció de Caldes de Montbui, mossèn Galceran fou ferit i es pogué salvar fingint-se mort. Llençat sobre un munt de cadàvers, rebé dos cops de matxet al coll, les cicatrius dels quals presentà tota la vida. Davant del soldat que el punxava, no es mogué, no donà senyals de vida, i així pogué salvar-se. Fou un home molt valent, d'una indescriptible vitalitat.

El vaig tractar essent ja molt vell. A vuitanta anys era rector de la Pietat, de Vic. Era un home molt caritatiu: ho donava tot, vivia en la més gran misèria. Un dia el vaig trobar al tren, anant de Vic a Barcelona. Portava un maletí cobert amb una tela florejada, una d'aquelles petites maletes que llavors eren anomenades "sacs de nit".

—I on va, on va, mossèn Josep? —que jo vaig demanar-li—. Sens dubte a Barcelona.

—No senyor —em contestà—. Vaig a Buenos Aires. Es casa un nebot i vaig a casament. Demà m'embarcaré, si a Déu plau.

Mossèn Galceran se n'anava a Buenos Aires amb un petit

sac de mà, amb la mateixa naturalitat amb què hauria pogut anar a l'Esquirol, a Torelló o Sant Quirze.

Quan, al cap de tres mesos, tornà del viatge, s'encarregà altra vegada de la Pietat, i jo el vaig veure sovint, amb la seva sotana verda i arnada, parlar amb la gent més pobra del barri.

Vaig conèixer també —i el vaig tractar— un altre general carlista: don Martí Miret. Miret fou un home de gran valor personal, infatigable, d'una energia impressionant.

Feia més d'un any que la força tenia interrompuda la comunicació entre Vic i Manresa i això per als carlistes oferia grans avantatges. El coronel liberal Esteban, conegut per "Mano Negra", rebé l'ordre d'atacar Prats de Lluçanès per rompre la línia carlista i assegurar el pas. "Mano Negra" ordenà l'atac a Prats, i aquest episodi, que fou celebèrrim, és conegut en les històries de la guerra amb el nom de foc de Prats de Lluçanès.

Per raons desconegudes, ni Tristany ni Savalls no volgueren encarregar-se de la direcció de la defensa dels objectius atacats. El comandament de les forces carlistes recaigué en el llavors coronel Martí Miret.

—Martí! —digué tot d'una Galceran a Miret, en veu baixa, en ple combat.

—Què hi ha? —contestà Miret en el mateix to.

—Això va malament.

—No et preocupis. A la tarda no tindré tanta gent i la situació millorarà...

Com s'esdevé amb tots els generals, el nombre de soldats que podia contenir el cap de don Martí Miret estava limitat a les possibilitats del seu mateix cap. Després de la quantitat de baixes fetes per les primeres hores de foc, es produí una més precisa adequació entre el cap de Miret i el nombre de soldats posats sota la seva direcció. La cosa, a la tarda, se li posà millor —però no massa—. Cap al tard, "Mano Negra" prengué Prats i rompé la línia. Es podia sostenir en realitat que la tropa passà perquè Miret —i això, que sembla paradoxal, és una realitat— manà sempre massa soldats —més soldats que els que permetia la seva possibilitat mental.

—¿No us sembla —em diu Puget, entre morós i irònic— que aquesta anècdota sembla de Tucídides?

El general Savalls

La curiositat i el gust em portaren, des de molt jove, a ésser un enamorat del segle XIX, i potser contribuí molt a aquesta tendència la compra realitzada pel pare, ja vidu, de la finca de Corriol, a Collsacabra. A Corriol vaig trobar-me en un país que havia viscut directament i intensament la segona guerra civil. El record que hi havia a Collsacabra de don Francesc Savalls era tan viu, hi havia tantes persones que l'havien conegut i que hi havien parlat, havia viscut tantes nits i tants de dies a casa mateix, que era impossible no interessar-se per aquestes imatges, aquestes aventures i aquests records.

El segle XIX peninsular em sembla un temps desordenat, desbordant de vida i de pintoresc, de perfils autènticament propis, sense imitacions ni sofisticacions, d'un sabor magnífic. Les guerres civils foren a Catalunya —sobretot la darrera— una explosió sentimental autòctona, romàntica, desinteressada, d'un gran esperit. Foren una explosió de tradicionalisme autèntic, amb un sabor de terra fascinador, i, malgrat ésser una causa perduda, d'un to indiscutible. Les llibertats concretes que predicaven els vells carlistes eren, potser, més sòlides que la llibertat que postulaven els liberals. Eren les llibertats enteses a la manera antiga. No era pas la llibertat amb majúscula, abstracta i vaga, escrita en un paper sempre més inconsistent que la violència dels temperaments; sinó les llibertats concretes, garantides per organismes, institucions, costums i hàbits antics, vivents i d'escamoteig impossible. No d'altra manera es governa Anglaterra. Per altra part, la concepció liberal de la llibertat ha estat destruïda pel socialisme. La llibertat, l'hem perduda, probablement, per sempre.

Els generals carlistes catalans foren tots particularistes i no es deixaren mai comandar per forasters. La lluita entre Savalls i don Alfonso Carlos i Larramendi fou èpica. Les "Memòries" de donya Blanca de Borbó són, en aquest punt, irrebatibles. En la "Història" de don Antoni Pirala, la documentació sobre aquest particular és decisiva.

—Don Francesc Savalls nasqué a la Pera... —diu Puget, encetant un dels seus temes predilectes.

—Que és bonic la Pera, amic Puget! —que jo li dic.

—És preciós, en efecte. He vist la Pera diverses vegades passant en cotxe per la carretera de Flaçà a Palamós. Recordó les cases del poble apinyades al voltant del campanar de l'església, posada sobre un pujolet. El campanar està rematat per una forma que sembla un barret de capellà, de cinc puntes. Recordo també el paisatge dels voltants del poble, les terres admirablement cultivades, d'una coloració finíssima, delicada, sensible. La casa pairal de Savalls és una de les masies isolades d'abans d'arribar al poble, venint de Flaçà. No és una gran casa; és, però, una casa vella i considerable.

Savalls nasqué a la Pera, el 1817. En el Registre de Rebels de la Diputació de Girona hi ha aquesta fitxa: *Savalls, Francisco. Oficio: estudiante. Desapareció de la Pera en 1835.* Savalls féu la primera guerra civil en el Principat amb el comte d'Espanya i al costat, probablement, del seu pare. Savalls no fou pas, com molta gent creu, un tipus improvisat. El seu mestre fou el comte, el qual havia estat, durant la guerra de la Independència, un dels oficials més distingits de Wellington. No. L'art de la guerra, l'aprengué de molt bones mans...

El pare de Savalls morí en un atac carlista infructuós a l'Escala. Maranges i els seus amics defensaren aquesta població com lleons. Els carlistes hagueren d'aixecar el setge i mai no prengueren la població. El vell Savalls, que lluitava al costat del seu fill, morí en els seus braços. És una escena que no té la intensitat dramàtica de l'afusellament de la mare de Cabrera; així i tot, té una força extraordinària. Si jurà venjar-se —com algú ha suposat—, no s'adormí pas a la palla.

En el moment de l'abraçada de Vergara, Savalls era tinent d'infanteria. Però quan la gent es posà a cantar:

¡Gócese la Patria ya,
cesó la sangrienta lid,
ya más libertad le da
Espartero, su adalid!

el país quedà infestat d'elemenas que avui anomenaríem incontrolats, dispersos i esporàdics, que s'establiren pel seu compte, dedicats a la violència i a la depredació. En el país que té la Garrotxa i les Guilleries com a espina dorsal, aquests elements foren anomenats trabucaires i el seu cap fou Ramon Vicens, més conegut pel motiu de Felip. Savalls, que quedà sense feina a l'acabament de la guerra, s'uní als trabucaires.

La plana major de Felip estigué formada per Planademunt, el seu lloctinent, de 28 anys; Joan Simon (a) *Collsuspina,* venedor ambulant de safrà, de 24 anys; Josep Mateu (a) *Xocolata,* natural de Valls, de 20 anys; Antoni Forcadell (a) *Garcias,* de Barcelona; Joan Vicens (a) *Nasratat,* de 40 anys, i Josep Fabrach (a) *Domingo,* de 30 anys, de Figueres. Pel juny de 1842, Felip, conjuntament amb Savalls, prengueren i saquejaren la vila de Ripoll, i això donà origen a un cèlebre procés que incoà l'Audiència de Barcelona, a conseqüència del qual Savalls fou condemnat a una pena molt greu, després d'una justificació infamant. Els papers que provocaren la sentència constituïren l'espina que Savalls portà clavada al cor tota la vida. Pensant que el procés estava arxivat a Puigcerdà, realitzà, per fer-se amb ell, les accions de més audàcia de la seva vida militar; però en aquest punt anà errat: els papers dormiren anys i anys al jutjat de Santa Coloma de Farners. A conseqüència del procés, emigrà a França; però, havent el Govern demanat la seva extradició, marxà a Niça, que encara era de la casa de Savoia. A Niça, es casà amb una senyora de la població, de l'estament comercial.

El coneixement d'aquest procés seria molt interessant per a tenir una idea dels "orígens" de Savalls. Vull dir el procés de Barcelona, que no s'ha de confondre amb el que fou incoat pel Tribunal de Montpeller per les depredacions i enormitats comeses pels trabucaires en els pobles francesos de la ratlla. Fou aquest procés de Montpeller el que serví a Folguera per a escriure "Las escuadras de Catalunya", obra qeu fou molt popular, però que està faltada de sentit històric. També és absolutament incerta l'activitat de Savalls a Itàlia, car si bé D. A. Pirala en la seva "Història" afirma que Savalls fou oficial dels exèrcits del Poder Temporal contra Garibaldi, mossèn Verdaguer i el canonge Collell, que odiaren Savalls, negaren sempre el fet. Aquests eclesiàstics consideraven Savalls com un monstre de l'infern i reputaren inconcebible que hagués format part de la tropa del Papa. Però l'opinió d'aquests clergues pacífics i il·lustrats fou, potser, més l'expressió d'un bon desig que una realitat. Abans de marxar de Roma, Savalls fou rebut per S. S. en audiència particular, i el beneí com un fill predilecte de l'Església. Pirala relata la cerimònia amb la seva coneguda objectivitat, en el seu to d'escepticisme moderat.

Puget em parla dels trabucaires. Aquesta tropa, que tingué Felip per cap i Savalls com a element destacat, constituí una partida important que es dedicà a segrestar propietaris rurals i persones acomodades per cobrar el rescat. El seu punt de permanència habitual foren les garrotxes de Sant Aniol de Finestres i de Talaixà, tractant, és clar, de tenir les espatlles guardades en la proximitat de la frontera. Això no vol dir que no fessin incursions en l'interior del país, de molta penetració i gran audàcia.

En un moment determinat, Felip, per la dificultat de mantenir una certa disciplina en la seva tropa, la dividí en dos escamots de cinquanta homes cada un. Ell es reservà un dels comandaments i donà a Planademunt la direcció de l'altre. Entre les dues forces es produïren profundes disparitats.

Un dia que les dues partides operaven, cadascuna pel seu compte, pel Vidrà, els homes de Planademunt dispararen contra els de Felip —d'una manera probablement voluntària i deliberada—. Felip rebé una bala a la cara, en la mandíbula inferior, i fou transportat a una cova del país, on fou hospitalitzat sobre un jaç de palla, de draps i de fullaraca. El metge de

Sant Quirze de Besora anà clandestinament a la cova, posà uns embenaments a Felip i li donà una assistència primitiva però eficaç.

Baixeres, el famós coronel liberal, tingué una confidència del que havia succeït al Vidrà i decidí emprendre una acció contra els trabucaires. Quan hom veié que l'acció de Baixeres posava en perill l'estada de Felip a la cova, fou traslladat en un baiard i amagat —era a la tardor— sota un munt de fulles seques de faig. L'amagatall fou construït —com solen fer els pagesos— en la base d'un cingle. Succeí que un soldat de la columna de Baixeres relliscà cingle avall i, rodolant, caigué sobre la fullaraca que amagava Felip. Aquest fou descobert, detingut i traslladat a Vic muntat sobre un ase.

Felip fou condemnat a garrot i executat. El metge de Sant Quirze que li havia donat assistència fou afusellat. La sensació que aquestes execucions provocaren fou inenarrable.

Felip fou un home rústec i vital, d'una impressionant estampa. Un dia, després d'una caminada imponent que en el curs d'una fugida hagueren de realitzar dos dels seus trabucaires per les muntanyes d'Osor, se li presentaren amb els tous de les cames inflats i morats. Felip empunyà un ganivet de cuina i els féu una incisió en la vena més voluminosa de la cama que provocà una sagnia borbollejant.

L'execució de Felip dispersà els trabucaires.

Savalls reapareix en el país estant encara fresca la tinta de les composicions que els poetes dediquen a la boda d'Isabel II. Aquelles bestieses:

¡Gozad, oh gran Reina
Isabel Segunda,
en dulce coyunda,
la dicha nupcial!
Y por mil edades
veamos ufanos
ornar vuestras manos
el cetro imperial.

És a dir: Savalls s'incorpora als "Matiners", com foren anomenats els qui es tiraren a la muntanya per defensar el comte de Montemolín. S'incorpora, amb el grau de comandant. No té una posició preponderant —no la podia pas tenir atès el seu grau—, però en aquella campanya de sorpreses i de moviment realitzada sota les ordres de don Ramon Cabrera, acabà de fer l'aprenentage. Cabrera, però, que en la primera guerra fou anomenat "el Tigre del Maestrat", fou, durant la guerra dels Matiners, el gat dels Pirineus. Cabrera portava ja a dins l'escepticisme inguarible que la vida en un ambient civilitzat —Londres— li infiltrà. Sigui com sigui, en el curs de la campanya, Savalls rompé amb Cabrera, després d'un altercat violentíssim ocorregut a Amer. Passà llavors a la segona brigada de la divisió que manava Gonfaus, coronel de cavalleria, en la qual Savalls manà els voluntaris d'Hostalric. Amb els seus pagesos vestits de vellut, Savalls recorregué el país cobrant contribucions, hostilitzant la tropa i fent el plaga. Però la guerra entrà en un crepuscle fatal. Montemolín dimití les pretensions. Cabrera, enormement fatigat, s'internà, i Savalls féu igual. És un acabament sense pena ni glòria. El poble s'ho pren de broma:

Els carlins són quatre,
la tropa són vuit;
van per les muntanyes
tot jugant a cuit.

La campanya de Savalls

Savalls apareix en el país en inciar-se la segona guerra i ja amb el grau de brigadier. Esdevé la primera figura de la campanya: amb el seu lloctinent Huguet, adquireix una fama llegendària. La seva persona, i la seva actuació, enormement personal, de vegades ferotge, generalment desenquadernada i vivaç, crea en el país una universal curiositat. És una concentració d'energia, el símbol de l'energia i de l'audàcia. Davant de la mediocritat i del descolloriment de la vida actual, Puget troba que el moviment i el caràcter que tingué aquest país en el segle passat és admirable. En la figura del general empordanès, hi veu una barreja de vehemència i d'astúcia, de gosadia i de cinisme, de raça, de vitalitat i de gràcia.

En el curs de la segona guerra, Savalls es féu cèlebre per quatre fets que tingueren, en l'època, una gran ressonància: primer, per la seva sistemàtica desobediència a don Alfons Carles i a donya Blanca, representants de Carles VII a Catalunya, mantenint, d'aquesta manera, un particularisme radical; per l'acció d'Alpens, en la qual morí l'infatigable general liberal Cabrinety i li valgué el marquesat; per la presa d'Olot i la derrota que infligí al general Nouvilas; per l'acció de Castelló d'Empúries, en la qual derrotà, d'una manera completa, el brigadier Anton Moya.

El tòpic liberal de l'època consistí a dir que els carlistes no podien baixar al pla. Savalls desmentí rodonament aquesta asseveració. L'operació que realitzà sobre Castelló d'Empúries produí, en aquest sentit, una impressió sensacional.

Dic a Puget que he rebut una carta de mossèn Carles de Bolós en la qual em diu que si algun dia vull escriure sobre la vida de Savalls no deixi d'il·lustrar-ho amb un apunt fet pel seu oncle don Joaquim Vayreda, que representa l'entrada de Savalls a Olot portant presoner Nouvilas, tots dos muntats a cavall. És una pintura en esbós —em diu mossèn Carles—, però plena de vida. I afegeix que la família Vayreda, que posseix el quadre, donaria totes les facilitats.

—És exacte —diu Puget—. Els Vayreda conegueren molt Savalls. L'escriptor Vayreda, el dels "Records de la darrera carlinada", formà part de l'Estat Major del general. Per Vayreda conec una anècdota que no figura en cap llibre. És la que segueix:

A Olot, Nouvilas hagué de lliurar l'espasa a Savalls, i ho féu tractant d'escamotejar-li el tractament de general.

—Don Francisco —digué Nouvilas—, ací li entrego aquesta espasa, que no havia estat mai rendida.

—Què és això de don Francisco? —contestà furiós l'empordanès—. Jo sóc el general Savalls; i que us consti que, si no em degués als meus, us tornaria aquesta espasa per tornar-vos-la a prendre tantes vegades com em donés la gana.

Nouvilas quedà glaçat i pogué a penes articular una excusa. Vayreda assistí personalment a l'escena.

La presa d'Olot anà seguida de grans festes.

El general fou pendonista en la processó de Corpus de la població l'any 74 i la seva guàrdia d'honor foren, com sempre, els trabucaires. Les festes del Tura del mateix any foren fastuoses, i Savalls obrí el ball pla donant el braç a la marquesa de Santa Coloma.

Quan prenia una població de la Garrotxa o de l'Empordà, el primer que ordenava al seu Estat Major era que s'organitzessin sardanes, balls, teatre i festes de tota classe. És molt possible que el malenconiós Pep Ventura, amb la seva cara esgrogueïda i trencada i la seva corbata negra, modulés al sac dels gemecs davant dels ulls sensuals de tigre de Savalls. Quan prengué la Cellera, revistà la força i després cridà sense treure's el caliquenyo de la boca:

—*¡Rompan filas... y a engendrar carlistas!*

La presa de Conanglell, a la Plana de Vic, originà una de les escenes de la seva vida més pintoresques. A Conanglell hi havia, en el moment d'ésser ocupat, una estació de remunta de l'arma d'artilleria. L'oficial que la manava posseïa, sembla, un quadre de Murillo, que en la precipitació de la fugida no pogué emportar-se. L'oficial escriví a dos particulars amics seus: al qui després fou el canonge Collell i a mossèn Verdaguer, pregant-los que intercedissin davant de Savalls per tal de recuperar l'obra d'art.

Collell i Verdaguer anaren a Sant Joan de les Abadesses a veure don Francesc, disposats a complimentar l'encàrrec amb el màxim interès.

—Un Murillo? —preguntà el general, totalment sorprès, mirant d'una manera fixa i alternada Collell i Verdaguer—. I què és un Murillo?

—Murillo és el nom d'un pintor famós... autor d'una Mare de Déu... —s'atreví a articular Verdaguer, més mort que viu.

—Per Murillos estic, reverends! —contestà nerviós i descompost—. Ja comprendran que no tinc un moment per perdre. Ja poden f... el camp!

Els clergues passaren la porta escorreguts i indignats.

Collell deia que, a conseqüència de la seva llarga permanència a Itàlia, havia quedat al general un accent exòtic, un barreja de dolçor i de duresa. Parlava el castellà amb un terrible accent català.

Després de l'entrevista de Sant Joan de les Abadesses, ni Collell ni Verdaguer no pogueren veure mai més Savalls. El consideraven una emanació sulfúrica de l'infern. Collell i Verdaguer foren en vida liberals al bany maria, enraonadets.

L'acció i setge contra la vila de Puigcerdà ha estat judicada, per la tècnica militar, com una operació sense sentit. Savalls atacà Puigcerdà perquè creia que es guardava en aquesta població el procés contra els trabucaires a conseqüència del qual havia estat condemnat per depredació i bandidatge. Però el curiós és que jo vaig saber més tard que aquells papers dormien a les prestatgeries del jutgat de Santa Coloma de Farners.

En l'època del setge de Puigcerdà, el pare, la mare i jo —que em trobava en el dolç i feliç període de la lactància— passàvem una temporada a Osseja, en la casa del nostre parent M. Pierre Puget. Un dia el pare rebé un encàrrec demanant-li que es trobés en un lloc determinat de la ratlla.

Hi anà i es trobà davant de Solà, intendent general de l'exèrcit carlista de Catalunya, i de Tenas, que es trobava en l'administració militar del Pretendent.

—Qué hi ha? —preguntà el pare.

—No tenim diners per a continuar el setge —li digué Solà, amb una cara llarga—. Ens hauríeu de deixar dos mil duros per les necessitats més urgents.

El meu pare féu una carta, que els lliurà. Anaren a Manlleu i cobraren els diners. El setge pogué ésser continuat tres o quatre dies més. Després, els carlistes se n'anaren i deixaren la població en pau. A conseqüència d'aquest fet, hom donà el títol d'*invicta* a la vila de Puigcerdà.

Solà, que fou gran amic del pare, tenia, abans de la guerra, una drogueria pròspera i proveïda i era propietari de dues o tres cases en un poble de la Plana de Vic. En acabar-se la guerra, en la qual, com us he dit, fou intendent general i hauria pogut fer dos-cents mil duros, Solà no tenia ni la drogueria, ni les cases, ni pràcticament la roba que portava. Pobre com una rata i vell, el pare el col·locà a la Companyia del Nord, on ocupà, fins que morí, un càrrec insignificant.

Quan Savalls venia a Manlleu, s'allotjava en la casa dels Collell. En la fàbrica del pare, hi treballa un obrer al qual deien "El Tatxo", que pretenia haver tractat Savalls a Itàlia.

—Ah, quan el vegi! —solia dir "El Tatxo"—, quina abraçada ens farem!

Arribà un dia Savalls i "El Tatxo" es disposà a demostrar a la població que els sentiments d'amistat que el lligaven al general eren antics i sincers. El general fou previngut, però no semblà pas demostrar un interès excessiu per rebre'l. Així i tot, "El Tatxo", gairebé per força, aconseguí entrar a l'habitació on era el general. Quedaren sols, la porta fou tancada, i des de la sala fou sentida una confusa remor de veus —i fins i tot semblà com si Savalls cridés demanant ajuda.

L'endemà, a l'altra banda del Ter, aparegué el cadàver del "Tatxo" cosit a punyalades.

Aquest succés formà part del capítol de càrrecs en el procés que s'instruí contra el general a la Cort de Carles VII a Oñate. És possible que "El Tatxo" fos assassinat per evitar indiscrecions, que els homes que van endavant consideren sempre insuportables. Savalls se sortí molt bé del procés, perquè fou en tot moment defensat pels elements més consagrats del partit apostòlic.

Durant tota la duració de la guerra, Savalls tingué una predilecció molt marcada per la vila de Ripoll. A Ripoll tingué gran amistat amb la família Budallés. Una senyora Budallés fou llavors cèlebre en tota la comarca: era anomenada la Rossa de Ripoll i era una dona bella, esvelta i arrogant.

El general Savalls i el brigadier Huguet

Puget m'ensenya un retrat fet a Sant Hilari Sacalm el 1873. En el centre hi ha Savalls amb el seu vestit de vellut ribetejat, d'espardenya i mitjons blancs, el pit ple de medalles i la boina, amb la borla caient sobre l'espatlla; la cara, plena d'avidesa i de caràcter, A la seva dreta hi ha el brigadier Huguet; a l'esquerra, el comte de Company. En el grup es veu el compte de Bonald, descendent del famós escriptor teocràtic francès, Vidal de Llobatera, amb les seves grans barbes, Vila de Prat i altres elements destacats del seu Estat Major. Emmarcant el grup, munten la guàrdia dos trabucaires armats, amb una cara i un aspecte general que fa posar pell de gallina.

En aquest retrat, i en altres, Huguet té un aspecte de jove somniador i romàntic. Aquesta nota és encara accentuada en les imatges que d'ell es conserven anteriors a la guerra, on apareix com un jove ros, d'ulls blaus, amb unes faccions fines i delicades. En aquests retrats hi ha una barreja de dolçor i d'energia estranya.

Durant tota la guerra, Savalls tingué a les seves ordres immediates quatre batallons. El primer, el manà don Lluís Aymamí; el segon, Manuel de Calella, anomenat En Soques; el coronel del tercer fou Vila de Prat; del quart, Xicu de Sallent. Huguet manà dos batallons: el primer de Girona, posat a les ordres del coronel Vila de Viladrau, gran propietari de la Guilleria; el segon de Girona fou manat directament per Huguet, i aquesta unitat fou considerada la millor que tingueren els carlistes a Catalunya durant la segona guerra. Del batalló, se'n cantà allò que diu:

Somos los de Gerona,
el batallón segundo,
que dio la fama al mundo
el brigadier Huguet.

Savalls manava una força molt barrejada. En l'avantguarda, hi tenia sempre els trabucaires. Molts d'ells havien estat amb Felip i Planademunt, eren vells coneguts, portaven una vida molt carregada. La gent de Planademunt portava la llegenda de l'acció de Cadaqués —una indescriptible temeritat. Un grup de trabucaires de gran fidelitat, manats per un tal "Manotes", constituïen la seva guàrdia personal. Quan la primera República dissolgué els mossos d'esquadra, gairebé tots els "números" se n'anaren amb Savalls.

La tropa d'Huguet, en canvi, tingué més qualitat. Gairebé tota ella havia estat reclutada en la comarca d'Olot i hi abundà la figura del pagès alt, flac, secardí, dur, sobri, d'ulls blaus, molt sofert, una mica esbalandrat i sense gràcia. Dels seus batallons, en formaren part, també, alguns seminaristes fanàtics. Quan es presentava davant d'Huguet algun tipus pàl·lid i senyoret amb la pretensió d'allistar-se, deia:

—No. No em feu pas falta. Aneu a veure Savalls i ell us allistarà...

Huguet nasqué al Pont Major de Girona i fou espardenyer d'ofici. Temerari i valent com el primer, féu amb Savalls una carrera rapidíssima i arribà a ésser l'element combatiu més eficaç del general. De les Garrotxes i de la Guilleria, n'arribà a tenir un coneixement extremament precís i vivaç.

Fou un home impàvid. En el curs de l'acció de Castellfollit, caigué una bombarda sobre un marge molt alt, al peu del qual hi havia el coronel Vila de Viladrau, que fou sepultat per l'ensulsiada de terres que es desprengueren a conseqüència de l'impacte. Huguet, que presencià el fet de molt a prop, considerà que el seu lloctinent havia passat a millor vida.

—Adéu, Vila! —digué simplement, sense que se li mogués un múscul de la cara.

Vila, però, fou desenterrat i visqué encara una pila d'anys.

En el curs de la guerra caigué malalt del tifus i fou traslladat sobre una mula a una masia de Collsacabra. En el moment més perillós de la malaltia, aparegué la tropa pels voltants de la casa. Amb quaranta de febre, fou despenjat per una finestra a través d'una escala de mà, emboscat i installat en una cova sobre un jaç de palla, on, enmig de condicions higièniques inimaginables, superà la malaltia.

En els moments més forts de la guerra, Savalls i Huguet estigueren sis mesos seguits sense poder dormir en un llit ni poder-se despullar. Feien una olor terrible de suor, de vellut, de ginesta, de romaní, de farigola i d'argelaga.

El dia de Sant Joaquim de l'any 1874, onomàstic del propietari del Cavaller de Vidrà, Savalls i Huguet, amb una escorta de trabucaires, anaren a la casa a dinar. L'àpat fou considerable. Menjaren, begueren, enraonaren. Savalls no callava mai. A la tarda caigué un xàfec d'estiu. Amb això, arribà un dels confidents que Savalls havia deixat en un punt estratègic, amb la notícia que la tropa s'acostava.

—Fes tallar uns quants arbres de l'era i així els veurem venir —digué Savalls, irònic, a Huguet.

—El millor seria, potser, marxar...

—No! —respongué el general—. Encara plovisqueja i no vull pas mullar-me.

Donaren ordres de tancar les portes, de barrar les dels patis exteriors, i al cap de poca estona la tropa tenia voltada la casa. Començà l'hostilització, com en un setge en regla. Manava la tropa el coronel Reina, estimulat per l'obsessió de tenir dos ocellassos tancats en la trampa.

Amb això s'anà fent fosc, i Savalls medità un projecte d'evasió. Féu concentrar la vacada i l'eugassada del Vidrà en el pati de davant de la porta de la casa. Donà unes ordres precises i concretes als trabucaires. Quan arribà l'hora que li semblà més adequada, Savalls i Huguet muntaren a cavall.

La lluna era creixent —lluna nova— i denses nuvolades de color morat vagaven pel cel impulsades pel vent del sud, humit i desfibrat. Aprofitant el pas d'una gran nuvolada per davant de la lluna, Savalls ordenà que fos obert de bat a bat el gran portal del pati. Els trabucaires dispararen les armes i la gran vacada del Vidrà es llançà portes enfora, seguida de l'eugassada —les vaques mugint, les eugues renillant, nervioses i enfollides. Fou un galop irresistible, impressionant. Darrera dels animals sortiren els trabucaires vociferant i disparant les armes en l'obscuritat. Tot seguit Savalls i Huguet sortiren a cavall a tot galop, com una ràfega de tempestat. El coronel Reina, que tractà de dominar la confusió donant la cara, fou ferit. Després de la correguda, els animals del Vidrà tornaren mansament a la casa. Els trabucaires es dispersaren. Savalls i Huguet, volant entre un raig de trets, se salvaren.

Huguet tingué sempre un aspecte malenconiós, taciturn, misantròpic i obsessionat. Portava bigoti i mosca, com un poeta romàntic. A Vic, on era odiat a conseqüència de l'acció de Collformic, en la qual moriren més de cent cinquanta persones de la ciutat, de totes les categories i classes, a Vic, com us deia, fou una vegada allotjat en una de les millors cases de la ciutat, a ca l'Abadal. Li fou assignada una habitació magnífica.

—Tu dorm en aquest llit —digué Huguet al seu assistent—. Jo dormiré en el teu catre.

En les darreries de la guerra, un dia don Martí Miret i Huguet es trobaren.

—Tenim la guerra perduda...! —digué Miret, amb una cara llarga, desanimat.

—Així ho sembla —contestà amb la seva calma habitual.

—Haurem de fer un pensament...

—Jo ja el tinc fet —digué ràpid Huguet—. Tornaré a l'espardenyeria...

A guerra acabada, se'n tornà al Pont Major. Durant molts anys, se'l pogué veure a la porta de casa seva, assegut en la seva cadira d'espardenyer, trenant l'espart amb el punxó. Fins que morí en gran part oblidat.

La "xocolatera" i "Les joies de la Roser"

Durant la segona guerra, mossèn Galceran manà el requetè. El requetè estigué format per una tropa molt bigarrada: hi havia criatures de setze anys, homes formats, homes vells. Mossèn Galceran, en aquest punt, no tenia manies. En el requetè es resava el rosari cada tarda, passés el que passés, fos quin fos el panorama.

Quan mossèn Galceran, amb la seva força, arribava a Manlleu, el rosari es resava a la Plaça de Dalt. Aquesta plaça és edificada per tres bandes i oberta al sud, sobre el paisatge de la Plana de Vic. La força formava en el centre. Sortia un capellà al balcó de Casa Munt i començava el rosari... Els soldats contestaven. Mossèn Josep observà, però, que a causa de l'obertura que tenia la plaça, la veu del capellà es debilitava i arribava molt perduda, la qual cosa produïa, en els canvis de misteri sobretot, la confusió natural. Mossèn Josep trobà una solució per a dir bé el rosari: col·locà un soldat amb una gran pistola al costat del capellà. Quan es produïa el canvi de misteri, el soldat alçava la pistola enlaire, tocava el gallet, la pistola feia un "pum!" enorme i impressionant, i d'aquesta manera el requetè, format a baix, sabia que el misteri havia canviat.

Tant de caràcter com aquesta estampa té la petita història de l'artilleria carlista en la segona guerra. En els "Records de la darrera carlinada", de Vayreda, hi trobareu una referència literària d'aquests fets.

Els carlistes volgueren tenir artilleria, i, després de moltes anades i vingudes, encarregaren un canó a l'esqueller de Sant Pere de Torelló. Heu de saber que l'esqueller de Sant Pere de Torelló, o sigui el que fa les esquelles per a cavalls, eugues, vaques, braus, xais i ovelles, fou cèlebre en tota la comarca entre pastors i pagesos, perquè realment no tingué rival en el treball. A Banyoles es construïen també esquelles, però la seva qualitat distà sempre molt de les que es feren a Torelló. Podríem dir que l'esqueller de Torelló fou el Stradivarius de les esquelles.

Els carlistes encarregaren, doncs, el canó, i, després de moltes penes, fatigues i treballs, arribà a ésser fos. Resultà una petita joguina, una miniatura preciosa de canó. Fou anomenat "la xocolatera". Els qui l'encarregaren posaren grans esperances en la seva capacitat destructora. El canó fou portat al Vidrà, i un tinent coronel fou destinat a guardar-lo i netejar-lo. Els carlistes pujaven a veure'l, se'l miraven, li donaven la volta. Els queia la bava. No gosaven, per respecte, tocar-lo.

—És una meravella! —deien de baix en baix—. Els *estragos* que farà seran terribles. Tenim la guerra guanyada...

En aquest país sempre s'exagera. Una cova situada entre Amer i la Cellera, on unes quantes persones es reunien per emplenar cartutxos, era anomenada la Mestrança.

El canó fou portat cautelosament, amb la màxima cura, al setge de Ripoll. Savalls manava l'operació. Ripoll es defensava. Situats en el campanar, els assetjats feien un foc mortífer contra els carlistes. Savalls ordenà que el canó fos posat en una altura, apuntant el campanar. L'expectació davant els esperats estropicis del canó era extraordinària. Considerables i influents elements voltaven la màquina infernal en el moment de fer-la entrar en foc. El canó disparà tres vegades seguides i després explotà a trossets enmig d'una confusió i d'un desconcert inenarrables. No es tingué notícia que hagués fet cap víctima, ni pròxima ni allunyada.

Els carlistes es quedaren, doncs, sense artilleria.

Sospito que l'explosió del canó degué fer somriure Savalls. La seva complexitat és un fenomen que està, encara, per explicar. La seva figura destaca, sempre, sobre el to general del carlisme. De vegades fa l'efecte d'un home que es mou per violència. Trobant-se un dia al Bac de Collsacabra, rebé, dintre d'un canó de canya —que era la forma en què eren tramesos els *partes* —una comunicació adversa. Davant de la notícia tingué com un atac de ràbia i es rebolcava pel sòl de terra com un posseït. Altres vegades, semblava dominat per l'astúcia.

Isidre Solà, Intendent general carlista, i el seu fill.

A la pàgina anterior, Francesc Savalls i el seu Estat Major (Sant Hilari Sacalm, 1872). D'esquerra a dreta; darrera, en el centre, Vila y Vidal de Llobatera, flanquejats de tres trabucaires; a la segona línia, Auguet, Savalls, Frígola i Felip de Sabatés, marquès de Campmany; a primer terme, el legitimista francès vescomte de Bonald i Fontova.

En aquesta pàgina: a dalt, el general Savalls i el brigadier Auguet; a baix, el Pretendent Carles de Borbó i el general Rafael Tristany.

El general
carlista
Martí Miret.

El seu caminar era el d'un felí, semblava una pantera. Els seus espies es caracteritzaven per la sagacitat. Coneixien admirablement el país. Casals, el gran caçador de Tavertet, un dels homes que han conegut amb més precisió la comarca de Collsacabra, fou un dels seus millors agents. Però, la violència i l'astúcia, les tenia barrejades amb un gust pel pintoresc i una fascinació per la realitat que impressionaven. Quan volia posar el seu cavall a galop estès cridava amb els ulls fora de les òrbites: "Carn, carn!". I després, al firal d'Olot, ballava sardanes amb la borla de la boina saltironejant i s'adormia en les melodies rústiques com si somniés.

Quan Savalls arribava a Manlleu, el primer que feia era cridar l'alcalde i assabentar-se del que en el poble hi havia com a novetats. Un dia l'alcalde li comunicà que hi havia una companyia de còmics —"una companyia (afegí) que, per cert, ha suspès la representació a conseqüència de la vostra arribada".

—I de quina companyia es tracta? —preguntà el general.

—De la de Fontova.

—Portin aquest còmic de seguida —ordenà Savalls.

Quan Fontova entrà en l'habitació de don Francesc, tremolava com una fulla a l'arbre.

—Quina obra representeu? —li demanà.

—"Les joies de la Roser", de Pitarra.

—I per què han suspès la representació?

—Perquè l'obra, que passa en l'ambient de la primera guerra, és adversa als carlistes.

Savalls s'arronsà d'espatlles i demanà a Fontova que continués fent teatre.

En l'obra de referència hi ha, en efecte, qualificatius molt gruixuts sobre determinats fets ocorreguts a Hostalric en la primera guerra, de manera que quan fou alçat el teló en el teatret de Manlleu, Fontova tingué la sensació que passaria una catàstrofe.

Savalls, rodejat del seu Estat Major, ocupà la localitat més preeminent. El teatre s'emplenà de trabucaires i de bergants.

El general escoltà l'obra amb un visible interès, i això féu que en el teatre no passés res.

En acabar-se la representació, Savalls cridà Fontova i li féu un present d'una unça d'or. Després li digué:

—¿I per què no us en veniu, vós i els vostres còmics, amb nosaltres? Podríeu actuar en els pobles que anéssim agafant...

Fontova fugí la mateixa nit de Manlleu, esfereït, espantat.

L'escàndol de l'Hostal de la Corda

Us puc donar una referència del que succeí a l'Hostal de la Corda entre don Arseni Martínez Campos i el general Savalls. Fou una cosa de la qual es parlà enormement (en aquella època i posteriorment) i encara es troben persones que afirmen que a l'Hostal de la Corda es produí la "venta" de Savalls a Martínez Campos, a conseqüència de la qual, a Catalunya, la segona guera civil s'acabà per sempre més. Les simples paraules "Hostal de la Corda" foren l'esca d'escàndols innombrables.

La referència dels fets no l'he trobada en cap llibre. La tinc d'una persona que fou molt amiga meva, el senyor Deu d'Olot, que jugà un cert paper polític. Deu estigué lligat tota la vida amb el general Martínez Campos. Deu era republicà i don Arseni monàrquic, però estigueren units pel comú denominador de liberalisme integral.

Quan la ciutat d'Olot era presa pels carlistes, Savalls, que s'hi trobava, s'allotjava en la casa de Solà Morales, de gran volum tradicionalista. Quan Olot passava a mans dels liberals, don Arseni Martínez Campos, si hi era present, tenia el seu domicili a casa de la família Trinxeria, de gran significació liberal.

En aquells moments don Arseni es trobava a Olot, i a la tarda, a l'hora de prendre cafè, es formava a can Trinxeria una gran tertúlia presidida pel capità general, a la qual concorrien totes les persones conegudes de la població d'un matís polític avançat. Un dels puntals de la reunió era don Joan Deu, que havia estat alcalde d'Olot, a l'època de la Revolució de Setembre. Deu no tenia simpatia ni respecte pels ideals de Martínez Campos —que eren els de la monarquia constitucional—, però la seva incompatibilitat amb els carlistes era tan radical que estava en tot moment disposat a unir-se amb el dimoni mentre el dimoni fos contrari a Savalls.

Una tarda anà Deu a casa de Trinxeria i es trobà que el general no hi era. Hi havia, en canvi, els ajudants del general.

—I don Arseni? —preguntà Deu als ajudants.

—Ha sortit al camp amb quatre soldats.

—Cap a quin cantó ha anat?

—Cap a l'Hostal de la Corda.

Deu quedà intrigat, i, curiós de mena com era, proposà als ajudants pujar a Montolivet tot passejant, que és un pujol dels voltants d'Olot des d'on es domina la vall on està situat l'Hostal de la Corda. Acceptat el suggeriment sortiren tots cap a Montolivet. Els militars portaven una ullera de llarga vista, de campanya.

Tot caminant, els ajudants contaren a Deu que els generals carlistes Savalls i Lizárraga havien enviat un encàrrec a don Arseni demanant-li que permetés que els seus soldats es poguessin revituallar, a Olot, d'espardenyes i tabac.

—I què ha contestat el general? —preguntà Deu.

—No ha contestat res. S'ha tancat en un profund mutisme i se n'ha anat a passeig amb una petita escorta de soldats.

Els carlistes es trobaven als voltants d'Olot i Savalls i Lizárraga havien demanat a Martínez Campos que la resposta a la seva demanda els fos transmesa a l'Hostal de la Corda, a una hora determinada.

La sorpresa de Savalls i Lizárraga degué ésser considerable quan veieren arribar a l'Hostal, on es trobaven, i a l'hora demanda, Martínez Campos en persona, muntat a cavall.

Des de Montolivet, mirant amb la ullera, Deu i els ajudants del general observaren un gran moviment al voltant de l'hostal i sospitaren que passava alguna cosa. Després, veieren sortir a la carretera Martínez Campos seguit d'un home —que, naturalment, no conegueren— cobert amb la boina roja dels carlistes. Aquesta taca roja produïa sobre el paisatge un punt de gran visualitat.

Baixaren ràpidament del pujol on es trobaven i Deu anà a trobar el general dirigint els seus passos cap a la carretera que flanqueja l'hostal. Aviat veié venir un grup de persones muntades a cavall. Al costat de Martínez Campos hi havia un coronel de l'Estat Major de Savalls. Deu reconogué de seguida el coronel Morera, mallorquí, una de les figures més curioses, més desconegudes i gairebé diria més misterioses de la segona guerra. No era pas la primera vegada que Morera assistia a una entrevista entre Martínez Campos i Savalls. Amb anterioritat se n'havia produïda una altra al Bac de Collsacrabra venint don Arseni de Girona. És molt possible que el coronel Morera hagi estat l'home que conegué els més profunds secrets de la segona guerra a Catalunya. Morera acabà essent cap de policia de Madrid, amb don Antonio Cánovas. Quan Deu es creuà a la carretera amb el general, aquest li donà entenent que no estava per res; es limità a saludar-lo d'una manera evasiva i llunyana.

L'endemà, a can Trinxeria, don Arseni li contà el que havia passat a l'hostal.

—Els carlistes em demanaven que els seus soldats —digué textualment— poguessin entrar a Olot i avituallar-se de tabac i d'espardenyes, perquè sembla que van molt fluixos d'aquests objectes. Els vaig concedir el permís a l'acte. Ho vaig fer, principalment, perquè els meus soldats, que tenen dels carlistes una idea fabulosa i desproporcionada, veuran quan vinguin a comprar, que són homes com els altres. Una vegada resolta aquesta petita qüestió, Lizárraga, que és un home integèrrim, incorruptible i molt eixut de paraules, deixà caure:

"—Ens estem matant, malgrat que som germans...

"No vaig dir res. Després d'una petita pausa, Lizárraga afegí:

"—L'única manera d'acabar amb tot això seria que vostè

es posés aquesta boina —i mentre deia això féu el gest d'acostar la seva boina sobre el meu cap.

"—En el meu quepis —vaig respondre-li— hi ha les tres quartes parts de la seva boina. La quarta part restant, però, no la podria pas acceptar mai.

"Ens alçàrem.

—I Savalls? —preguntà Deu.

—Savalls no digué ni una paraula. Durant tota l'estona que estiguérem a l'hostal mantingué un mutisme total. Després, en sortir al pati, vaig dir-li:

"—Savalls, vostè té un cavall preciós...

"—És el del brigadier Anton —em respongué—. L'hi vaig prendre a Castelló d'Empúries, com vostè recordarà.

—Així, doncs, a l'hostal no ha passat res... —digué Deu al general.

—No ha passat absolutament res...! —contestà Martínez Campos.

A l'acabament de la guerra el general Lizárraga se n'anà a viure a Roma, amb el bisbe Caixal. El cèlebre bisbe Caixal, apostòlic d'una sola peça, fou fet presoner en el palau episcopal del seu bisbat (la Seu d'Urgell), traslladat a Barcelona i empresonat.

Caixal i Lizárraga moriren a la Ciutat Eterna en l'exili i l'obscuritat.

Don Joan Deu, d'Olot, fou un bon home, una ànima infantil. Per evitar el saqueig i la depredació de les esglésies d'Olot durant la segona guerra, féu tots els papers de l'auca, una delirant comèdia política que és incomprensible en època normal. Un dia el comte de Lavern i jo anàrem a Olot i Deu ens acompanyà a veure la ciutat. Encara recordo la cara indescriptiblement trista que va fer quan, davant de la parròquia, férem el gest de voler-hi entrar.

—No! Jo no hi puc pas entrar! —digué Deu amb una cara llarga.

—La política és una cosa terrible! —li contestà Lavern—. Mireu que ésser liberal i no poder entrar en una església amb la mateixa llibertat amb què es pot entrar en un cafè és un espectacle depriment i poca-solta...

Però Deu era així. Es devia —era la seva frase— als seus amics i ningú no l'hauria pogut vinclar.

D'amics, realment, en tenia moltíssim i en tots els camps. Quan venia a Barcelona, posava a la Rambla, a casa de l'Estevet, que més tard fou Hotel Internacional. Al voltant de don Joan solíem sopar Vallès i Ribot, Quimet Salvatella, Cirici Ventalló, Astorg, Lavern i jo. A mesura que passaren els anys, el doctrinarisme de Deu no pogué ésser desviat ni per Martínez Campos, però anà esdevenint un objecte de museu, una romanalla.

Acabament de la guerra civil

Don Martí Miret fou gran amic de la meva família. Era de Vilafranca. Quan vingué al país, en iniciar-se la guerra, deixà la promesa en la seva ciutat natal. Per assegurar que els dos enamorats poguessin correspondre, la meva mare es prestà a servir d'intermediària. La senyoreta enviava a la meva mare les seves cartes d'amor i les feia passar al coronel per persona de confiança.

Miret fou un home valent i de gran tenacitat. Féu una carrera molt ràpida. A vint-i-vuit anys ja manava a tot drap. Probablement fou l'oficial carlista català d'una graduació elevada més obedient i respectuós a don Carles i a donya Blanca. I el curiós és que fou un dels pocs que s'acollí a l'acord que rematà la guerra. Entrà a l'exèrcit de l'Estat i li fou reconegut el grau de coronel.

Acabada la guerra, Huguet se'n tornà a casa seva, a l'espardenyeria del Pont de Girona. Savalls s'installà a Niça, pàtria de la seva esposa, i posà un negoci de vi. A Niça és enterrat. A don Rafel Tristany, li fou ofert el reconeixement del grau de tinent general. Contestà que mentre governés la monarquia il·legítima no tornaria al país. Se n'anà a França, es casà amb una senyora francesa, que morí al cap de pocs anys. Es recollí, llavors, a Lourdes, on visqué de mossèn Espinós, que havia estat capellà castrense de la seva força. En els seus últims anys ajudava a transportar malalts a la cova amb els baiards. Mossèn Espinós el tractà amb gran respecte i l'ajudà sense vilipendi. Mossèn Galceran fou rector de la Pietat de Vic i la seva pobresa fou inenarrable.

El carlisme d'aquella època té la força de les coses que foren defensades amb sacrifici.

Don Martí Miret entrà en l'exèrcit i fou destinat a Cuba, on ascendí a general. Després es retirà i es dedicà a negocis particulars. A Cuba tingué negocis de mines. En retornar, creà ací la "Sociedad Azucarera" de Vic, construí edificis de nova planta, instal·là maquinària. El negoci no fou de rendiment. Fou un fracàs. Els pagesos de la Plana consideraren que els era de més profit continuar cultivant patates que fer remolatxa.

Un dia que feia tertúlia a casa del baster Poudevida, a Vic, aquest em digué que Savalls, en acabar-se la guerra, s'internà a França per Camprodon i Prats de Molló, vestit de paisà i no sense dificultats. Abans de marxar li va deixar en dipòsit algunes coses del seu ús personal.

Poudevida havia treballat, durant la guerra, pels carlistes en coses del seu ofici de baster: en selles, collars, frens i en general en tota mena d'arreus de muntar.

Savalls li deixà, en dipòsit, una pell de llop, la famosa pell de llop que portava sobre la sella del seu cavall; dues pistoles de sella i el sabre. El general li digué, en acomiadar-se, que quan tornés es faria càrrec altra vegada del que li deixava, perquè mentrestant, a França, aquests objectes li serien de poca utilitat. Poudevida guardava tot allò a les golfes de la casa.

Cap a l'any 90 a 92 es presentà un dia a la tertúlia del baster don Martí Miret en persona. Poudevida li comunicà el que guardava. Miret demanà per veure els objectes i testimonià sense el mínim dubte que havien pertangut a Savalls. Poudevida regalà les pistoles a Miret i ell es quedà la pell de llop; a mi em donà el sabre del general.

Posseeixo, doncs, per aquestes raons, el sabre de Savalls. La seva autenticitat està assegurada per l'afirmació de don Martí Miret. Anys després, vaig ensenyar el sabre a "Manotes", que havia estat amb els trabucaires i Savalls, i aquell home reconegué la peça a l'acte.

Guardo la peça —per mi molt estimada— a la meva casa de Corriol, a Collsacabra. És un gran sabre francès que té una creu a l'empunyadura i un cor sobre la intersecció.

Les primeres qüestions socials

Pel que veig, ara se celebren moltes festes, però tinc la impressió que en el meu temps encara se'n celebraven més. Llavors gairebé totes les festes eren de precepte i hi havia, a més a més, les mitges festes —les mitges creus—, aquelles mitges festes tan curioses que de vegades se celebraven al matí, i n'hi havia d'altres que es feien a la tarda. Gairebé totes tenien un origen religiós o eclesiàstic. Les d'avui, en canvi, tenen una significació cívica i rememoren esdeveniments polítics més o menys importants.

Quan l'Església suprimí de la llista de festes de precepte la de la Mare de Déu del Carme, el pare preguntà als obrers de la fàbrica què pensaven fer: treballar o quedar-se a casa. Per unanimitat acordaren venir a treballar.

Això ciagué malament en diverses altres fàbriques i sobretot en una part de la massa obrera de Manlleu, que llavors estava dominada per un tal Payent, que fou un dels primers anarquistes que cronològicament parlant habità la població. Payent i els seus amics acordaren que la decisió presa pels obrer de la fàbrica del pare era una provocació. Realment l'interès que Payent i els anarquistes demostraven perquè els obrers celebressin la festa de la Mare de Déu del Carme era un fet digne d'ésser meditat.

Així, quan arribà el dia i s'observà que els obrers entraven al treball, s'armà un tumult, i un grup de més de dues-centes persones, capitanejat per Payent, es presentà vociferant a la porta del despatx. "Mori Puget!", cridava la multitud. "És festa de precepte! S'ha de tancar! Si no tanqueu calarem foc a la fàbrica!"

La porta del despatx era una mica alta i tenia al davant una escala amb un replà. En el punt més fort del rebombori, el pare aparegué a la porta amb la seva habitual presència d'esperit, però amb una pistola a la mà. Es trobà amb Payent cara a cara.

—Si feu un pas més, disparo! —digué amb un aire seriós el pare.

Payent féu un pas enrera.

Es produí un gran silenci. Els obrers acabaren d'entrar pacíficament a la fàbrica i s'hi mantingueren. Payent tingué un moment de dubte i després cridà a la massa:

—Anem a trencar les rescloses del salt!

Se n'anaren cridant, trencaren les rescloses. Però no passà res. Des de llavors, sempre més s'ha treballat a Manlleu pel Carme.

Aquesta escena m'impressionà moltíssim de criatura. El pare mantingué a ratlla més de dos-cents homes. Un home sol l'hauria pogut esquarterar. L'escena em féu comprendre que el que facilita més la producció d'actes vandàlics és la covardia de l'autoritat. El pare fou un home valent i raonable.

Manlleu ha jugat un gran paper en la història de la lluita social catalana. Una de les primeres vagues del país tingué lloc a Manlleu a l'època del pare. Per substituir els vaguistes el patronatge aconseguí que entressin a treballar obrers dels pobles dels voltants. Un dels pobles que donà un més gran contingent fou l'Esquirol, que és el nom popular de Santa Maria de Corcó. Aquesta gent que vingué de l'Esquirol per substituir els obrers en vaga fou anomenada "els esquirols", i aquesta paraula fou acceptada en la terminologia social del món enter per a significar la substitució d'uns obrers en vaga per uns altres. Això us donarà una idea de la impressió enorme que féu a tot arreu la solució que hom donà a aquella vaga.

Fins on arriba la meva memòria, Manlleu fou sempre una població obrera. Amb el pas dels anys, l'anarquisme inicial es transmutà i el poble caigué a les mans d'uns socialistes pretensiosos, saberuts, científics i passablement ases. Jo crec que un anarquista pot tenir un esclat. Un socialista, sobretot si és de tipus pedantesc, és la pura irrisió i, posat a governar o a dirigir, és la catàstrofe ineluctable.

El pare defensà sempre el proteccionisme, i sospito que ajudà "La Renaixensa", el vell diari d'Aldavert i Guimerà. En política fou un decidit partidari dels candidats d'aquesta tendència. La primera lluita entre proteccionistes i lliurecanvistes es produí en el Ter, quan es presentà a diputat don Pere Bosch Labrús, davant del qual el caciquisme oposà la figura del senyor Maluquer.

La lluita fou aferrissada. El dia de les eleccions coincidí amb el dinar que el pare i alguns amics feren fora de casa per celebrar la coberta de la nostra casa de Manlleu. El pare se m'hi emportà. Estàvem menjant quan es presentà tot d'una un home de la nostra confiança portant un cistell cobert amb un drap de lli blanc. El cistell, l'enviava la mare. Alçat el drap, aparegueren cinc revòlvers magnífics. Al cap de poca estona, un senyor demanà per entrar. Aparegué un personatge inconfusible, de barret fort i levita amb solapes de seda, seguit de dues o tres persones més. Eren policies.

—Quedeu detinguts! —digué en castellà.

—Molt bé! —contestà el pare—. Si els sembla, acabarem de dinar. Volen ésser-hi?

Després anàrem tots a l'Ajuntament, els comensals flanquejats pels policies. En aribar-hi, el pare donà una sèrie d'ordres sense que els enviats del governador i de Maluquer se n'adonessin. Féu anar un amic a seguir totes les cases del poble que tenien un o altre mitjà de locomoció, per llogar, en nom seu, totes les tartanes i tartaners de la població.

A Casa de la Vila hi havia una efervescència considerable. Al cap de poca estona d'haver-hi arribat, el cap de policia s'havia posat a discutir, cridant, amb un amic del pare. De sobte, féu l'acció de voler-li pegar. El pare se li abalançà, l'agafà per la levita, i la solapa de seda li quedà a la mà. Es produí una confusió inextricable. Em veig arrapat a les cames del pare anant d'una banda a l'altra: em transportava sense adonar-se'n. Mentrestant, es produí un joc de bufetades, molt animat. El tumult es calmà una mica quan l'alcalde anuncià que de l'avenç de l'escrutini resultava que don Pere Bosch Labrús sortia diputat per una aclaparadora majoria. Els policies, que havien rebut de valent, desaparegueren. Tractaren de llogar una tartana que els portés a Vic, i no en trobaren cap. Totes havien estat llogades. Era a l'estiu. Feia un sol de justícia: hagueren d'anar a peu a Vic maleint les eleccions. Hi arribaren de negra nit, coberts de suor i de pols, espeuats. Quan, l'endemà, arribaren a Barcelona, demanaren al governador, en nom de tot el santoral, que no els enviés més a la Plana de Vic.

Pocs dies després se celebrà a Manlleu un banquet en honor del diputat elegit: més de cent coberts a vint-i-cinc pessetes cada un —quantitat fabulosa per a l'època. Hi hagué els discursos de rigor, sempre tan divertits, i a mi em tocà de recitar una poesia en honor del diputat— una encantadora poesia de la qual només recordo —han passat tants anys!— els dos darrers versos, sublims, que deien:

Visca don Pere Bosch Labrús!
Visca també la indústria catalana!

A Barcelona no vaig poder estudiar

Els primers nou anys de la vida, els vaig passar a Manlleu amb la meva família. L'any 82 el meu pare decidí enviar-me al col·legi de Sant Antoni de Barcelona per començar el batxillerat. Vaig passar en aquella casa dos anys d'una tristesa inconsolable.

En aquella època hi havia a Barcelona tres col·legis absolutament distingits: el dels Jesuïtes, el dels Escolapis de la Ronda de Sant Antoni i el Col·legi Carreres. Tots tres establiments havien iniciat un negoci que després s'ha popularitzat molt: el règim d'internat per als nois de fora de Barcelona.

A dins del Col·legi de Sant Antoni hi havia uan església antiga, gòtica, que contenia el millor retaule d'Huguet que jo mai hagi vist. Era una fascinadora meravella. Aquest restaule fou cremat amb el col·legi i tot en el curs dels actes vandàlics de la revolució de l'any 1909. Adossat a aquesta església hi havia un edifici de nova construcció, simètric, tètric i glacial, molt típic de l'Eixampla de Barcelona. Jo crec que la tristesa latent que tota la vida he arrossegat em ve d'aquell edificí.

El cert és que la meva estada en aquell internat es caracteritzà per una crisi d'enyorament continuada i inguarible. A Sant Antoni, hi vaig plorar cada dia durant dos anys seguits. Menjava més del compte —sobretot pernil, que m'enviaven de casa— per mirar de posar-me malalt; em donava cops al pit per veure si fent-me mal em vindrien a buscar; feia tot el que humanament m'era possible perquè els meus pares es compadissin de mi. No era pas jo sol l'únic que s'enyorava. Un condeixeble plorà, somicà, sanglotà i eliminà tants d'humors que se li féu com una llúpia a la base del nas. Jo també vaig plorar molt i quan no podia plorar per falta de líquid mirava el món exterior amb ulls extàtics de mussol parat.

El col·legi costava setze duros el mes tot comprès: menjar, dormir, rentar, planxar i repassar la roba. L'educació i la instrucció hi eren incloses, és clar.

En aquella casa vaig conèixer i vaig fer-me amic d'Ildefons Sunyol, de Trinidad Monegal, de Rafael Patxot i de Casas de Sant Feliu; dels germans Joan i Josep Vergés de Palafrugell; d'Enric Sauch de la Bisbal. Amb tots ells, hi vaig tenir una amistat entranyable, que augmentà a través del temps fins que la mort em separà de la majoria d'aquests amics.

El col·legi era notòriament bo. La part social de l'educació era molt acurada. Els estudiants de l'últim curs podien sortir al carrer de frac amb uns grans botons daurats, com llavors s'estilava, i el seu barret de copa. Els alumnes més jovenets portaven una gorra de visera de xarol lluent amb una insígnia del col·legi a sobre i botons, també daurats, en l'armilla encreuada, però més petits que els que portaven frac. Hi havia una determinada quantitat d'estudiants filipins amb una pell de color de suc de pipa brunyida d'un qualitat oliosa i grassa.

El menjar que ens donaven era bo. Els pares escolapis eren bondadosos. El furor dels *ayos* no ultrapassà mai el pessic a les orelles o a les anques. No sabria pas articular una queixa concreta i determinada. Així i tot, quan pensava en les confitures que em donava la mare, en la fascinació i la seguretat que ens produïa la presència del pare, en la llibertat que tenia a Manlleu, m'agafava una tristesa inexplicable, un enyorament intens. Persistir a mantenir-m'hi hauria estat un error, no crec que hi hagués arribat a fer res de bo. Finalment se m'endugueren a pes de braços, malalt, exhaust.

El col·legi de Sant Miquel de Vic

En vista del meu fracàs en el Col·legi de Sant Antoni de Barcelona, la família decidí, per tenir-me més a prop, internarme en el Col·legi de Sant Miquel de Vic. L'establiment estava incrustat en un antic convent de carmelites descalços que fou abandonat pels frares a l'època de la desamortització. Sortint per la carretera de Manlleu, encara es veuen avui, adossades a les velles muralles, les romanalles de la immensa i desgavellada baluerna. Mossèn Miquel, el director, era un carlista aferrissat. El seu preu era més enraonat que el de Sant Antoni: deu duros el mes. S'ha de fer, però, l'advertència que, així com en els setze duros de Barcelona hi anava comprès el menjar, dormir, rentar, planxar, repassar la roba, la instrucció i l'educació, en els deu duros del col·legi de Vic les belles arts hi anaven també incloses.

Menjàvem bé: ens donaven xocolata i llet per a esmorzar,

sopa, carn d'olla i un petit entrant a l'hora de dinar; sopa, mongetes i un tall de bacallà bullit per sopar. En aquest programa, no hi vaig notar mai cap variació, però les coses eren fresques i bones. Les mongetes del sopar, sobretot, eren riquíssimes i no recordo haver-ne menjades de millors enlloc en el curs de la vida.

Les mongetes m'han agradat; podreu tenir una lleugera idea de fins a quin punt m'han agradat si us dic que encara les menjo amb gust malgrat haver-les menjades de 1884 a 1888, durant quatre anys seguits, cada dia.

Al col·legi érem uns disset xicots pensionistes i una vintena a mitja pensió. Amb els pensionistes menjaven mossèn Miquel, el director, i els teòlegs, és a dir, els seminaristes dels cursos de Teologia del seminari de Vic, que donaven classes al col·legi i en constituïen el professorat fix.

L'antic convent dels carmelites era gran, lúgubre, immens. Al col·legi, l'edifici li anava gran. La part de l'edifici desocupada i abandonada era tètrica. En les nits d'hivern sentíem xiular el vent i ens arribaven, llunyans i paorosos, els cops de les portes en les cel·les desertes. Tot era ple de pols i de teranyines. Les parets feien unes taques grogues de calçobre caigut. Hi havia rates als forats. Les rates-pinyades entraven i sortien per les finestres, sense vidres, entreobertes. Sota les teules, hi niaven els mussols, i en el campanar de l'església, hi xiuxinejaven tristament les xibeques. A l'edifici a l'hivern, hi feia un fred destil·lat i científic, i és en la ciutat de Vic on jo he vist els penellons més morats i espectaculars del país. Gairebé tothom portava guants de punt negres, però a alguns, se'ls feien, a causa de la mala circulació, uns penellons tan intensos, que de vegades se'ls menjaven dos o tres punts dels guants negres.

Quan, després d'un llarguíssim hivern de Vic, arribava el primer d'abril, mossèn Miquel, en el refectori, deia amb la seva veu més pomposa, greu i solemne:

—Demà començarem el règim de la til·la...

I, en efecte: l'endemà ens donaven, després de cada repàs, uns enormes, imponents bols de til·la. Era per rebaixar la sang, la garantia contra la primavera. Mossèn Miquel s'anomenava Miquel Vallbona i Barceló, era fill de Santa Maria de Corcó i cosí germà del canonge Collell.

Mossèn Miquel jugava meravellosament al tresillo; en realitat jugava molt bé a tots els jocs i tenia fama, a Vic, de no haver-hi joc de cartes que per a ell tingués misteri. Fumava com un turc —generalment caliquenyes— i prenia rapè.

Com a pedagog s'havia format en el Col·legi Charrier, que havia fundat a Barcelona un dominic exclaustrat en el primer terç del segle. El Col·legi Charrier era un col·legi de *dòmines* secs i pansits, muntat a la manera antiga. Així i tot, sempre em semblà que mossèn Miquel tenia una positiva capacitat per a comprendre els alumnes.

El col·legi tenia un gran hort jardí que subministrava verdures, llegums i fruita a la cuina de l'establiment. En un dels seus racons més reparats de vent, mossèn Miquel hi criava amb una cura exquisida uns avellaners. Els vigilava tot l'any amorosament i quan posaven la fulla els passava la mà per sobre com si els acariciés. Quan arribava el moment d'esclarissar-los, ens convocava al jardí i ens feia tallar les tiges amb unes tisores de podar, de manera que quedessin netes i polides. Després ens feia fer feixos amb deu o dotze varetes cada un. Exigia que totes fossin de la mateixa alçada i del mateix gruix i ens els feia pujar a la seva cambra, on els guardava tots molt ben posats, estintolats a la paret, en un ordre perfecte. Els feixos solien tenir uns cinc pamets d'alçada generalment.

El sistema pedagògic de mossèn Miquel estava basat en l'expiació indefectible. Ens clavava unes pallisses inenarrables i per a fer-ho utilitzava una de les tres o quatre-centes vares d'avellanes que guardava a la seva cambra. Així, doncs, quan baixàvem a l'hort i vèiem de lluny els avellaners ens venia pell de gallina. A la primavera, de tant en tant, i per tal de refrescar-nos la memòria d'aquests arbres maleïts, ens feia baixar a l'hort i quan érem prop dels avellaners deia fent el distret:

—Quina manera de créixer, valga'm Déu! Aquest any sí que tenen bon aspecte. Són realment bonics...

Tocava les tiges, acariciava les petites fulles verdes, es passava la llengua pels llavis. En les dissimulades esquives mirades de reüll que ens dirigia, hi posava la consciència clara, inequívoca, de saber el servei que li farien aquelles branques encara tendres i febles. Nosaltres també ho sabíem i només de pensar-hi ens venia una mena de mareig.

Quan ens convocava a la seva habitació, la catàstrofe era indefectible. En veure'ns passar la porta, es mullava els llavis. No pretenia cap explicació ni aspirava a donar-ne cap. Treia una vara d'un feix, l'agafava per un extrem i vociferava sense compliments aquestes paraules:

Decía Salomón: —Al hijo villano,
con vara de avellano...

i ens rompia la vara a l'esquena formulant a cada vergassada el proverbi del rei bíblic. De tota manera s'ha de dir que per a l'operació preferia certament la vara d'avellaner, però no era pas exclusivista: per a pegar li eren bones totes les ocasions i tota classe d'objectes, i una vegada colpejà el cap d'un dels meus germans amb el bastó que utilitzava per a anar a passeig.

Un dia, mossèn Miquel em sorprengué fumant un d'aquells cigarrets que eren anomenats revòlvers, per raó sens dubte de la seva fortor, i que costaven un sou el paquet. Em trobava en un mingitori i el terrible clergue veié sortir fum pels intersticis de la porta. En el moment d'atrapar-me em digué sarcàstic:

—De manera que fumant, eh? Puja a la meva habitació de seguida...

Hi vaig pujar, i en el moment de passar la porta es dirigí ràpidament al dipòsit de les vares. N'agafà una, i en iniciar les vergassades digué amb la seva ràbia habitual:

Decía Salomón: —Al hijo villano,
con vara de avellano...

Me'n trencà dues a l'esquena, sens dubte perquè creia que el fumar era doblement punible. El dolor que em produïren els cops de vara em produí una tal rabiosa indignació que atribueixo a això el record exacte que he conservat de l'escena. Em sembla que encara veig les vares: eren llises, tenses, fines, amb els nusos polits sense arrugues ni pelats, lleugerament flexibles, turgents, de tacte suavíssim; tenien la duresa viva de l'acer.

Quan mossèn Miquel es lliurava a aquests terribles estropicis treia la llengua —una llengua grossa, carnosa, roja, molla com la d'un vedell— i se la passava pels llavis, suat, dominat per una agitación frenètica. Els seus ulls guspirejaven. Abans de començar es descordava la sotana i s'arremangava les mànigues fins al colze.

Al cap de pocs dies de la pallissa, el meu pare vingué a veure'm.

—Què tal el col·legi? —em preguntà—. T'agrada?

—Peguen! —vaig dir tímidament, entre confús i indignat.

—I per què t'han pegat?

—Perquè fumava.

—Ah, sí, eh? —digué el meu pare, adoptant un posat terriblement seriós, les celles fosques, la mirada ombrívola—. De manera que fumaves? Molt bé...

No vaig tenir temps ni d'alçar la vista. Sentí a la cara el xoc d'una tremenda bufetada. Alguns anys després, al Liceu, determinats sorolls elaborats per l'orquestra executant una de les més famoses obres de Wagner em recordaren la remor profunda i densa que en l'interior del meu crani produí la bufetada del meu pare.

Però l'època era així: una mica dura. Per a l'educació, però, aquesta duresa era potser millor que les debilitats, les deliqüescències i els embadaliments grotescos d'avui dia.

Era veritablement curiós el contrast que es produïa en mossèn Miquel, entre el seu caràcter de ferro i la debilitat que sentia per les cartes. Una vegada mossèn Bou, rector de Torelló, el vicari de mossèn Bou i mossèn Miquel jugaren al tresillo gairebé sense parar durant tres dies seguits. Al matí anaven a dir missa corrents i tornaven de seguida a la *camilla.* Dita la missa, pràcticament ja no es movien de la cadira. La majordona de mossèn Bou els servia una xicra de xocolata per esmorzar, que bevien amb una esgarrapada; després, per dinar, els presentava una fotesa que menjaven sobre la marxa; feien un berenar sopar per fer-ne més via. Després d'una incomptable quantitat de *codillos* i de *solos* hagueren de plegar per cansament; es dispersaren esgotats, morts de son, esllomats de fatiga.

Pel que es refereix a les idees polítiques, mossèn Miquel era carlista, com ja hem dit, però seguia en aquest partit la fracció que dirigia el general don Joan Castells.

Mossèn Miquel era un home de baixa estatura, molt robust, ferreny, bru, roig de cara, de pèl blanc. Tenia les faccions dures i produïa la impressió d'una força extraordinària. Alternava la caliquenya amb el rapè i en la caixeta de caoba que utilitzava per guardar-lo hi havia un retrat de Pius IX, o sia "Pío Nono", com deia la gent. Sobre la part de la sotana que li cobria el pit se li veia sempre la pols del rapè i, com que feia tants anys que el rapè li queia sobre la tela, se li havia format a sobre com una pasta, lleugerament encartonada una capa groguenca. Quan el sol la tocava i sortia el color, aquesta part de la sotana de mossèn Miquel semblava el pit d'un canari abans de la muda.

El col·legi marxava a base d'una força interna: era Maria, la vella criada de mossèn Miquel; de tota la vida que no l'havia abandonat ni un sol moment en les més variades circumstàncies. Era una dona callada, soferta, infatigable: cuinava per a quaranta galifardeus, feia la neteja, arreglava la roba, anava a plaça i tenia cura de l'hort; rentava, cosia, planxava, feia els llits i arreglava l'oratori. Hauria estat absurd de suposar que a mossèn Miquel se li pogués ocórrer de pagar-li el treball amb una qualsevol quantitat de diners. Era un cas indescriptible de tenacitat i d'abnegació cristiana. Ah!, feia les mongetes amb un toc de cuinera angèlic, aeri, elevadíssim.

En el col·legi es matava el porc i la diada era un esdeveniment. Per esmorzar ens donaven una botifarra, però aquesta novetat tenia una relativa importància. Es produïa una cosa més positiva: aquell dia es relaxava per unes hores la disciplina de l'internat. Mossèn Miquel presidia les operacions amb uns ulls brillants i l'avidesa semblava humanitzar-lo. Els teòlegs, generalment cadavèrics, ensumaven l'aire. De bon matí, en alçar-nos, ens arribaven, a través de la boira, els xerrics lacerants de l'animal, que feia a l'hort els últims badalls: era l'entrada en la festivitat.

Després s'iniciava a la casa un gran tragí, en l'aire tocat per l'olor de la carn socarrimada. Tothom col·laborava a l'operació. La carn d'olla del dinar era suculenta. Al vespre, mossèn Miquel i el professorat es regalaven amb els peus de l'animal. Aquell dia no hi havia ni llatí, ni gramàtica, ni història sagrada, ni vergassades.

També es feia al col·legi, per Tots Sants, la castanyada. Era un sopar considerablement més llarg que el dels dies normals, un sopar que a mesura que anava durant entrava en una escenografia fantàstica, a causa de l'espectral agonia de les llumeneres de sobre les taules. A dins d'aquella llum somorta, d'a-aquell aire incert i grisaci, el sopar s'acabava amb uns badalls d'una amplada i d'una profunditat insondable.

Quan arribava el Dijous Gras es produïa un altre dia de llibertat. Ens deixaven posar un nas de cartró, un nas que de vegades anava amb un bigoti negre i obsessionant, ens embolicàvem amb el llençol i durant tota la tarda, generalment lívida, corríem ululant i vociferant pels passadissos i les cel·les desertes de la immensa baluerna abandonada.

Mossèn Miquel era a l'internat professor d'Història Sagrada i de Gramàtica Castellana. No podria pas assegurar que sabés un borrall de res. Als teòlegs professors de col·legi, els passava, em sembla, igual. No era pas mossèn Miquel un home que pretengués ensenyar. L'important per a ella era educar. El principi més personal del seu sistema educatiu, el solia formular en veu alta, després de les pallisses que ens donava amb les vares d'avellaner.

—Bel d'ovella, mossec de llop, murriet... —deia mentre es cordava la sotana.

Com a professor de Gramàtica, ens proposava estranys exercicis de traducció.

—A veure —deia—, a veure... Vostè! ¿Com traduiria al castellà la frasa catalana "Mentre són calentes es pelen"?

—*Mientras son calientes se pelan...*

—No senyor —deia, sec, mossèn Miquel—. No senyor! A veure, un altre. Vostè! Tradueixi la frase.

El segon alumne, més fi, contestava:

—*Mientras son calientes se mondan...*

—No senyor! A veure, un altre. Tradueixi: "Mentre són calentes es pelen..."

El tercer alumne no solament quedava mut, sinó que adoptava un posat de completa passivitat. Mirava al seu voltant estúpidament, com si demanés ajuda, amb un aire pertorbat. Les possibilitats de la traducció estaven esgotades.

—Així, vostè tampoc no ho sap! Doncs jo li diré quina és la traducció exacta. Que tothom prengui nota de la traducció exacta. La traducció és aquesta: *El llanto sobre el difunto...*

I es quedava tan satisfet. Nosaltres sortíem d'aquests exercicis gairebé tan satisfets com ell: literalment idiotitzats.

Els professors del col·legi eren anomenats teòlegs perquè en el seminari es trobaven en aquell estadi de la carrera en el qual s'estudia Teologia. Aquests teòlegs portaven la capa i el barret de copa que féu tan cèlebres i teatrals els estudiants de Vic.

Els barrets de copa dels estudiants es transmetien de generació en generació, perquè quan els teòlegs arribaven a la consideració de missacantants i es posaven el barret de capellà venien els copaltes als dos barretaires eclesiàstics que hi havia llavors a la ciutat de Vic. Aquests botiguers els alleugerien de suor, els rentaven i planxaven i deixaven la seva estructura intacta —una mica més tova, però intacta. Després, els venien per nous, i així hi hagué barret de copa —els que sortien de bona llei— que adornà els caps d'innombrables generacions d'estudiants de capellà.

En el meu temps un d'aquests teòlegs, professor de Retòrica, es prengué l'assignatura seriosament. Un dia que explicava la poesia d'Horaci davant d'una classe, esvalotada i distreta s'enfadà:

—Sou indignes de la mel del Laci...! —cridà enervat, tancant aparatosament un enorme llibrot que tenia sobre la taula—. Sou indignes de la mel i uns burros acabats!

En el Collegi de Sant Miquel, hi vaig tenir un condeixeble adorable: Gudiol, que més endavant fou mossèn Gudiol, creador del Museu de Vic, un dels arqueòlegs més distingits de l'època, home seriós, amic de tota la vida, persona d'una bondat i d'una intelligencia excepcionals.

El Vic del meu temps

En la meva adolescència una de les persones que a Vic tingué més anomenada fou l'advocat don Ramon Valls. D'idees liberals, don Ramon fou alcalde de la ciudad a l'època de la Revolució de Setembre. Gràcies a la seva habilitat, foren llavors salvats d'una desrtucció segura els tresors artístics i de tot ordre guardats a les esglésies vigatanes. Don Ramon desvià les turbes cap als *fielatos* dels burots, que foren incendiats. Fou un prodigi universalment lloat.

Valls fou un home de sòlids i dilatats coneixements jurídics. A Vic la gent deia:

Si vols tenir el plet guanyat
pren a Valls per advocat.

Quan arribava Nadal, don Ramon feia imprimir un resum del que havia passat durant l'any. El resum era escrit en vers, i en aquest paper infiltrava les seves idees, que eren les d'un liberal avançat, amb un toc d'anticlerical.

L'any de la canonització de l'últim patró de Vic, sant Miquel dels Sants, i del trasllat de Valladolid, on sant Miquel morí, a la ciutat d'una preciosa relíquia del patró —una costella— se celebraren grans festes, que coincidiren amb la producció de memorables estropicis. Caigué la llosa d'un balcó i moriren i quedaren ferides diverses persones que passaven pel carrer. Don Ramon escriví en el seu romançó de paper d'estrassa:

Des que fou canonitzat
el nostre insigne Miquel,
sobre Vic s'han desplomat
terribles plagues del cel...
Llamps, trons i un terrible aiguat ...
si aneu a les processons
cauen lloses dels balcons...
i vós, impàvid, direu:
—Encara més mereixeu
per vostra impietat, c...!

El que porta avui el nom de sant Miquel nasqué en una casa del carrer batejat amb el seu nom, costat per costat, precisament, de la que habitava don Ramon Valls. Quan la comissió encarregada de recollir diners per erigir un monument al sant elaborà la llista de possibles benefactors, acordà incloure-hi don Ramon, malgrat les seves idees, i, per evitar que l'exclusió el pogués molestar, la junta considerà que havia de fer-li una visita.

—Déu lo guard, don Ramon...! —digueren amb la untuositat habitual els seus individus en penetrar al despatx de l'advocat.

—Déu los guard... —contestà don Ramon, amb un petit toc de sorneguería.

Quan tots hagueren pres seient el portantveus explicà la causa de la visita —recollir els diners per al monument— a través d'un discurset entre afectat i lacrimogen. —Sant Miquel —digué— és el fill predilecte de Vic, el patró dels vigatans, és un sant de primera, una personalitat que impressiona pel seu sentit de caritat, de bondat, d'humanitat. I, a més, no podem en aquest cas oblidar —afegí el bon senyor amb una cara una mica més clara i amb la impressió d'haver trobar l'argument definitiu— que el sant i vostè, senyor Valls, són veïns...

—Sí, és cert, som veïns —contestà don Ramon amb un aire fosc, malhumorat—, però amb aquest veí no m'hi tracto...

Don Ramon solia dir que les tres coses més típiques de Vic eren les llonganisses, els canaris i el capellans.

Els vigatans són molt donats a tenir canaris. Els és grat sentir-se a les orelles els refilets d'aquell ocell de menjador. A Vic hi ha hagut sempre magnífics, impressionants canaris.

Malgrat conèixer Vic des de fa tants anys, aquesta ciutat ha presentat sempre per a mi un punt de misteri. No fou mai una ciutat totalment carlista ni totalment liberal; ni ben bé monàrquica, ni ben bé republicana, ni revolucionària ni reaccionària. Una ciutat així hauria de presentar, sembla, les característiques d'una ciutat de termes mitjans, moderada. A pesar d'això, Balmes, que nasqué a Vic, no hi arribà a tenir mai una popularitat. Puget em recita contristat una quarteta que hom compongué a Vic quan Balmes publicà "El Criterio". Diu així:

A la terra de l'esclop
un, va compondre un "Criteri"
i va estar-ne leri-leri
d'esdevenir un filosop.

Catalunya produí als últims cent cinquanta anys dos homes d'excepcional categoria: don Antoni Capmany i don Manuel Milà i Fontanals. Si fos possible afegir un nom als d'aquests tan grans, s'hi hauria de posar, segurament, don Jaume Balmes. La solució que Balmes donà —amb Quadrado i el marquès de Vilumara— al plet carlista (el casament del comte de Montemolín amb Isabel II) era l'autèntica solució: hauria estalviat el vessament de sang, el desordre del segle i la destrucció de la immensa riquesa material.

La solució proposada per Balmes, tan política, tan intel·ligent, el féu malveure del partit ultramuntà i del partit progressista. Quan hom pensa en Balmes, li sembla comprendre que aquest país està permanentment dividit en dues classes de ciutadans: els que en les guerres civils i les lluites de banderies s'enriqueixen ineluctablement i els que estan destinats a anar a la presó sigui quin sigui el partit imperant.

El retrat de Balmes per Madrazo és preciós. Els ulls, sobretot, són dolços, intel·ligents, d'una gran sagacitat. El retrat és una meravella de simplicitat.

El que la gent no sap de Balmes és que escrivint guanyà dinerets. De seguida que arribà a tenir un cert prestigi se li acabaren les angoixes monetàries. A Madrid arribà a guanyar sis mil duros l'any, sense necessitat d'abaixar mai el to dels seus escrits. Com a autor cotitzat només s'hi pogué comparar don Mariano José de Larra (Fígaro). ¿Qui guanya avui proporcionalment una quantitat semblant escrivint amb to i dignitat?

Vic arribà al perímetre que tingué en la meva adolescència —després ha crescut molt més, és clar— a conseqüència de la inseguretat en què es visqué a la Plana durant tants anys a causa de la lluita de les faccions i a la crònica falta d'autoritat. Els grans propietaris es traslladaren a la ciutat fugint de les depredacions, el saqueig i la intranquil·litat, i d'aquest èxode sorgirens els casalots, les immenses baluernes senyorials que es construïren a Vic, sobretot en el curs del segle XVIII. Aquesta concentració de grans famílies donà a Vic un gran to i un aire de vida senyorial que jo encara he aconseguit. Recordo les famílies Abadal, Rocafiguera, Codina, Bujons (el palau d'aquesta família és avui casa Fatjó), Parrella, Prat, Calderó, Clariana, Tortadés, Picó, casa Llansà, casa Cortada.

El creixement de Vic provocat per la inseguretat imperant en la Plana és un fenomen observable també a Girona —encara que de data anterior: l'èxode a Girona es produí a l'època de la guerra dels Remences, i en moltes altres capitals de comarca.

Vic és una població una mica tancada. El "Casino Vicense", que anys enrera vaig freqüentar, és una de les societats més hermètiques que he conegut en la meva vida. El dret d'admissió era reservat als grans propietaris i a les persones exornades amb un títol acadèmic. El "Casino" contenia dins els seus murs una tertúlia encara més recòndita, installada en un local molt petit, amb un excellent i confortable "parquet" i uns setials de fusta —com els del cor d'una catedral— adossats, en cercle, a les parets. Si hom aconseguia, a l'hivern, d'asseure's en un d'aquests setials, el servei us presentava un braseret individual i una tauleta per al cafè i el conyac. La tertúlia transcorria com si fos un capítol laic.

Abans de la darrera revolució Vic tenia vint-i-nou adorables esglésies barroques amb altars únics, plens de color i de vida; pel meu gust, les esglésies més fines eren Santa Teresa, Sant Just, Santa Clara, el Remei, el Convent de Franciscans i el Carme. Tot ha desaparegut; i els meus vells amics vigatans, on són? La majoria moriren. Els que queden amb vida passaren a Barcelona a viure en pisos. El Vic del meu temps ja no existeix i l'actual ciutat no és ni l'ombra del que fou. No té res a veure amb les imatges que porto gravades en la memòria, amb una persistència obsessionant.

Les amenitats del país

Mai ningú no hauria pogut suposar que aquell senyor que de natural era roncós i malcarat resultés filantrop, però el cert és que, en morir, deixà una bona part de la seva fortuna —la major part— per construir un hospital de pobres. Exactament deixà diners suficients per a muntar un hospital de trenta llits, amb edifici propi, dotat si no de tots els progressos de la ciència —els quals, pel fet d'ésser incessants i rapidíssims, arriben sempre, en els països pobres, amb retard—, almenys els més corrents i rutinaris. Quan fou obert el testament, es produí, en el poble, la natural alegria. L'Ajuntament es reuní en sessió extraordinària, hom formà una Junta i per donar estabilitat i continuació al sorprenent llegat hom nomenà un secretari estipendiat després d'haver comprat quatre cadires i una taula. Les obres s'iniciaren de seguida, enmig d'un optimisme cridaner i tonificant.

Quan l'edifici en construcció arribà a tenir una determinada visibilitat; els esperits crítics de la població —que solen ésser pocs però coents— feren notar que l'hospital no s'arribaria mai a emplenar, ateses les seves mides exorbitants. El poble i la comarca —digueren— té un nombre d'habitants determinat. L'augment de la població segueix un procés normal. Així, llevat de les èpoques d'epidèmia, és indispensable que aquest establiment es pugui emplenar amb un nombre de malalts suficient per a donar el seu ple rendiment. Mentre el poble segueixi el seu curs i tingui la seva habitual normalitat sanitària, l'hospital resultarà massa gran.

Davant d'aquestes constatacions, la Junta quedà sorpresa. El poble és evidentment petit —uns deu mil habitantts. El seu augment demogràfic és perfectament conegut. Es pot produir, és clar, sempre una novetat. El poble té projectes —¿quin és el poble que no en té?— que s'arrosseguen fa vuitanta o noranta anys. Es podria fer això. Es podria fer allò... No es fa mai res. Ja se sap. Per sortir de dubtes, hom demanà unes estadístiques, que foren detalladament examinades.

—Aquestes estadístiques demostren —digueren els esperits crítics— que el poble té una apetència d'hospitalització del dos i mig per mil.

—I què vol dir això del dos i mig per mil? —preguntà el secretari estipendiat amb la por de perdre la plaça pintada a la cara.

—Vol dir simplement que si el nombre d'habitants del poble destinats a aprofitar l'hospital és de dos mil cinc-cents, hi passaran cada any cinc malalts i un quart.

—No puc pas amagar-los —digué l'alcalde, nerviós i enervat— que aquest quart de malalt em posa la pell de gallina.

—Les estadístiques són les estadístiques. Les estadístiques són les realitats —contestaren els crítics amb la més gran nerviositat.

Ens trobàrem, doncs, davant d'una notòria exageració filantròpica, davant d'un excés de caritat produït per la bona fe més inqüestionable. Emportat pels fums de la seva generosa rebullida, per la vaguetat de les seves tumultuoses ensomniacions, l'exemplar ciutadà s'havia equivocat de poble. Això era clar.

Però ja no hi havia remei. El testament era el testament i hauria estat una acció intorerable modificar, amb una trampa sanitàrio-legal, la voluntat del difunt. Es construí, doncs, l'hospital de les dimensions establertes en la deixa, és a dir, a base de trenta llits i l'equip corresponent. Quan l'establiment fou acabat i hom hagué comprat el material indispensable, es plantejà el problema de la inauguració oficial. Aquesta inauguració es projectà des del primer moment a base de la solemnitat i el volum naturals.

—Jo crec, senyors —digué l'alcalde en la sessió plenària de la Junta—, jo crec que no podem inaugurar un establiment d'aquesta naturalesa i d'aquestes dimensions amb els llits buits i les habitacions desertes. Comptem només amb quatre o cinc irrisoris malalts autèntics. És trist haver-ho de dir: l'hospital és buit; el nombre d'hospitalitzats és escassíssim. Quedem malament. Per a la inauguració tenen anunciada la vinguda la infanta Isabel, les primeres autoritats del Principat, les de la província i les principals personalitats de la comarca. Hem de fer, doncs, un esforç. Hem d'emplenar els buits sigui com sigui. És absolutament necessari causar la impressió que l'hospital és un organisme vivent, perfectament adequat a les necessitats del país i concretament de la comarca. Hem de demostrar que les ànsies humanitàries sentides pel nostre il·lustre conciudatà han estat fidelment interpretades pel poble que tinc l'honor de presidir.

En el nostre país, a l'hospital només hi van els pobres, i encara per força. Així hauria estat impossible d'imaginar que algun malalt ric o de la classe mitja es prestés, encara que només fos per unes hores, a hospitalitzar-se per arrodonir la brillantor de la festa. Calgué, doncs, organitzar una recluta ràpidament, perquè el dies passen volant i la inauguració era imminent. Després de molts de treballs foren trobats vuit malalts més, malats lleus, suplementaris, que es prestaren a enllistar-se per contribuir a crear el corresponen ambient. Però això resolia només una part del problema. Quedaven encara divuit llits flamants, perfectament buits.

Després de la deliberació consegüent, no hi hagué més remei que trobar unes quantes persones perfectament sanes que es prestessin per unes hores a fer el paper de malalts. La recluta voluntària no donà cap resultat. La pretensió presentava un aspecte tan inustiat i delirant que fou impossible de trobar una persona normal disposada a prendre part en una tan insòlita comèdia. Calgué, així, prendre disposicions per reclutar els vagabunds, indigents i els gitanos acampats sota el pont. Hom explorà els voltants de la població a distàncies conspícues. No fou pas fàcil de fer entrar a la raó la població erràtica i menys encara de mantenir en una certa disciplina el grup de cares hirsutes i ferotges que després de tants esforços hom pogué reunir.

—Enlliteu-los d'una vegada! —cridà l'alcalde en plena febre de preparatius—. El desori d'aquesta tropa no pot durar ni un moment més...

—No volen enllitar-se! —digué l'agutzil—. Demanen diners.

—Fins que la festa sigui acabada no hi haurà diners. Músic pagat fa mal so, i no estic per anomalies.

—Pensi, el senyor alcalde, que tots tenen una salut magnífica...

—Pitjor per a ells. Res de diner previ.

—Llavors —insinuà l'agutzil— se'ls haurà de donar menjar. Abans d'entrar a l'hospital demanen un arròs, perquè, segons diuen, senten l'aprensió de l'establiment.

—D'acord. Passo per això de l'arròs. Que se'ls faci un arròs de conill, abundant i bo. I poca broma: que tothom es porti com s'ha de portar. I que quedi ben entès: a priori, ni un cèntim; es pagarà a posteriori, i tothom quedarà content.

El senyor alcalde era un home cultivat i de lectura evident.

Els enllitaren finalment, mentre l'orquestra local, reforçada amb un clarinet i un fiscorn forasters, atronava els aires de la carretera. S. A. la Infanta Isabel, acompanyada de la senyoreta Beltrán de Lis, les màximes autoritats anaven arribant feliçment. Després de les salutacions de rigor, en el curs de les quals hom al·ludí reiteradament a la providencial col·laboració de la meteorologia a la festa, es formà la comitiva, amb els nens dels estudis, la ciutadania i les autoritats vingudes expressament. En el cor de tothom palpitava la memòria de l'insigne filantrop. De tota manera, l'alcalde i els individus de la Junta no les tenien pas totes. La possibilitat que algun erràtic bercengàs enllitat produís alguna atzagaida o pertorbés amb una sortida de to el bon ordre de la festa projectava sobre d'ells una preocupació evident. Mestrestant hom passà per sota els arcs de triomf i seguint tot a vora del carrer principal hom arribà finalment a l'hospital, que presentava un magnífic aspecte.

La ceremònia transcorregué normalment. Es produïren els discursos habituals, dels paràgrafs dels quals la personalitat del filantrop sortí unànimement enaltida. Hom formulà els elogis concebuts de la laboriositat dels habitants del poble i de la comarca entera. Després S. A. Reial la Infanta Isabel i la senyoreta Beltrán de Lis, acompanyades de les autoritats, de la Junta i dels encarregats dels serveis —el metge de la població, l'apotecari, el practicant i el secretari administratiu—, seguiren amb gran detenció les dependències de l'establiment. Els malalts de veritat passaren per un moment d'agitació; els subrepticis, saturats d'arròs de conill i de vi negre, contemplaren el pas de la comitiva somnambúlics i indiferents. "S. A. Reial es detingué amb una especial atenció —escriviren l'endemà els diaris de Barcelona— en les sales dels malalts, s'acostà als desgraciats ajaguts en el llit del dolor i a tots els dirigí emocionades frases de consol i de resignació, sobretot als divuit malalts desenganyats que des d'avui hostatjarà el magnífic i espaiós edifici".

(El senyor Puget no volgué dir-me mai el nom del poble en què ocorregueren aquests fets.)

—Coses així tant poden passar en un poble com en un altre.

El nom del poble és el de menys: el que importa és l'autenticitat dels fets.

De tota manera, un dia que li vaig sentir explicar l'anècdota a un senyor sense pensar que jo era davant acabà dient:

—Manlleu, Manlleu, on vaig passar tantes hores tristes o divertides, com aquestes que li acabo de contar...

Mentre deia aquestes paraules em degué descobrir, perquè vaig veure que de sobte parava d'enraonar i, recolzant el cap sobre el coixí de la poltrona on seia, abaixava les parpelles sobre els ulls mentre els seus llavis prims dibuixaven un enigmàtic somriure...

El rapè

Ara ja no es polsa el rapè com en la meva joventut. És un costum que en el curs de la meva vida s'ha vist desaparèixer. Sembla que el gran segle del rapè fou el segle XVII. Alguns historiadors de les coses petites, dels gustos més intranscesdents del homes, han anomenat aquella centúria el segle de les tabaqueres. Hi havia caixetes per a guardar els pols de rapè delicioses, d'una qualitat uatada, suau, finíssima.

Les caixetes de rapè s'agafaven amb la concavitat de la mà esquerra i abans d'obrir la caixa per prendre el polset es donaven a la tapa dos copets lleugers amb la polpa dels dos dits de la mà dreta. Després, es feia girar la tapa, es feia la presa i el rapè era col·locat en els orificis del nas. En el mateix moment de la col·locació, el nas aspirava els pols, que eren d'un color d'ombra, d'un color d'or vell amb un petit toc de gris. El rapè, en ésser aspirat, produïa la sensació com si per un moment us obrissin les portes de l'enteniment. Algunes persones, les feia estossegar; a totes els feia la impressió d'alleujament mental, de desalteració dels humors facials. Desgraciadament aquests efectes duraven poc i els que patien de caparrassa sentien la frescor de l'obertura dels conductes, només un moment. Les persones que prenien rapè d'una manera seguida tenien sota del nas, sobre el bigoti, una petita taca groguenca: era la característica taca del rapè.

Us sorprendrà potser de saber que el "Vuelta Abajo" del tabac de rapè es produïa precisament a Manlleu; per concretar, es produïa a les hortes del carrer de Sant Jaume de la referida població. Segons els coneixedors de la màteria, la terra d'aquells encontorns tenia la virtud especial d'infondre al tabac de rapè que s'hi cultivava una qualitat excelsa.

El bisbe Morgades prenia rapè i el rapè que polsava el senyor bisbe provenia de les hortes del carrer de Sant Jaume de Manlleu. Ell mateix em contà un dia que, essent bisbe de Vic —car després ho fou de Barcelona—, en una de les seves visites a Roma *ad limina apostolorum*, oferí la seva caixeta a S. S. el Papa Lleó XIII. El Sant Pare, que també polsava, acceptà encantat i trobà el rapè de Sa Il·lustríssima tan exquisit que li preguntà, curiós, d'on procedia. El senyor bisbe respongué que provenia de la seva diòcesi i s'oferí, si el Papa li ho permetia, d'enviar-li una remesa de rapè. Mentre Lleó XIII ocupà, després d'aquesta visita, la cadira de Sant Pere, Morgades li envià cada any, per mediació de mossèn Jaume Padró, de Manlleu, una quantitat abundant de rapè collit a les hortes del carrer de Sant Jaume de Manlleu. Mossèn Padró posà en aquest afer tots els cinc sentits i arribà a fer-se amb el rapè millor del món, amb la flor de la flor del rapè.

El bisbe Morgades, em contà, també, que essent monsenyor Pecci, més tard, Papa amb el nom de Lleó XIII, nunci a Brusselles, rebé la visita d'un seu col·lega del cos diplomàtic acreditat davant del rei de Bèlgica. L'ambaixador li oferí la caixeta. Aquesta caixeta, que era una obra delicada, tenia la particularitat de contenir, incrustat a la tapa, un gran camafeu amb una dona nua i posada en una posició lànguida o, si voleu, acadèmica.

El nuncia Pecci acceptà somrient la invitació, féu la polsada amb les puntes dels dos dits i s'aturà després a contemplar detingudament el camafeu. En el moment de tornar la caixeta digué al diplomàtic amb el més encantador i agut dels seus somriures:

—*Si non mi sbaglio, la sua signora... vero?*

OLOT. LES FIRES DE SANT LLUC

En 1891 la mare comprà la finca de Corriol, a Collsacabra, però quan hi pujàrem amb caràcter de propietaris per primera vegada, el país no fou pas nou per a mi. L'havia travessat moltes vegades anant a les fires de Sant Lluc, a Olot, on acudíem cada any amb un o altre. El viatge era sensacional, grandiós, fascinador; de Manlleu a Olot tardàvem divuit hores i fèiem la travessia muntats a cavall dels matxos del Reiet de Vic, que tenia una gran quadra d'animals de bast. Sortíem quan encara fosquejava; feia fred i ens cobríem les orelles morades amb les bufandes grosses i peludes del temps.

Quina manera de viatjar, Déu meu, més plàcida i agradable! El camí es feia en quatre etapes: la primera s'acabava a l'Esquirol, o sia a Santa Maria de Corcó. En arribar-hi ens dirigíem a l'Hostal del Botiguer, que era excel·lent. A la vora del foc, hi esmorzàvem de forquilla: truita de mongetes, una botifarra i una amanida del temps. Després, les postres i el vi ranci. Quan sortíem de l'hostal per muntar altra vegada en els matxos vèiem el món tocat per la puresa i la dolçor matinal, a través del cristall de l'aire fi.

La segona etapa ens portava a l'Hostal de Ca la Rutllada. Hom donava un bon pinso als animals, i els viatgers ens assèiem a taula per dinar: sopa i carn d'olla suculenta —amb l'orella i la cua de porc, la cuixa d'oca i la botifarra negra— i un entrant. Tot era fresc, senzill, gustós, de la més elevada qualitat, cuinat amb un interès extraordinari. Per postres, la grana de capellà; una nou, quatre ametlles, dues avellanes i quatre figues seques que tant de gust donen a la boca. I cafè. Després els homes encenien la caliquenya i es reprenia la marxa.

El general Martínez Campos.

A la pàgina anterior: Inauguració de l'Avinguda del Marquès de Tenerife, a Manlleu. D'esquerra a dreta: l'alcalde de la població, el capità general Valeriano Weyler; l'escriptor i propietari de la Plana, Ramon de Madirolas i el diputat a Corts Narcís Verdaguer i Callís.

En aquesta pàgina: un correbou a la Plaça Major de Vic i un grup d'estudiants de la mateixa ciutat a l'any 1905.

Segismundo Moret.

Emilio Castelar.

Francesc Pi i Margall.

Antonio Cánovas.

Le tercera etapa era la més llarga i consistia a travessar Collsacabra i passar de Cantonigròs als Hostalets d'En Bas del Grau d'Olot. El camí era bo fins al Grau, on hi havia una casa. Després es baixava per un pendent perillós, fortíssim, sobre l'aiguavessant del Fluvià. Als Hostalets es menjava una queixalada per berenar, que solia consistir en quatre cargols (o sia cargols *ad libitum*) a la vinagreta o una porció d'ànec, de pollastre o de colomí guisat amb una cabeça d'all o unes cebetes.

S'arribava a Olot negra nit, just a l'hora de sopar, que es produïa a la Fonda de l'Estrella, que era l'establiment d'aquesta classe millor de Catalunya per aquell temps.

Les fires de Sant Lluc eren molt importants. Sobre Olot es produïa una dilatada i densa concentració de barretines; la majoria de la gent hi arribava muntada a cavall dels pobles més remots de la muntanya. No he vist enlloc més una concentració de vida popular com la que es produïa a Olot per les fires. Els cafès restaven oberts nit i dia. La gent dormia als carros del firal, sota les tendes. Hi havia balls d'una gran violència pagesa en els quals hom suava com pel segar a l'era. Hi havia pels carrers un fum de venedors d'ungüents, d'arrencaqueixals, de xerraires, de prestigitadors, d'oradors enrogallats, de venedors de les coses més inversemblants.

Observant tot aquell món hauria pogut tenir una idea de les supersticions imperants entre la pagesia en aquell moment. Si no haguessin estat les empentes, hauria estat fascinador.

Olot és una població que no té pas un gran caràcter. La vila antiga fou destruïda pels terratrèmols del segle XVI i no n'ha quedat res. La comarca, a l'època de què estic parlant, era més pobra que avui: molta gent menjava encara pa de fajol o pa de glans, que és un pa d'un gust amarg. L'agricultura semblava una mica deixada a la mà de Déu.

El viatge de retorn, a conseqüència dels diners que la gent portava a les alforges cobrats en les transaccions de la fira, agafava un aire ple de perill i d'interès. Encara corria pel país una o altra banda de facinerosos que assaltaven els camins. El camí es feia, doncs, amb l'ull obert i un dimoni a cada orella. Un any un parent meu fou atacat pels lladres i es resistí. Li encararen el trabuc i el deixaren fred. Ja mort, caigué de la sella a terra. L'animal que muntava sortí disparat i arribà sol a casa portant a les alforges les unces d'or que el difunt havia fet a la fira.

Més tard, ja en plena joventut, vaig anar molts anys a Olot per les festes del Tura. Seguíem llavors un altre itinerari: anàvem en tren fins a Sant Joan de les Abadesses, dinàvem a Ca la Bonica, que era l'hostal del poble, i després arribàvem cap al tard a Olot amb la diligència.

Ens installàvem, com sempre, a la Fonda de l'Estrella. Quina casa admirable! Per un duro diari ens donaven un menjar pantagruèlic. No es concebia en aquella fonda un esmorzar merament líquid. El dia s'iniciava menjant les costelles més fines que mai hagi menjat a la vida. Una escarola tendra i fresca acompanyava la carn exquisida. El dinar es componia de cinc plats, si l'un acurat l'altre encara més. Les mongetes, fregides amb llonzes de porc, eren una delícia; les carns d'olla contenien moltes realitats concretes. El sopar era proporcionat al to general del dia.

Per les festes del Tura anàvem al Ball Pla, al teatre, als toros, bevíem cafè i vermut a qualsevol hora durant tres dies. Després, en el moment de passar comptes, resultava que havíem despès trenta pessetes amb els viatges inclosos.

Si Olot és una població de poc caràcter, els seus voltants, en canvi, són bellíssims. Vaig tenir l'honor de conèixer-los, acompanyat com a cicerone de l'inoblidable gran pintor Joaquim Vayreda.

Vayreda adorava el seu paisatge; el coneixia d'una manera absoluta; hi veia aspectes d'una tal finesa de llum i de color, d'un patetisme sentimental tan real i discret que era infinitament agradable deixar-se guiar pel gran artista. També a Olot vaig conèixer el Vayreda botànic, que ens descobrí la flora del Pirineu, i don Marian, l'escriptor, tan fresc, que formà part de l'Estat Major de Savalls a la segona guerra. Els Vayreda eren rics i el benestar que flotava a la seva casa d'Olot la convertia en un dels racons més adorables del país.

Foren també excel·lents amics meus el pintor Berga, el vell; l'escultor Davesa i don Joan Deu, el cèlebre republicà, que fou un polític exaltat amb un cor d'infant.

GIRONA

En morir el meu pobre pare, la mare estigué molt delicada i els metges li aconsellaren anar a prendre les aigües picants de Pedret, que és un suburbi de Girona, com ja sabeu. Jo no sé pas què guareixen aquelles aigües; no sé pas si convingueren a la meva mare. Anys enrera foren moda; avui ja no ho són. El cert és que anàrem durant alguns anys a Girona, perquè la meva mare —que jo vaig acompanyar— prengués les aigües de Pedret, que són tèrboles, ferruginoses i picants.

Baixàvem a l'Hostal dels Italians, carrer de Ciutadans, que era un magnífic establiment. El pati que tenia a la planta baixa era un centre molt animat de diligències i de tota classe de carruatges. Era a l'estiu i a Girona feia una calor xafogosa, pesada. Pels carrers estrets hi havia a l'hora del sol la bonior de les mosques. Les cases, enormes, semblaven desertes. Havent dinat es produïa un ensopiment pesat. Les petites botigues semblaven adormides en una semiobscuritat. Passava poca gent pel carrer —algun capellà. Si transitava algun carruatge, feia una fresca desorbitada pels vells empedrats. A mitja tarda, la meva mare anava a prendre les aigües en una atrotinada tartana de color carbassa. Era anomenada la tartana de Pedret i era menada per un home gras i roig amb una brusa fins als genolls, blava. A l'hora baixa sortia a donar un tomb. Passava pel barri, tan desconegut, de la Catedral (Girona és la ciutat més desconeguda d'Espanya), i pel camí que flanqueja les velles muralles. La posta de sol tenyia de roig la muntanya, de color de tórtora, de Montjuïc, les parets del castell, els fortins mig enrunats.

Havent sopat sortíem al balcó de l'hotel. Jo hi portava dos balancins. La meva mare s'asseia i es feia vent amb el ventall. Jo fumava. En el carrer hi havia una vaga claricia. El nostre balcó era costat per costat del de la casa que habitava el doctor Sánchez i la seva família. La família del doctor i el doctor mateix acostumaven a sortir també al balcó per respirar una mica d'aire. Conversàvem. Les conversacions d'aquella època eren insignificants, intranscendents —com les d'ara—, però tenien una cosa estranya, un matís indefinible, que tranquil·litzava, que ensopia, que feia venir una son dolça com la mel. Mentre parlàvem, amb frases cada vegada més espaiades, Girona anava entrant en un silenci que s'hauria pogut mastegar, en un silenci físic. Quan les campanes de la catedral tocaven hores, d'aquella manera greu, solemne, profunda, que tenen aquelles campanes, semblava que l'aire es movia lleugerament i que la caiguda dels batalls refrescava —un moment— imperceptiblement l'aire.

He viscut a Barcelona gairebé tota la meva vida, però Barcelona no és pas ni de molt la població de Catalunya que m'agrada més. Vic i Girona han estat les meves ciutats preferides —més Girona que Vic—. El meu ideal hauria estat viure en un gran casalot senyorial de la vella Girona, a l'ombra de la Catedral, i tenir unes terres a l'Empordà. De tant en tant, i utilitzant sempre els mitjans de locomoció més lents, hauria anat a veure les terres, a fer-los una carícia —s'entén, mental.

Des de Girona, vaig anar, de molt jove, a Roses i a Sant Feliu de Guíxols, poblacions que m'han deixat —sobretot aquesta darrera— una memòria entranyable.

Girona, Girona, quina enorme ciutat de pedra! Quina qualitat! Es podria sostenir que el nucli arqueològic de Tarragona és molt més antic i té una arrel de tipus més universal. Així i tot jo prefereixo Girona a Tarragona. No conec Roma, però conec alguns monuments de la perifèria de l'Imperi Romà. Tinc la impressió —fins on arriben les meves escasses disposicions intuïtives— que el romà de Roma em deixaria una mica indiferent: ho veig fred, grollerot, grandiós, militar i jurídic. A mi em sembla que la poesia i la sensibilitat aguda fou, entre els romans, un reflex de segona mà.

El gòtic m'apassiona. Per això Girona m'agrada tant.

Les tartanes. Don Emili Castelar a l'Empordà

Don Rafel ha viscut l'època de les tartanes llargues.

Sí senyor —em diu animant-se sobtadament—. Jo he anat de Sant Joan de les Abadeses a Olot, amb diligència, i d'Olot a Figueres, Roses i Cadaqués amb tartana llarga. La tartana curta, de dos o tres seients per banda, era un carruatge merament particular. Els propietaris rurals la utilitzaven per a anar a esperar els forasters a l'estació, per a portar a missa la senyora en estat o per anar a buscar el capellà en el moment d'una desgràcia. La tartana llarga s'utilitzava, en canvi, per al transport en comú, i a les carreteres constituïa una de les més curioses amenitats que poden imaginar-se.

El túnel era realment llarg. Les persones a les quals tocava seure sobre el fusell del vehicle —és a dir, en el centre del cilindre— viatjaven en una atmosfera de profunda obscuritat. Els qui ocupaven el fons vivien com en l'interior d'una caverna i la seva única esperança lumínica consistia en l'escadussera i improbable resquícia de llum que es podia produir en la paret compacta de sarrions, farcells, *mundos*, maletes, sacs i sacotells lligats a la part de darrera de la tartana. En realitat, de claror franca, no en disposaven més que els viatgers abocats a davant. I encara! Quan nevava o plovia, hom deixava caure la visera de la vela i llavors per veure el paisatge calia fer una contorsió violenta i abaixar molt el cap. Les tartanes portaven un fanal de llum d'oli de vidres greixosos penjat en una pua situada en l'angle davanter del vehicle.

En el sòl de les tartanes, hi solia haver uns grapats de palla i de boll, però el que amagava aquesta palla fou per a mi sempre un misteri. De vegades els peus xocaven amb un objecte dur; altres trepitjaven el segó i la garrofa del morral; en alguna ocasió se sentia el gemec d'algun animal domèstic al qual havíeu aixafat una ala o una pota amb les vostres sabates.

Una vegada, en el curs d'un llarg viatge, vaig observar que un pagès que viatjava al fons del cilindre interpel·lava amb una freqüència inusitada els seus més pròxims veïns.

—Carau!... Carau!... —deia, gratant-se el clatell.

—Què voleu dir? —li preguntà un viatger.

—Vull dir que trobo que fa molt de fred. ¿No li sembla que fa molt de fred? —deia el pagès embolicant-se amb la manta—. Tinc els peus com el gebre.

—Què voleu que us digui!... Potser no tant de fred!... El dia és rúfol, però tolerable... —digué el viatger amb un aire indiferent.

Al cap d'una estona el pagès no es podia contenir.

—Que si fa fred! —digué com si parlés pel seu compte—. Valga'm Déu! Fa un fred que pela. Ja li asseguro jo que fa fred.

—No serà tant! —digué un altre viatger—. Més en tindrem al cor de l'hivern...

—Doncs o sóc boig o fa un fred endimoniat.

—Deveu estar malalt... —digué una dona grassa, pigallada i fresca.

Quan arribàrem a Olot, es descobrí que el pagès —que portava espardenyes— havia fet deu o dotze quilòmetres de tartana amb els peus posats sobre una saca que contenia una barra de gel rutilant: una barra de gel per a un malalt.

Per això deia que el que hi havia en la palla del sòl de les tartanes sempre fou per a mi un misteri.

La tartana llarga tenia un primer moment divertit, que era el moment d'entrecuixar-se —amb perdó sigui dit. L'operació de col·locar els propis genolls entre les cuixes del viatger assegut al davant —una manera de viatjar còmodament atesa la intrínseca estretor de les tartanes— donà lloc a moltes anècdotes picants de les quals foren, generalment, protagonistes els viatjants de comerç. Sigui com sigui, la tartana llarga fou un antre de procacitats bufonesques, i aquesta fou l'amenitat, una de les poques amenitats d'aquells viatges interminables. Quin espectacle! La contemplació d'una fila d'éssers humans encara més tibats, entaforats en un cilindre grisaci i fosc, donant tombs per la terra, davant d'un paisatge que es renovava incessantment, sempre fou per mi un fenomen estrany. Quan Cambó deia que havia estat potser l'home del seu temps que havi viatjat més en tartana jo sabia el que volia dir.

Figueres és una població que sempre m'ha agradat. És una ciutat magnífica per a passar-hi l'estona. En el meu temps Figueres era una ciutat molt alegre, amb grans cafès, gent que passejava, molts noctàmbuls i un moviment i una vida agradabilíssims. Recordo la Rambla, que és meravellosa de llum, i de suavitat, el Sport, el Casino, el Restaurant Roig. En aquest establiment posaven l'arròs de peix o l'escudella i carn d'olla a taula a les dues en punt de la matinada. En aquesta hora, a l'hivern, si fa tramuntana, els grans plàtans de la Rambla fan un soroll greu, un soroll d'orgue conventual. A l'estiu les nits hi tenien una dolçor tan mirífica, l'aire era tan suau, que no es trobava mai l'hora d'anar al llit.

Una vegada, amb el meu amic Víctor Rahola, metge i poeta, vaig anar a Cadaqués, on passàrem uns dies inoblidables. Peix excel·lent, cuina excelsa... i quina cordialitat! Cadaqués és un poble que com a poble de marina no té rival! però, sense voler establir comparacions, el lloc de la nostra costa que m'ha agradat sempre més —jo sóc un home de muntanya que adora el mar— ha estat Empúries. La lluminositat serena, estàtica, que Empúries us posa al davant, la bellesa del golf de Roses —que només té un sol defecte, el d'ésser massa, una mica massa gran—, el perfil de les muntanyes que tanquen el golf, el color del mar, sempre canviant, el porto gravat a la memòria com un dels paisatges més nobles i prestigiosos que m'ha estat possible contemplar en aquest món ple de tantes misèries... i de tantes coses agradables.

Quan anava a Figueres veia molt Bofill, que havia estat diputat de les Constituents de la primera República i era profesor de l'Institut. M'agradava de passejar amb Bofill pels voltants de la població i contemplar el paisatge de l'Empordà des del camí del castell de Sant Ferran.

En una d'aquestes passejades, Bofill em contà el viatge que l'any 68 realitzà Castelar a Figueres. Els correligionaris invitaren don Emili a pujar la carretera del castell i a contemplar des d'un lloc estratègic el gran panorama. Don Emili acceptà encantat. Emprengueren el viatge en grup trenta o quaranta senyors darrera dels grans bigotis de l'orador arravatat.

—Don Emili! —digué Bofill quan arribaren al lloc, des del qual el paisatge s'estenia en tota la seva magnificència—. Don Emili! L'Empordà s'ha de mirar així...

I Bofill, col·locant el cap entre les seves dues cames, donà la norma de com s'havia de contemplar l'Empordà.

—Però Bofill... per Déu... vol dir? —digué Castelar, una mica angoixat.

—Sí senyor, sí. No en dubti pas! Provi-ho i ja veurà.

Castelar era un home gras, bonyegut i flàccid, de contorsió més aviat precària, però era al mateix temps tan respectuós de la democràcia i tant atent a les suggestions dels seus correligionaris, que es disposà, a través de molts de treballs, a contemplar l'Empordà col·locant el cap entre les cames. Dos acompanyants li alçaren els faldons del jaqué i don Emili pogué finalment treure el bigoti i el nas per l'angle de les seves dues cames.

—Quin país més bonic! —digué en reprendre la posició vertical, amb un aire de tornar en si, el cap col·locat, després d'uns certs treballs, en el seu lloc habitual—. És un país realment impressionant.

Concursos de cant

A Manlleu ha existit, almenys fins on arriba la meva memòria, una gran afecció pel cant dels ocells. La Societat d'Ocellistes, que és molt antiga, organitzava cada any, pel mes de maig, concursos de cant que solien celebrar-se a la plaça de Dalt. Es muntava una plataforma adornada amb garlandes d'esparreguera i de boix, sobre la qual s'asseien, davant d'una llarga taula, els individus del Jurat. El concurs durava un dia complet, de sol a sol. A primera hora era dipositada sobre la taula una coca imponent que quedava a la disposició del Jurat. Els seus individus anaven deliberant, menjant coca —de vegades se'n servien unes tallades impressionants— i bevent copetes d'aiguardent o d'anisat.

Quan trencava el dia apareixien els concursants amb les seves gàbies d'ocells, que col·locaven sobre la taula.

La missió del Jurat consistia a escoltar els refilets dels ocells i després de cada passada posaven una bandereta a la gàbia de l'ocell que acabava de cantar. Aquestes banderetes servien per a la classificació final.

L'espectacle em féu pensar sempre en les delicioses escenes d'"Els Mestres Cantaires". Tot era, però, més complex, no tan idíl·lic. Els ocells de les gàbies entraven en un estat de frenesí i de lluita, s'enganxaven, crispats, als ferros de les gàbies, en actituds violentes, desaforades. Els ocells canten, en llibertat, de zel. Engabiats, canten, em sembla, de ràbia, en virtut d'una explosió de deliri indomable.

Els concursos es feien a base, especialment, de quatre ocells: verdums, caderneres, pinsans i passerells.

Els afeccionats accepten universalment que els millors ocells d'aquestes varietats són els nascuts en primavera. Els engabiats a la tardor tarden molt a cantar, i la permanència a la gàbia els rebaixa de vigor i de força. La gàbia —diríem— els torna una mica escèptics. En canvi, els nascuts en primavera, els que en els concursos són anomenats novells, tenen l'ímpetu inconscient de la joventut. Els novells són capturats amb ram quan el bon temps apunta, és a dir, en el moment de la simfonia universal del zel.

De pinsans, n'hi ha de dues clases: els que fan el cant manresà i els del cant vigatà. Tothom sap que els segons són considerats millors que els primers i que les passades dels cant vigatà són considerades de la més alta qualitat. Per a saber distingir un cant de l'altre és indispensable ésser un especialista, tenir-hi l'oïda molt acostumada i posseir, principalment, el *quid divinum* de les passades.

El passerell fa tres passades que els tècnics anomenen: el *viscum*, el *xivolit* i el *bisbidé*. El passerell té un trina de to metàl·lic, una vibració, un dring com el que fa una campaneta de plata. Perquè tingueu una idea del que pot arribar a valer un passerell arreglat, us diré que d'un bon pinsà se n'han arribat a pagar més de dues mil pessetes. Això us donarà a comprendre fins a quint punt és apreciat el seu cant.

El passerell canta amb una admirable bravura, posseeix un *fiato* prodigiós; és la força de la joventut passant a bell raig per un òrgan jove, tens, fresc, tibant.

La passada del passerell anomenada el *xivolit* és considerada el *capolavoro* més prestigiós que en aquestes coses hom pot imaginar. Quan un afeccionat descobreix, en un paratge qualsevol, la presència d'un passerell que fa el *xivolit*, es produeix entre els coneixedors —passat el primer moment de fascinadora sorpresa que en tots els terrenys produeix la presència de l'excels— una vivíssima curiositat. Per gaudir d'una semblant meravella estan disposats a tota clase de sacrificis. De vegades agafen un taxi i es fan conduir a llocs remots i inextricables. Deixen el carruatge a la carretera, penetren en el bosc, pugen i baixen muntanyes, caminen tantes hores com sigui necessari. Quan s'acosten al paratge on el passerell ha estat sentit es posen a caminar de puntetes, per no esvalotar-lo. Quan arriben al lloc més adequat per a sentir-lo s'hi mantenen sense fer la més lleu fressa, en un mutisme sagrat, parant l'orella i tots els sentits, com si esperessin la caiguda del mannà. De vegades s'hi han d'estar una estona interminable —estona que aguanten faci el temps que faci, sovint amb el coll de l'abric aixecat i la bufanda al nas tremolant de fred, perquè els boscos espessos, que són els preferits dels ocells per a refilar, solen ésser més freds que el morro d'un gos. El passerell, de vegades, canta..., però de vegades no canta —és clar. Si no canta, arriba un moment en què l'anhelada espera produeix, a la llarga, tanta fatiga als afeccionats, que la retirada agafa un aire pansit, mustiu i lamentable, exactament una retirada amb la cua entre cames. Però... si canta! Ah, Déu meu, quina delícia celestial!

Un dia, pels voltants de Vic, fou capturat un pinsà que portava al coll una petita marca escrita amb unes lletres, mai no vistes. Mossèn Gudiol les traduí i resultà que l'ocell venia del fons de Rússia, de Yasnaia-Poliana, el famós poble on el comte Tolstoi tenia la finca. La sorpresa, però, fou molt gran quan es constatà que el pinsà (una vegada hagué descansat del viatge i reparat les forces) no cantava ni manresà ni vigatà, sinó que feia un refilet completament diferent dels de la comarca.

Ens instal·lem a Barcelona. Rius i Taulet

L'any 88, havent mort el meu pobre pare, la família anà a viure a Barcelona. La mare es posà davant de les coses familiars, malgrat que en aquella època estigué molt malalta. Anàrem a viure al Passeig de Gràcia, que llavors era un carrer que naixia. Per quaranta-cinc duros el mes trobàrem un pis magnífic.

Ja a Barcelona, i havent acabat el batxillerat, fou decidida la meva entrada a la Universitat per començar el preparatori de Dret. La Universitat no m'ha deixat cap record. Veritat és que hi vaig fer molt poques estades i que vaig conèixer les aules vagament. No crec que en aquest país s'hagi après mai res a la Universitat. Això és un món on tot s'ho ha de fer un mateix. Si surt algú de valor positiu i seriós, és sempre malgrat els establiments pedagògics que ha pogut freqüentar.

Vaig estudiar el preparatori i el primer curs de la carrera d'advocat; però arribà un moment en què, no havent comprès ni un borrall dels discursos que vaig sentir, em semblà que el més sensat era abandonar la freda baluerna de la Gran Via.

De vegades he cregut que els seminaris han donat una instrucció millor que les universitats, a base de llatí, de tomisme i de sil·logisme. Però... He conegut Vic bastant bé, que és el rovell de l'ou d'aquestes coses en aquest país, i he notat que molts capellans no saben el llatí malgrat haver-lo estudiat catorze o quinze anys seguits. Si els capellans del meu temps haguessin posat en l'estudi la tossuderia i l'amor propi que jo he posat anant al cafè, és segur que haurien arribat a un cert resultat. De tota manera, us haig de dir que a Vic he conegut professors de seminari de molt de valer i de grans coneixements.

El meu pas per la Universitat coincidí amb l'Exposició Universal del 88. Coincidint amb el certamen, s'instal·là a Barcelona el primer *music-hall* que la ciutat ha conegut. Fou el Folies Bergère, del carrer d'Escudellers. El nom, importat de França, responia a la idea d'enjogassament amorós que alguns esperits arxicivilitzats de París s'han fet sempre de les pastorel·les. Vull dir que el nom implicava un punt de llibertinatge boscós, arbori i arcàdic, amb Píndar i Ronsard com a antecedents. De fet es tractava d'un teatre irrisori, amb aspecte d'escenari de centre catòlic, on s'exhibien unes senyoretes tan plenes de modèstia i de candor, tan rígidament vestides, amb un aspecte d'ingenuïtat i de casolanisme tan notori que si avui apareguessin a la vista del públic produirien una hilaritat capaç de desenganyar-les per sempre més.

L'espectacle, però, produí una tal sensació, que la gent s'agombolà durant mesos i mesos en el reduït espai del teatret. Un dia que vaig tractar d'obrir-me pas amb els colzes entre la massa compacta de la multitud, un apassionat de la música de l'espectacle —no es podia pas ésser apassionat, allí, de res més— considerà que jo, pel fet de pretendre no ésser atropellat, pertorbava l'exquisida sensibilitat de la seva oïda. Em digué, vociferant a la cara:

—Calla, trompa infernal!

Llavors s'havia inaugurat el funicular del peu del Vesuvi fins a un punt més o menys acostat al cràter del volcà, i la cançó de moda era el "Funiculí... funiculà...". No crec que mai l'incentiu de la maquinària hagi produït la segregació de voluptuositat que provocà aquell remotíssim funicular. Els llibertins de l'època estaven com folls amb el Folies Bergère. Per a apreciar la seva modèstia i la seva ingenuïtat calia ésser simplement una persona normal. De fet, però, quan aquells elegants preguntaven: "No has estat al Folies?", semblava que una onada d'immoralitat envaïa la terra i el mar.

Llavors —l'any 88— l'home de Barcelona, el personatge que ho emplenava tot, era Rius i Taulet, alcalde liberal. Rius organitzà l'Exposició Universal, a través d'una madeixa diplomàtica, amb els mateixios polítics del país, complexíssima. Donà proves d'una admirable habilitat i fins i tot "La Renaixensa", el diari d'Aldavert i Guimerà, catalanista i proteccionista, defensava l'Exposició. L'únic recalcitrant fou Valentí Almirall.

L'Exposició fou el que fou: una mascarada polsosa indescriptible. Però era el moment de les Exposicions. La reina Victòria i el príncep consort havien organitzat, amb tota la burgesia anglesa, efemèrides semblants —el Cristall Palace enlluernador— i si s'havia de produir una impressió de progrés s'havia d'imitar. Ara s'escriuen llibres sobre Rius buscant la seva vida i miracles en els diaris i es pretén unir la seva figura amb el fenomen, merament superficial, de l'Exposició del 88. Jo, que el vaix conèixer, que vaig veure tantes vegades les seves fluents patilles de burgès "victorià", crec que Rius fou molt més que l'autor de l'Exposició Universal. El mèrit gros, decisiu, de Rius fou haver cregut com a alcalde en l'esdevenidor de l'Eixampla, en contraposició amb gairebé tota l'alta burgesia catalana. Això és un fet considerable, sobretot recordant, en perspectiva, l'actuació dels alcaldes que Barcelona ha tingut en l'últim mig segle passat: tots han anat a remolc i a vint anys de retard de la vitalitat de Barcelona.

Rius fou un home de grans ínfules i molt donat a concebre l'autoritat d'una manera eloqüent i espectacular. Tingué molt accentuat el defecte que en determinades circumstàncies fa donar tant de rendiment al català: la fatxenderia. És molt possible, parlant objetivament que aquesta sigui la forma d'autoritat que va millor al país.

Quan, l'any 89, Granada organitzà les grans festes en honor del poeta Zorrilla, Rius marxà a Andalusia amb un seguici imponent en el qual figuraven vint-i-cinc individus de la guàrdia municipal muntada. Aquesta classe de guàrdies sempre fou del gust dels barcelonins, pel seu to, per la seva vistositat i per les plomes que porten al casc. El seguici de Rius, en pasar per determinades poblacions de la Península, féu un efecte considerable.

Arribat a Madrid, Rius féu una visita protocol·lària al seu vell amic l'ex-ministre liberal don Laureà Figuerola, que era gironí. Rius es presentà a casa de l'estadista de vint-i-un botó, a primera hora del matí, mentre Figuerola s'afaitava. L'anunci de la visita del seu amic i company —havien fet junts la Revolució de Setembre— fou considerada per l'ex-ministre com una visita pràcticament familar, i així el sortí a rebre tal estava.

—Hola, Francisco! —digué Figuerola, efusiu—. Què feu per Barcelona?

Davant de l'aparició de Figuerola, Rius s'enravenà, adoptà un to eloqüent i afectat, totalment protocol·lari.

—Excel·lentíssim senyor —digué d'entrada—, en nom de l'Ajuntament de Barcelona, la representació del qual ostento, m'és molt grat...

Don Laureà corregué a posar-se els pantalons i la levita. Una mica millorat d'indumentària, però en plantofes i une motes de sabó d'afaitar a la cara, tornà al despatx, on es trobava Rius. Hi entrà solemnement, es col·locà darrera la taula i amb una mà repenjada, acadèmicament al braç de la butaca digué, rígid:

—L'alcalde de Barcelona pot continuar...

Rius era un home així: un típic burgès victorià, un tipus de recpectabilitat.

Després de l'Exposició, Rius fou atacat agrament. Les democràcies —ja se sap— són ingrates i oblidadisses, com les criatures. Com que era l'època dels primers anuncis a les capses de cerilles, davant d'aquests atacs solia dir, rígid i seriós:

—El que m'estranya és que no m'insultin des de les capses...

Rius entrà en la vellesa sense un cèntim. Jaume Carner fou el seu passant durante uns anys. Després Carner s'establí pel seu compte i en el seu despatx entrà de passant el fill de Rius, el segon marquès d'Olèrdola. Don Francisco morí en la misèria. Els Ajuntaments posteriors votaren una pensió a la vídua i regalaren a la família un petit xalet situat en el carrer d'Anglí.

PASSI-HO BÉ, SENYOR LLANAS

Installats ja a Barcelona i havent entrat, més o menys, en el corrent circulatori de la ciutat, els meus primers amics foren don Albert Llanas i el músic Amadeu Vives. Vives era de la meva edat; Llanas, molt més gran. Quan la mare se n'anava a Manlleu i jo podia tenir una pruïja d'amo de casa, convidava els meus amics a dinar. Llanas era molt conegut a Barcelona. Vives era un geni molt verd encara. Amadeu Vives havia estrenat llavors el "Canigó", un poema simfònic indiscernible i boirós. Vivia enmig d'una misèria profunda: de vegades demanava una pesseta o dos rals als amics —més sovint dos rals que una pesseta. Després, a mesura que anà estudiant la música, semblà asserenar-se progressivament. Físicament era un esguerrat. En el tracte era irascible i tímid i parlava amb una veu aflautada i nasal, lleugerament impertinent. S'assemblava una mica a Beethoven.

Ja casat, Llanas continuà venint a casa, a dinar, gairebé

cada diumenge. M'explicava coses de la seva llarga i agitada vida. Era un home de veritat, molt bona persona, d'un candor angèlic. Físicament tenia una vaga semblança amb el retrat de Goya. Tenia el coll curt, l'aspecte lleoní, un front ample i fugitiu, les faccions clares i obertes.

Llanas era un republicà federal de temperament moderat, és a dir, un conservador, atès que en la vida les idees no solen ésser més que el mobiliari del temperament. Havia pres part en una sens fi d'aventures polítiques. Havia conegut de molt a prop les conspiracions de don Joan Prim, la Revolució de Setembre, la primera República, la Restauració... A Barcelona i a Madrid tenia innombrables amics. Vivia en un estat de derrota permanent. Llavors escriure no era res: un simple passatemps de descarats i bohemis.

Un diumenge a la tarda ens llegí, a casa, el seu monòleg "La marxa reial". Hi apareixia un pobre cec, trist i fracassat, que vivia de tocar el violí i de demanar caritat a la porta de la Mercè. En el monòleg, l'infeliç personatge es lamentava de la seva sort i presentava els seus dubtes davant d'una providència hipotèticament amable... Es queixava d'un món que l'havia tractat despietadament... Però de sobte el viàtic sortia per la porta de l'església. Se sentia passar la malenconiosa campaneta de l'escolà. Apareixia la llum groga i trista de la cera. El capellà formulava amb veu greu el *Te Deum laudamus*... El pobre desgraciat, amb un moviment ràpid, gairebé intuïtiu, tocava llavors la marxa reial, primer amb un abandó indiferent, després, agenollant-se, amb tot l'arquet.

En arribar en aquest punt del *crescendo* del seu monòleg, Llanas es desmaià. Sospitàvem que un atac d'apoplexia l'havia fet caure. En realitat havia estat un atac d'ofegament sentimental una mena d'atac d'universal tristesa. Era un home sensible. Per a ell tot era real, emocionant i autèntic.

No sé pas si es pot parlar de Llanas com a humorista. Feia riure la gent explicant les contínues posicions ridícules en què sucessivament es trobà en el curs de la vida. Feia riure perquè explicava els seus fracassos i les seves desgràcies. Es presentava sempre com a víctima i la gent feia: "Ha, ha, ha!" A mi em féu sempre la impressió que havia fet constantment l'indicible per viure d'entrades conegudes i confessables. Era la desproporció entre la seva moralitat fonamental i els resultats obtinguts el que li donà fama. —Déu meu!— d'humorista.

En el curs de la seva vida tingué uan fal·lera: els invents, els negocis fabulosos, la terra a l'Havana. Mai no arribà a lligar res. Per això la cèlebre frase que pronucià en morir: "Passi-ho bé, senyor Llanas...", més que una frase de broma sembla el respir emès per la seva ànima en deslliurar-se de les misèries de la terra.

Llanas fou l'inventor de la cartolina postal, cosa que es produí de la següent manera. A l'època de don Amadeu, en plena eufòria de la Revolució de Setembre, Llanas tingué casa a Madrid. Entre les seves amistats es comptava el famós agitador Lletget. Un dia se li presentà a casa a primera hora del matí amb la pretensió que li deixés rentar-se la cara, a la qual cosa Llanas, naturalment, accedí. En treure's l'abric, aparegué vestit de frac. Havia passat la nit al ras, en un banc de la Castellana. Després havia anat a arrendar un frac. No havia pogut ni rentar-se ni pentinar-se. Lletget havia arrendat el frac perquè estava invitat a dinar a palau, aquell mateix dia, pel rei don Amadeu.

No havent tingut el dinar resultats apreciables i havent de tornar a Tarragona —Lletget era de Reus— demanà a Llanas quaranta duros, a tornar a l'arribada mateixa. Els hi deixà. Passaren dies. Les dificultats de Llanas eren, com sempre, greus. Del deute, ni una paraula. Llavors fou quan Llanas inventà la primera carta postal —la primera que fou dipositada al correu. Consistí en un simple paper amb un segell damunt. En una cara hi havia l'adreça; l'altra contenia aquestes paraules: "Em deveu quaranta duros. Em fan una falta urgent".

—Aquest invent —solia dir— no fou conseqüència ni de la meva admiració per la tècnica ni del meu amor a la simplificació administrativa. Fou una conseqüència del meu mal humor. Vaig tractar que a Reus tothom s'assabentés que Lletget em devia diners i no em pagava. Ho vaig aconseguir, perquè la primera carta postal arribà al seu destinatari d'una manera ràpida i perfecta.

Des d'aquella feta, Llanas observà Lletget de lluny, però molt atentament. Lletget era un eixelebrat, capaç de tot, desequilibrat i violent. Tenia un aspecte físic molt vistós, era alt, bru, elegant, amb un bigoti, que sabia vestir —quan podia— admirablement. Havia viscut molts anys a Londres, on fou apoderat del senyor Aberoa, banquer de Bilbao. Aberoa intervingué en la construcció del ferrocarril de Girona a Olot. L'ideal de Lletget hauria estat ésser diputat per un o altre districte del país. Era un orador de míting eloqüent però vulgar. Una vegada es presentà diputat per la Bisbal. Un federal del districte li prengué la mida:

—Això és un país per a vostè, senyor Lletget. Aquí tot és qüestió de *xai* i *pipar*...

En una ocasió, Lletget planejà amb tots els detalls un atemptat contra don Alfons XII al teatre Romea de Barcelona. Per fortuna el rei hagué de suspendre la seva assistència a l'espectacle a conseqüència de la mort de donya Isabel a París.

Els diumenges a la tarda, Llanas ens explicava coses de la seva vida. Quan volia donar una impressió global del que fou la Barcelona de la seva joventut deia que en una ocassió entrà en una fonda de sisos per sopar. Una fonda de sisos era anomenada així perquè per sis *quartos* servien un dinar. Li presentaren una sopa on nedaven uns volàtils.

—Aquestes mosques, home de Déu! —digué Llanas al cambrer.

—Ja ho entenc! —li contestà amb un punt d'impertinència el cambrer—. Vostè és dels que creu que per sis *quartos* s'hi poden posar papallones...

Llanas heretà del seu pare una fàbrica de cintes. El negoci li agradà. Creà la "cinta Orizaba", que fou cèlebre en l'època. Per vendre la mercaderia posà, una tenda. I per a vendre la cinta considerà necessari fer propaganda. En lloc de posar un gos a la botiga —que era el que es feia correntment— comprà un llop petit, que lligà amb una cinta de la seva fabricació a l'aparador.

—El senyor Llanas cria *llop*! El senyor Llanas cria *llop*! —deia la gent del barri, més morta que viva.

La tenda fou un fracàs, naturalment.

—S'ha de reconèixer, però —deia—, que em vaig avançar de cinquanta anys al meu temps.

Llanas havia viscut molt de temps a Madrid. Sensible com era als negocis fantasmagòrics, sempre estigué rodejat d'algun tipus extraordinari. Un dia que amb don Josep Maria Pasqual de la vella "Publicidad" prenien cafè en un establiment de Madrid se'ls féu trobadís un inventor d'unes proporcions desorbitades.

Els digué, per començar, que havia inventat un extracte de tinta tan furiosament concentrat que si se'n tirés un litre a l'estany del Retiro tota l'aigua quedaria convertida en tinta inalterable i eterna.

—Però això no és res —afegí l'inventor—. El que realment val la pena és el canó que acabo de construir. És una meravella. És el canó més petit, més lleuger i més mortífer que existeix en el ram de l'artilleria.

I *sotto voce*, amb un aire de conspirador:

—Per fer la revolució seria una monada. El volen veure?

Tant a Llanas com a Pasqual, la revolució els feia titillar la punta del cor. Així anaren tots plegats a un lloc desert dels afores de Madrid per provar el canonet.

—Posi-se'l a sobre, senyor Pasqual —digué l'inventor—. Colloqui-se'l a l'espatlla i veurà com es dispara sense que vostè noti la més lleu molèstia...

—Pasqual i jo —deia Llanas— havíem pres part en innombrables bullangues i havíem sentit xiular les bales amb molta freqüència. Així i tot no creguérem pas oportú carregar-nos el canó. No hauria estat discret. Als inventors, se'ls ha de donar un marge de confiança. La prova es féu a terra.

"L'inventor encengué la metxa. Sentírem que la pólvora es cremava i al cap d'un moment es produí una explosió enorme, espantosa, que fou seguida de l'aixecament d'una gran quantitat de terra. Quan la naturalesa s'asserenà una mica, buscàrem el canó. No el trobàrem enlloc. Havia desaparegut totalment. Després de molts esforços, a una trentena de passes de l'emplaçament, trobàrem un petit cargol.

—Vol creure'm a mi? —li digué Llanas, passant-se el mocador pel front, més mort que viu—. Vol creure'm a mi? Es dediqui a la tinta. El seu avenir està en el ram de la tinta...

Una nit, Llanas trobà pel carrer el poeta Marcos Zapata amb una borratxera imponent. Feia pena. Recitava poesies a un fanal, en un estat de delírium trèmens. Zaparata i Llanas eren amics. S'havien conegut a Barcelona, on el poeta havia estat empresari de teatre l'època de l'Exposició del 88. La marxa de l'empresa agafà, però, un carés tan catastròfic, que si Zapata pogué sortir de Barcelona amb un mitjà de locomoció normal fou perquè Gayarre, que era paisà seu, li organitzà una funció de benefici que li permeté pagar els deutes més cridaners. Zapata era un tipus impressionant de bohemi.

Impressionat de veure'l en un estat semblant, Llanas se li acostà, el desenganxà del fanal amb molts de treballs i, carregant-se'l, com aquell qui diu, a coll, aconseguí dipositar-lo a la porta del seu domicili.

Zapata vivia en el domicili d'una senyora coneguda d'ell.

Estiraren el cordó i la porta s'obrí. Aparegué una dama en *chambre* i enagos que en veure el poeta se li tirà al damunt i d'una empenta el ficà dins del pis. Feia tants de dies que era fora, que no es deixà pas perdre l'avinentesa. La dama donà tot seguit a Llanas una mirada de menyspreu i mentre tancava la porta deia al poeta amb uns ulls tendres:

—No en tens la culpa, tu, amor meu! Són aquests amics els qui et perden.

Llanas es quedà encara una estona al replà, descobert. Després notà que el barret li pesava i se n'anà amb la cua entre cames, com sempre.

Pretenia conèixer les causes reals de l'assassinat del general Prim, al carrer del Turc. Em contà moltes vegades que l'atemptat fou organitzat pel federal Paúl Angulo, polític andalús, de Xerès, home ric, que era anomenat *el Naranjero.* Paúl havia secundat tots els esforços de Prim per fer caure Isabel II. Féu amb Prim la Revolució de Setembre. Després, quan els moderats de la revolució abandonaren els extremistes, Paúl fou un dels elements més exaltats de la revolució anomenada del pacte federal, que a Catalunya produí el cèlebre foc de la Bisbal.

Prim i Paúl, doncs, havien conspirat junts, però quan Serrano, duc de la Torre, i Prim hagueren plenament triomfat i trencaren els pactes i les paraules donades als federals, Paúl escriví a Prim innombrables vegades tirant-li en cara l'engany de què havia fet objecte els seus amics i afegint que estava disposat a batre's en tots els terrenys.

Prim es negà sempre a batre's amb Paúl.

—Ja ens trobarem i passarem comptes...! —deia Prim amb el seu accent català inconfusible.

Paúl organitzà una banda, que pagà amb els seus diners, per matar Prim. Un dels elements actius del grup fou Nin i Tudó, un barceloní.

Prim morí a conseqüència de l'atemptat, i la monarquia de Savoia inicià el seu regnat d'una manera mísera i precària.

Poc després de l'assassinat, Paúl reuní la seva banda en una taverna situada més enllà de l'estació del Nord, gairebé en despoblat. Obligà els seus homes a posar les armes sobre la taula, que examinà detingudament. Descobrí que un dels conspiradors no havia disparat.

Prengueren unes copes, sortiren de la taverna i caminaren una llarga estona en silenci per la via del ferrocarril. De sobte un dels homes de la banda colpejà amb una pedra el cap del tipus que no havia disparat. Aquest quedà exànime i el cos fou col·locat sobre la via. El primer tren que passà s'encarregà del restant.

Segons Llanas, Paúl es veié obligat a cometre aquesta darrera bestialitat perquè considerà que el qui no havia disparat era un covard. Si fou covard en el moment de l'atemptat

—aquest fou, sembla, el raonament de Paúl—, tampoc no tindrà la força suficient per a guardar un secret. Així, l'única solució fou eliminar-lo.

Totes aquestes coses interessaven enormement a Llanas, perquè havia conservat, de la seva joventut, una viva curiositat per la política.

Quan jo el vaig conèixer, però, aquesta curiositat l'havia de fer compatible amb les seves necessitats, que eren urgents. El sou que tenía d'escombriarie teòric a l'Ajuntament no li arribava, i es veia obligat a fer tot el que li anava sortint. Tot no, perquè era molt delicat.

Quan el duc dels Abruzzi realitzà en el seu "Stella Polaris" la seva cèlebre expedició a l'Àrtic, l'editor Maucci comprà els drets de traducció del llibre que sobre les seves aventures el duc elaborà. Maucci muntà la venda del llibre a base de tota mena de combinacions i assolí un gran èxit. Maucci proposà a Llanas d'anar a Madrid, on tenia tantes coneixences, per encarregar-se de la venda del llibre. En una conversació tinguda al "Suís", Maucci proposà a Llanas el quinze per cent sobre el preu fort dels exemplars que vengués.

—Molt bé —digué Llanas—, però per a anar a Madrid necessito fer-me un vestit.

—Vostè tindrà un vestit —digué l'editor, amabilíssim—. Amb la targeta que ara li donaré vostè anirà al meu sastre i tot quedarà arreglat.

Maucci demanà *recado* d'escriure, però Llanas l'aturà.

—Jo he demanat un vestit, no l'uniforme d'un criat...

I no anà a Madrid, és clar.

Em sembla, doncs, que essent tan fàcil de comprendre que si les coses normals no li donaven resultat i, les coses anormals, les tractà amb tanta delicadesa, no hi havia més que una solució: la misèria negra i heroicament dissimulada.

La mania dels invents li durà pràcticament fins a les darreries de la seva vida. Una de les seves darreres invencions fou el *Pañuelo* Llanas, de què tot Barcelona parlà. Amb un d'aquests mocadors es podia fer un embenament; amb dos mocadors es podia tractar d'urgència una fractura; amb tres mocadors es podia fer un baiard per a transportar un malalt o un accidentat. Quan el *Pañuelo* Llanas fou llançat al mercat, el seu autor fou presentat a la Reina Regent i fou objecte d'elegants compliments i molt felicitat.

La seva agudesa era constant. Però era una agudesa tan profundament arrelada en el sentit comú, en la prudència, en la realitat i en la discreció, que jo no recordo un cas de bon sentit igual. Quan escriví:

Quan acabis els diners
compta amb tu i amb ningú més,

formulà un consell etern. La vida vista per Llanas, com per gairebé tots els humoristes catalans, es resol en aforismes mediocres, prudents, irrefutables. Després de Llanas, Pompeu Gener dirà:

Si vols ésser ben servit,
fes-te tu mateix el llit.

Rusiñol és farcit de prudents observacions semblants. Però Llanas, que era un home independent, de vegades allargava la visió exacta, com quan deia que els tres espècimens d'ésser humà més estúpids de la terra són els tenors, els perruquers i el toreros.

El bon sentit de Llanas no fallà mai. En un banquet que a primers de segle es donà a la Sala Parés en honor de no recordo qui, a l'hora dels brindis s'aixecà a parlar el senyor Soler de las Casas, fill de "Pitarra". Soler quequejava molt quan parlava i, a més, tenia una tendència a donar la lata. Al cap de poca estona d'haver iniciat el discurs, gairebé tots els comensals tenien la impaciència marcada a la cara.

—Modèstia a part, jo crec posseir el remei contra el quequeig —digué Llanas als seus veïns de taula.

La frase corregué per la sala a gran velocitat.

Passaren deu minuts; l'orador s'anà fent cada vegada més

pesat, i de sobte un senyor nerviós digué amb una veu discreta però clara:

—Si el senyor Llanas pretén conèixer el remei contra el quequeig, l'hauria d'explicar.

—Consisteix a callar... —digué don Albert encenent un cigar.

Rusiñol, que flairà, potser com ningú, les qualitats d'humanitat i de sentimentalisme de Llanas, se l'emportà a París una temporada. D'aquest viatge, a part de la influència de Llanas en l'obra de Rusiñol, que és considerable, en quedaren dues coses: el retrat magnífic que Santiago li féu i que no sé on ha anat a parar, i la resposta que féu a un amic, en tornar.

—Ara sí, senyor Llanas, que tornant de París no deu creure en Déu...

—Encara hi crec! —contestà mirant amb tristesa l'interlocutor—. Víctor Hugo, que és molt més intel·ligent que vostè, i jo plegats, també hi creu, comprèn?

Tot el que ve d'aquest home porta una marca de bondat innata, la discreció fina de la seva menestralia meravellosa. L'experiència de la seva vida tradueix en consells que, malgrat ésser de la més gran obvietat, no són mai practicats, com quan diu:

Tenim dos ulls per mirar,
per sentir dues orelles,
i una llengua per parlar.
Tot això vol dir, ben clar,
que lo que vegis i sentis,
la meitat t'ho has de callar.

Un dia que demanava diners per anar a Madrid, vaig preguntar-li:

—A Madrid, hi deureu tenir molta feina.

—Home! És clar! —digué després d'una pausa—. La de demanar els diners per tornar...

El senyor Puget va un dia cada setmana a dinar a casa del seu cunyat Fontana, al carrer de Muntaner. Del carrer Gran de Gràcia, on viu, fins a Muntaner fa el viatge en taxi i travessa generalment Sant Gervasi. A Sant Gervasi hi ha un carrer que porta el nom de don Marian Cubí. Avui, tot passant pel barri, ha llegit el nom d'aquest carrer, i al vespre m'ha dit que l'atzar d'aquesta lectura li havia fet recordar la figura de don Albert Llanas.

Cent anys enrera, don Marian Cubí i Soler era una personalitat de Barcelona i gairebé tothom el considerava un gran savi. Precisament fa pocs dies,,a la secció del "Brusi" titulada "Cien años atrás", es publicà l'extracte del prospecte del curs que el senyor Cubí donà a la Convalescència de l'Hospital de la Santa Creu durant els mesos de març i d'abril de 1843. Fou un curs de Frenologia. El senyor Cubí era frenòleg. Un dels llibres que li donaren més anomenada es titula "Frenología, o sea filosofía del entendimiento humano manifestado por medio del cerebro".

Don Rafael Puget és un entusiasta de la secció del "Brusi" de què estic parlant. La secció li refresca les imatges del seu estimat segle XIX. La secció és realment interessant i no crec que hi hagi gaires diaris a Europa que puguin presentar una secció retrospectiva tan notable. El vescomte de Güell sol dir que aquesta secció mereixeria un comentari quotidià fet per una ploma experta, per tal de situar el que la secció dóna a conèixer en el seu ambient propi. Sospito que l'elaboració del que don Eusebi demana seria molt difícil. Ara, si fos factible, el seu èxit seria considerable.

El senyor Cubí era fill de Malgrat. En una de les últimes visites fetes a aquesta població vaig tractar d'indagar si es conservava algun record del seu il·lustre fill, i em vaig trobar que l'oblit més absolut cobria la seva memòria. El doctor Turró fou també fill de Malgrat. A Malgrat, Cubí és totalment oblidat; Turró, voldrien oblidar-lo, però encara no ho han pogut aconseguir.

Cubí, que era metge, importà les hipòtesis de la teoria de les circumvolucions cerebrals de Gall i formulà dos principis que Balmes resumeix molt bé en l'assaig irònic que en la seva revista "La Sociedad" publicà sobre frenologia. Aquests principis són els següents: l'ànima posseeix diferents facultats, aquestes facultats es manifesten a través dels corresponents òrgans cerebrals.

És molt probable que si Cubí s'hagués limitat a formular aquests principis, hauria pogut arribar a ésser tingut per un professor distingit i europeïtzat o almenys per un agradable contertulià de taula de cafè. Ara, amb aquests sols principis, la seva carn d'olla s'hauria ressentit severament d'una insuficiència acusada. És natural, doncs, que Cubí industrialitzés una mica els seus principis i que accentués l'aspecte recreatiu i crematístic de la disciplina que explicava. Per això diu, en el prospecte del curs que professà, que el coneixement de la Frenologia dóna un poder especial per a conèixer els homes inspeccionant simplement els bonys i les depressions dels seus caps. Escriu literalment: "A más de hacernos conocer positivamente desde nuestra infancia la carrera o misión a que nos tiene Dios destinados en este mundo, danos la Frenología acierto en la elección de gobernantes, de marido o esposa, de amigos, compañeros, criados, por cuya razón no hay estado ni condición alguna a la cual no sea supremamente útil esta ciencia..." En possessió d'una ciència tan esperançadora, es comprèn que Cubí estigués en tot moment disposat a pujar a la primera tarima que tingués a mà per tal d'explicar la Frenologia a la gent mitjançant, és clar, que els assistents es conformessin a pagar una entrada. A la Convalescència, els incrits al curs hagueren de pagar setanta rals, però, això sí: pogueren assistir-hi acompanyats de tantes senyores com els semblà. La qual cosa no deixa d'ésser de molta galanteria.

Puget, que té de Cubí la idea que en tenia Llanas, em diu que té la sospita que el frenòleg fou un pur guillat. Hi ha un aspecte de la seva persona veritablement singular. Cubí tenia una ortografia pròpia, escrivia segons unes normes que s'havia inventat. Treu un paper esgrogueït d'un calaix i m'ensenya una mostra d'aquesta ortografia: "Increible pareze —escriu— que la Frenologia, a cuyos prinzipios, ni la Iglesia, ni la Inquisizion en los tiempos de su mayor rijidez se opusieron; que la Frenologia, digo, que prueba i demueztra palpablemente todo lo que afirma", etcètera, etcètera. En l'ortografia de Cubí hi ha tantes jotes i tantes zetes, que moltes de les seves paraules semblen escrites en dialecte andalús.

—Això potser és degut al fet que quan els catalans parlem castellà ho fem en andalús —li dic.

—¿Voleu dir, doncs, que Cubí escrivia el castellà tal com el parlem els catalans?

—Ho sembla...

—En realitat, ell afirmava que la seva reforma ortogràfica no tenia pas per origen un desig de singularització, sinó un sentit d'utilitat molt elevat. Tot això sembla de pertorbat... Però al cap d'un moment apareix sota un altre aspecte. Tenia despatx obert de frenòleg, és a dir, tenia un poder especial per a conèixer l'home. Posseïa una clientela abundant. Fou aquesta abundància el que alarmà Balmes. Quan es presentava un client el feia seure en una còmoda cadira de braços i Cubí utilitzant la polpa dels seus polzes, examinava les protuberàncies i anfractuositats, els bonys i depresions del seu crani. La variada geografia òssia corresponia a les pressions, al treball que realitzaven, en l'interior del crani, les circumvolucions cerebrals. Les circumvolucions modificaven la forma externa dels ossos del crani i aquestes modificacions eren un indici de les facultats anímiques. Quan l'exploració del polze podia donar-se per acabada, don Marian adoptava un posat d'home profund i preocupat, es plegava de braços i deia amb una veu greu:

—Sí senyor... la ciència demostra que vostè serà feliç en el matrimoni... o un bon procurador dels tribunals... o un excel·lent tenidor de llibres... Vostè té una tercera molt bonica i una depressió a l'occipital veritablement notable. La seva carrera serà infal·lible, està marcada, és irrefragable...

Don Marian ho solia endevinar. Tenia, de fet, la manera de no errar bola. Cent anys enrera Barcelona era un poble gran en el qual tothom es coneixia. Així li era fàcil de saber els punts que els seus clients calçaven. En el moment de pagar els dos rals que la visita valia, de vegades un client li deia:

—Senyor Cubí, tinc la meva esposa molt nerviosa i trista; se'm torna romàntica. Quan sent música de Donizetti li cauen els plats i queda com astorada.

—Faci-me-la venir de seguida! —contestava Cubí amb una convincent seguretat—. Per a aquestes situacions la Frenologia té recursos innombrables. Ho sabrem tot. És una ciència de principis irrefragables.

Cubí utilitzava habitualment l'adjectiu "irrefragable". El monopolitzava.

Tot això serà tingut, és clar, per un joc anacrònic de disbarats. De tota manera, cent anys enrera la Universitat i els professionals anaven al darrera de la Frenologia i de les circumvolucions de Gall. Cinquanta anys abans, l'interès s'havia concentrat al voltant de la Fisiognòmica de Lavater. Lavater fou un gran amic de la joventut de Goethe; en les "Conversacions amb Eckermann", que són dels últims anys de la seva vida, es traslluеix encara l'inesborrable record que Lavater li deixà. De les característiques fisonòmiques de les persones, Lavater en deduïa el seu caràcter i el seu avenir; Cubí, seguint Gall, tractà de fer el mateix utilitzant la geografia craniana. Aquesta classe de fantasies, presentades a través d'un lèxic pseudo-científic, solen donar diners. La matemàtica és freda, trista i poc productiva. La recreativa, en canvi, permet substantivar la cuina, donar el batxillerat als nens. Les formes actuals de la ciència popular són més grolleres que les de Cubí, Gall i Lavater i fins i tot que l'oracle de Delf.

Anys més tard fou don Albert Llanas qui portà a Barcelona la Frenologia de Cubí a les seves últimes conseqüències. Llanas començà la seva llarga carera de bohemi agut i d'humorista perfeccionant els principis d'aquesta disciplina i combinant-los amb els de l'antropologia, que llavors es posà de moda. Arrendà un pis a la Rambla i en el despatx col·locà, en lloc molt visible, tot un instrumental misteriós, aparentment adequat —l'instrumental de l'antropologia. Quan li arribava un client, li agafava el cap amb totes dues mans —com aquell qui mastica un meló— i amb la més gran serietat li explorava les oscil·lacions del cuiro. Després, amb uns compassos complicats, li prenia l'angle facial i la prominència prognàtica. Tot seguit amb una cinta li prenia la mida del cap. Cada mesura era transportada a un paper, com fan els sastres. Una vegada preses totes les mides i apuntats tots els números, feia amb les xifres unes operacions complicades, destinades al que ell en deia la "cubicació de la massa encefàlica". Tot plegat agafava unes proporcions d'una delirant comicitat.

A la fi Llanas —que era petit i caminava tibat, amb la barbeta tirada enlaire— adoptava la mateixa posició solemne i greu del senyor Cubí.

—Tot m'indueix a pensar —deia— que vostè serà un bon pare de família... els símptomes del parietal són riquíssims. Té, a més, un angle indefectible. Té quaranta-cinc per seixanta. És, *desde luego,* un bon angle... Té, a més, una glàndula pineal verament notable. Vostè serà un bon pare de família, els seus fills seran robustos i enraonats i la seva senyora heretarà d'una tia...

Emportat per la fascinació que li produïa la mateixa comèdia que representava, sovint ensenyava l'orella, s'excedia i descarrilava. Llavors havia de fer mans i mànigues per arreglar les coses, car sempre hi havia el perill que li caigués una garrotada a l'esquena.

Quan tenia la força de contenir-se, el client pagava la consulta —eren sis ralets; el preu havia pujat a causa de l'antropologia— i tot acabava amb les reverències i les frases habituals.

Però això tampoc no li anà bé.

—Les gitanes em feien la competència... —solia dir Llanas en recordar aquestes coses—. El públic prefereix la superstició a la ciència. La seva incapacitat per a comprendre els mètodes científics és total...

Llanas fou un humorista dolç, ple de fantasia i de bondat. L'altre humorista de l'època, Aulés, fou, en canvi, un tipus curvilini, fred, sarcàstic.

Les comparacions absurdes

Don Rafel està disgustat. Em parla d'una manera despectiva del projecte que semblen tenir algunes persones conegudes de penjar sobre la memòria de don Albert Llanas unes albardes irrisòries i intolerables.

—Pel que veig gairebé cada dia a la premsa —em diu—, s'està fent un esforç perquè Llanas sigui anomenat el *Quevedo catalán.* El pobre Llanas, que en el curs de la seva vida passà tantes tribulacions i dificultats —tribulacions que suportà amb un sentit de l'humor i una força d'estoïcisme admirables—, es troba ara en camí de convertir-se en l'ombra d'un altre, en un reflex d'un altre, en l'ombra i el reflex d'un altre senyor que no té absolutament res a veure amb ell, ni com a literat, ni com a humorista, ni com a ésser humà. Això, al meu entendre, és injust. Llanas no fou, ni serà mai, el *Quevedo catalán.* Per a les persones que el coneguérem i tractàrem i per a tothom que té de la seva obra i de la seva vida una idea, per més vaga que sigui, continuarà essent el bondadós, l'humà l'agut don Albert de Sicília Llanas.

Ja sabeu la consideració que en les històries literàries tenen aquestes ombres humanes que s'anomenen el Shakespeare iugoslau, el Cervantes suec, el Dostoievski peruà o el Dickens espanyol. Quan un escriptor té la desgràcia de trobar-se carregat amb unes albardes d'aquesta classe, es converteix en una ànima en pena, en un ésser de memòria mistificada, en un simple recurs, en un *ersatz.* ¿En quin cap pot haver nascut, on pot haver-se originat l'adulteració que s'està intentant amb la memòria de Llanas?

No tracto pas ara d'establir comparacions. Déu me'n guard! Sempre he respectat les apreciacions personals, els criteris particulars. La qüestió en realitat no neix pas de la comparació. La qüestió no neix pas del fet d'ésser Quevedo, ara, el terme de comparació. Si en lloc d'ésser aquest gran escriptor hom n'hagués utilitzat un altre, qualsevol, gran, mitjà, petit, el problema persistiria exactament igual. El que produeix el malestar és l'etiqueta, el pegat, la tendència a convertir l'obra d'un autèntic ésser humà en un mer reflex, en un substitutiu, en un *ersatz*.

Això no vol pas dir, per altra part, que la comparació no sigui especialment desafortunada. Llanas, escriptor mínim, regular, important —el que us sembli—, és, abans que tot, un escriptor modern. Les seves tendències, la seva sensibilitat, les formes del seu humorisme, la simplicitat del seu estil, formen part de la vida actual. Quevedo és un escriptor grandiós, enorme, colossal, alambinat, representant típic de la literatura noble i engolada. En les seves vuit dècimes parts és absolutament illegible, rigorosament incomprensible, radicalment separat de les formes de la sensibilitat actual. En aquest sentit és un autor típic de la prehistòria literària, un mer problema d'arqueologia, una enorme baluerna històrica desproveïda de repercussió humana. És absolutament segur, per exemple, que Llanas no llegí mai una ratlla de Quevedo. Estic segur que si llegí el "Buscón", que és l'obra de Quevedo més coneguda en els ambients literaris, no li concedí ni un interès de mera curiositat. Llanas no accentuà mai, no fou mai donat a la duresa del realisme sarcàstic. ¿Us imagineu el que hauria escrit Llanas si hagués estat realment el *Quevedo catalán*? No m'ho puc pas imaginar. ¿Creieu que si Llanas hagués demanat diners als seus amics en forma conceptista, quevedesca i engolada hauria pogut sopar cada vegada que tingué fam? Ni pensar-hi!

El que es pretén, és clar, és comparar els mots d'esperit de Quevedo, agres, abruptes i fulgurants, que encara són, de vegades, recordats, amb les agudes i gracioses anècdotes de Llanas. Aquesta comparació, però, és terriblement superficial. No s'aguanta. No té fonament de cap classe. Les anècdotes de Quevedo que han quedat en la memòria del poble són d'un realisme groller, encara que enravenat. Les de Llanas són absolutament distintes, responen a un esperit, a un clima, a un món absolutament diferent, per no dir de sentit contrari. ¿Com és possible considerar Llanas el *Quevedo catalán* i anomenar-lo així pensant en el seu "Don Gonçal o l'orgull del gec"?

Ni Quevedo és factible d'aquest acostament ni Llanas li pot ésser comparat. D'on pot haver sortit una semblant patotxada?

"Un tros de paper"

A l'època de les meves primeres experiències barcelonines havia ja desaparegut la vella tertúlia del "Suís", que havia estat formada per Gonçal Serraclara, els Altadill, Roca i Roca, Eusebi Coromines i Robert Robert.

Don Gonçal Serraclara fou diputat a Corts de les Constituents de la primera República i era un gran advocat. Quan Llanas escriví el protagonista pensant en el senyor Serraclara mateix.

El periodista, Robert Robert ha estat una figura que sempre m'interessà. Fou el creador d'una secció en els diaris que tingué en aquella època un èxit fabulós: la crònica parlamentària, amena, anecdòtica i intencionada. Robert visquè molts anys a Madrid; les circumstàncies el portaren a conèixer a fons l'entrellat polític del seu temps, els racons d'ombra més inexplorats. Vivia enviant cròniques del Congrés a la premsa barcelonina d'esquerra.

Quan fou elegit president del Congrés don Nicolau Maria Rivero, un bon dia començà a circular per les tertúlies polítiques i periodístiques que Rivero era una mica donat a la beguda i a agafar de tant en tant una trompeta. La notícia provenia de Robert, que ho havia insinuat lleugerament en una

Pérez Galdós, Costa, Utrillo i Díaz de Mendoza a Sitges.

Josep Roca i Roca,
director de "L'Esquella
de la Torratxa"
i de "La Campana".

Antoni Altadill,
l'autor de "Los Misterios
de Barcelona".

Ramon Casellas.
Dibuix al carbó de
Ramon Casas.

L'escriptor i crític literari
Joan Ixart.

El novel·lista Narcís Oller.

A les pàgines anteriors: Albert Llanas fumant la pipa i Peius Gener, en un dia de carnaval.

A la pàgina següent: Àngel Guimerà.

Pérez Galdós, Miguel de Unamuno i Mariano de Cavia.

crònica, a base de dir, és clar, que el que s'afirmava sobre la qüestió era obra dels enemics del considerable estadista.

Una tarda, oberta la sessió del Congrés pel senyor Rivero en un ambient molt plàcid, amb escassa assistència, el president es disposà a escriure una carta mentre parlava el primer orador. No existia encara el paper assecant i, acabada la carta, Rivero, distret, agafà una cosa per l'altra: en lloc d'estendre sobre el paper la sorra que s'estilava, hi abocà una bona part del tinter. Rivero quedà aterrit. La cosa era fatal, en relació sobretot a les indiscrecions que circulaven sobre la seva immoderada tendència. Més mort que viu, dissimulant, com aquell qui no fa res, mirà de reüll la tribuna de la premsa. Robert Robert seia gairebé sol al primer banc de la tribuna observant, amb la més gran curiositat, el que s'estava produint a la taula del president.

Don Nicolau Maria Rivero i Robert Robert es miraren llargament: Rivero, amb la tendresa del qui demana compassió; Robert, primer, irònic, després humà, comprensiu.

Al capdavall de la mirada, Robert s'agafà els llavis amb les puntes dels dits, donant a entendre que el seu silenci seria absolut. Davant del gest magnànim, Rivero abaixà la vista, féu una imperceptible, cerimoniosa reverència i un lluminós, vaguíssim somriure, passà per la seva cara estergida.

Llanas em contà moltes anècdotes de la seva vella tertúlia del Suís. Els seus components havien publicat "Un tros de paper", el periòdic satíric de l'època d'Isabel II, tan càustic i viu. Llanas, Cos, Altadill, Robert Robert i Serraclara havien emplenat de gràcia el curiós setmanari, li havien donat una ressonància merescudíssima.

La redacció estaba installada en un petit entresol de la Rambla. A sobre, al principal, el banquer Freixa hi tenia les oficines. Moltes persones que anaven a les oficines del banquer s'equivocaven de pis i preguntaven traient el cap a la irrisòria sala de redacció:

—És aquí a cal senyor Freixa?

La cosa es repetí tantes vegades, que els redactors d'"Un tros de paper", quan es presentava algú amb el rutinari: "És aquí a cal senyor Freixa?", responien cantant a cor, amb música d'una òpera italiana a la moda:

El senyor Freixa,
el senyor Freixa,
és a dalt del primer pis...

El pobre extraviat quedava davant de la resposta tan impressionat que semblava perdre el món de vista. La redacció cantava d'una manera estentòria i plena. Davant d'aquest raig de música la majoria se n'anaven corrents, espantats, després d'haver murmurat un confús "Dispensi!".

Una vegada, però, aparegué un ciutadà que en preguntar pel senyor Freixa i sentir-se cantar:

El senyor Freixa,
el senyor Freixa,
és a dalt del primer pis...

es revestí de valor i contestà cantant, amb el mateix aire de l'òpera:

Moltes gràcies,
moltes gràcies...
vaig a dalt del primer pis...

En sentir la resposta, Robert Robert s'alçà precipitadament i corregué cap al desconegut.

—Vol fer el favor d'acceptar un lloc de redactor a la casa? Vostè és un home per a aquest ofici. Si accepta, ací té una taula i una cadira...

Robert Robert i Anton Altadill treballaven per l'editor Espasa, que llavors havia iniciat el seu negoci. Un dia es trobaren tots dos a l'antedespatx de l'editor. Es miraren de reüll.

—Hola, Robert! —digué Altadill.

—Hola, Anton! —contestà Robert.

Seguí una pausa penible. Altadill trencà.

—Vinc a demanar-li deu duros —digué en veu baixa.

—Jo també —digué Robert.

—No em negaràs que la situació és curiosa: *per una espasa... dos vaines!*

Robert no respongué. Al cap de poca estona li tocà el torn i entrà al despatx de l'editor. Al cap d'un moment en sortí amb el bitllet a la mà, contentíssim. Robert a Altadill amb l'aire de continuar la conversa interrompuda:

—Si sabessis, Antoni, la gràcia que m'has fet fa un moment amb allò de *l'espasa i les vaines...!* Has estat magnífic!

Els Altadill portaven una vida de bohèmia indescriptible. Coneguí en els seus últims anys Carles, que era anomenat el Gandul. Ho era tant, de peresós, que només sentir parlar de treballar el marejava. Solia dir al cafè:

—Si s'hagués acordat que estar al llit és un treball no m'hauria deixat de llevar ni un sol dia, ni un dia per medecina...

Un dia que el vaig trobar a la Rambla em digué que estava tractant de trobar cinc-centes pessetes. I afegí amb una serietat impertorbable:

—Si les trobés seria un home nou, em redimiria. Ho podeu ben creure.

—Però, Altadill, vostè té fama d'incorregible —vaig atrevirme a dir-li.

—Si les trobo, posaré un negoci, em convertiré en un home de respectabilitat, d'ordre i de seny. Tinc un afer en perspectiva...

—I ca! No us durarien ni un mes...

Hi hagué una pausa. Altadill em mirà i em digué amb la cara plena d'avidesa i de golafreria:

—Però quin mes, Puget, quin mes no passaria!

Els Altadill foren fulletonistes i escriviren unes novel·les imponents. Les novel·les històriques que publicaren —o que publicaren els seus editors— estan farcides d'ignorància enciclopèdica o de la seva pueril malícia. En el seu cèlebre "Corpus de

Sang", episodi que inicià la guerra dels Segadors, com tothom sap, i que ocorregué en el regnat de Felip IV, hi fan aparèixer com a personatge del temps el cèlebre bandit Roca Guinarda, que és de l'època de Felip II. El seu fulletó "Barcelona y sus misterios" tingué sobretot el que escriviren una gran ressonància. És curiós —observa Puget— que els novel·listes de l'infraromanticisme de París originaren, a Barcelona, els Altadill; a Madrid, personatges encara més tronats, i a Rússia, la fantàstica, enorme figura de Dostoievski.

Però la vida dels Altadill fou horrible. En part, per raons objectives, i sobretot perquè l'abundància posà la bohèmia de moda i afavorí la manera d'ésser de tota mena de fracassats, especialment d'alguns artistes. La meva idea és que si, fent un esforç, haguessin pogut sortir de la bohèmia, no l'haurien fet. Un dia Serraclara invità a dinar Carles Altadill. Li serví un plat d'arròs descomunal, que fou despatxat a gran velocitat.

—Vols més arròs? —li preguntà Serraclara fent el gest d'agafar la cullera.

—Sí, un altre plat. El primer va pels *atrassos*. Ara jo entraré...

Yxart i Roca i Roca

Una vegada assabentat —més o menys, és clar— de les coses de Barcelona, vaig adonar-me que una de les persones de més prestigi era el senyor Roca i Roca. Aviat vaig ésser-hi presentat... Roca havia estudiat al seminari de Vic i tenia dues germanes monges, una d'elles abadessa d'un convent de Barcelona. Roca era el que llavors s'anomenava un esperit fort. Quan hi havia indicis que es produiria una o altra bullanga, una o altra revolució, les monges germanes seves confiaven a Roca els objectes de valor, les joies i els diners del convent. Ell rondinava, feia l'anticlerical, però ho guardava tot amb una cura delicadíssima. Quan l'alarma passava, Roca retornava els objectes amb una formalitat portada fins als últims extrems.

Roca i Roca escrivia i dirigia "La Campana de Gràcia", que llavors era un paper esqueixat i considerablement xaró. Escrivia també a "L'Esquella de la Torratxa", que ho era menys —vull dir que tenia més moderació. Donava, a més, un paper setmanal a "La Vanguardia", òrgan llavors de la burgesia liberal proteccionista i de l'avançada artística i literària. Pel fet d'escriure en aquests tres papers Roca fou anomenat "el Trifàsic" durant una llarga temporada.

Em semblà sempre que Roca era un ingenu. Era un gran polemista. Li agradava d'atacar. Com que l'atac era el que li era més fàcil, es trobava en la situació —més aviat trista— de l'home que pel fet d'haver-ho atacat tot havia renyit amb tothom.

Probablement li hauria convingut més de no tractar les coses tan a la valenta. Però els polemistes s'embriaguen en la seva pròpia polèmica quan, en realitat, el que els donaria més resultat seria anar a prendre el sol i fumar cigarrets. Però aquest és el drama del periodista pobre que pretén ésser independent de tot: acaba per no ésser-ho, pràcticament, de ningú.

Roca tenia una veu forta i greu i un estil pretensiós però adotzenat. Amb això pretenia aparentar una cosa per l'altra i anar tirant. La gravetat del to de la seva veu era tan sonora que, a més de "el Trifàsic", era anomenat "el Motor", sobretot perquè quan no enraonava emetia un soroll continuat d'abegot engabiat —un soroll llunyà i persistent que recordava el d'un motor a mitja màquina.

A causa dels seus articles de "La Vanguardia", al Foment del Treball Nacional fou considerat una àguila; a causa dels de "La Campana", el seu prestigi a les perruqueries fou considerable. Aquestes articles de la "Campana", els firmava K. Ka. Yxart em contà una vegada que, trobant-se a Ripoll, corregué la notícia que arribava K. Ka en el tren del vespre. Mig poble es concentrà a l'estació, amb la música i les atxes coresponents, per fer-li una rebuda triomfal. Arribà el tren, però durant una llarga estona no se sabé exactament si havia arribat o no, perquè el moviment havia estat realment espontani i la seva efígie era totalment desconeguda de les masses.

La bondat de Roca fou proverbial. Quan se li feia una suggestió, era capaç de llançar-se a fons amb un gran entusiasme. Fou secretari de la Societat d'Amics dels Pobres, de Gràcia, societat que en gran part mantingué Collaso. En la intimitat tenia una concepció objectiva de la tolerància —una concepció situada més enllà dels seus escrits i dels seus àcids moviments d'humor.

Roca pagà l'edició dels escrits de Joan Sardà. Sardà tenia fons. Fou un gran advocat: un home fi, segur, equànime. Fins on aquestes coses poden ésser sospesades, Sardà valia més que Yxart. I dic fins on aquestes coses poden ésser sospesades perquè em falta la totalitat dels escrits pòstums d'Yxart. Dachs, canonge degà de Tarragona, en féu un gran foc —el foc sagrat.

Yxart, que jo vaig tractar, fou un senyor molt delicat. Adorava Rusiñol, i Rusiñol adorava Yxart. L'ideal d'Yxart hauria estat portar la vida de Rusiñol; el de Rusiñol, ésser el que fou Yxart. Fou delicat per qualitat intel·lectual i perquè fou un home tan flac que semblava translúcid. Estava sempre malalt. El seu organisme produïa una impressió trencadissa, era una cosa transparent, subtil. A l'hivern, quedava com evaporat. Patia de no sé què al coll, de molta gravetat.

—A la primavera em trobaré millor... Ja veuran, ja veuran! —deia Yxart, amb el simple moviment dels llavis.

Però aquella primavera que havia de fer el miracle, per desgràcia d'Yxart i dels qui fórem els seus amics, no es produí mai.

Al capdavall, tant a Tarragona com a Barcelona passava la major part del temps al llit. En l'habitació de la pensió on estava instal·lat li succeí una vegada una cosa extraordinària. Feien obres al pis del costat. Un dia, de sobte, caigué un bloc de rajols de la paret de l'habitació en què Yxart es trobava enllitat. Quan hagué passat l'estrèpit i la polseguera que es produí, Yxart, encara tot alarmat, veié, pel forat que s'acabava de produir, la bastida d'un paleta i el cap d'un home amb un bigoti i una gorra blanca, tot picat de gotes de morter.

—Dispensi! —digué el paleta, confós, avergonyit.

—No hi ha de què...! —contestà Yxart amb una veueta blanca.

Aulés, el sarcàstic

Aulés fou un home ni alt ni baix, esgrogueït, amb el color de pell que les taules de joc i la llum artificial posen a la cara dels jugadors recalcitrants. Tenia un aspecte d'home fred, cínic, barrut, aguantat.

Era advocat. Havia estat jutge, primer a Filipines; després a Matanzas, a l'illa de Cuba. Home intel·ligent, cultivat, escriptor amb una autèntica gràcia, no aconseguí, però, superar en cap moment de la seva vida el naufragi profund i permanent que la caracteritzà. Sempre estigué dominat per la passió del joc en grau excepcional.

La història s'ha complagut a unir en un duo Llanas i Aulés. Tingueren una cosa en comú: la pobresa. Malgrat els èxits que tingueren en el teatre, de la popularitat dels seus escrits, visqueren sempre a salt de mata, no tingueren mai ni un cèntim. La literatura, llavors, era pràcticament improductiva, i escriure —a Barcelona sobretot— era cosa que es deixava a persones situades en els suburbis de la societat. Llanas pogué sostenir-se —malament— durant alguns anys gràcies a una credencial d'escombriaire municipal, sense obligació de fer-ne, que a l'Ajuntament li donà Collaso. En un moment determinat, Aulés féu un positiu esforç per tenir una credencial semblant. No ho aconseguí pas. L'alcalde, que en aquell moment era el senyor Sostres, es negà rodonament a donar-la-hi. Aulés escriví llavors una epístola en vers a P. G. Maristany (més tard comte de Lavern), que començava així:

Pel que neix amb mala sort,
no hi valen pas parenostres,
i per mi aquest senyor Sostres
m'ha sortit un sostremort.

Fou precisament la diversa reacció que aquests escriptors tingueren davant de la pobresa el que pot ajudar a fer comprendre les seves diferències. Aquestes foren tan enormes, que al meu entendre no es pot parlar del binomi Llanas-Aulés. Llanas, un home dolç, resignat, estoic, abandonat al corrent de la vida. Aulés, en cavi, fou un entravessat, un esperit agut, fred, ofensiu, de poca moralitat. En l'agredolç català, Llanas hi porta la dolçor, Aulés l'agre. Després Rusiñol féu, en la seva persona i en la seva obra, una fusió d'aquests dos complementaris personalíssima perfecta.

Una vegada Aulés demanà a un usurer tres mil pessetes i es comprometé a tornar-li'n sis mil al cap de poc temps, d'uns mesos. En vista dels precedents, i per tenir-lo acollat, l'usurer posà en el paper que es tractava d'una operació de dipòsit. No ho era. Era un préstec usurari, una operació bruta, vulgaríssima.

Quan arribà el venciment, Aulés no pagà i fou processat per crebantament de dipòsit. El dia de la vista, es defensà ell mateix.

L'operació no és un dipòsit —digué Aulés a la sala—. Es tracta d'un préstec usurari sense consciència. Un dipòsit no es fa mai a una persona desconeguda. ¿Com és possible que aquest senyor, que no em coneixia, em donés una cosa en dipòtit, a mi, precisament a mi...? Una acció semblant és impensable, impossible...

L'argument era d'un cinisme enginyós. El tribunal fallà a favor d'Aulés.

Un dia se li presentà un creditor disposat a acabar d'una vegada. Aulés era el terrat, amb les seves criatures, fent volar un estel.

—Home, gràcies a Déu! —digué Aulés en veure'l aparèixer al terrat—. Ja era hora que ens veiéssim! Sigui molt benvingut... Com ho passa? A casa seva, estan bé? Faci'm un petit favor mentre baixo un moment al pis a buscar els diners: tingui l'amabilitat d'aguantar un moment el fil de l'estel. Torno de seguida. A aquestes pobres criatures, aquests jocs els fan una il·lusió com no en pot tenir idea.

El creditor aguantà primer el fil dempeus, una llarga estona, al mig del terrat. Després es recolzà en la balustrada. Després, encara, ja fatigat, demanà, sempre amb el fil a la mà, una cadira per seure. Al cap de dues hores. Aulés no havia tornat. Les criatures passaren una tarda deliciosa. Finalment, a entrada de fosc, el creditor se n'anà en un estat d'esperit canibalesc.

Quan escriví el seu sainet, després tan cèlebre, "Cinc minuts fora del món", estava a matar amb dos sastres als quals devia diners des de feia molt de temps. Els sastres acudien a Llanas perquè contribuís a tocar el cor d'Aulés.

—Senyors, tinguin paciència! —els deia Llanas—. Ara estrenarà el sainet, l'obra tindrà molt d'èxit i vostès cobraran fins a l'últim cèntim.

Un dels sastres s'anomenava Vilà; l'altre, Graupera.

En "Cinc minuts fora del món" hi ha un personatge carregat de deutes que entra en la desesperació i decideix tirar-se un tret.

Aulés donà l'obra a Goula, amb l'encàrrec que en el moment immediatament anterior al suïcidi es dirigís de manera explícita, des de la curculla de l'apuntador, a les dues persones que ocupessin les dues butaques de passadís fila zero, i recités els versos que es diran de seguida.

El dia de l'estrena, Aulés envià als dos sastres sengles butaques —exactament les de fila zero situades a banda i banda del passadís. Tant Vilà com Graupera quedaren encantats de l'atenció i anaren al teatre en un estat resplendent.

L'estrena de l'obra tingué un gran èxit. Els sastres presenciaren el triomf de l'obra amb un optimisme creixent. De tant en tant es donaven mirades plenes de dolçor —de dolçor a la nina, en el blanc, a les pestanyes, a les celles. En cada mirada hi havia la convicció que la liquidació del deute es podia donar per absolutament assegurada. Així transcorregué l'obra, fins al moment anterior al suïcidi. Llavors Goula s'avançà i, dirigint-se als ocupants de les butaques al·ludides, digué:

... I vós, Vilà, i vós, Graupera
amb un flabiol sonant,
ja em podeu venir al darrera...

Davant d'una tal procacitat, els sastres quedaren anihilats. S'anaren fent petits a dins de les butaques... poc els faltà perquè tinguessin un cobriment de cor. Sortiren del teatre més morts que vius. Aulés els arribà a inspirar un pànic tan insuperable, que quan el veien pel carrer, per lluny que fos, fugien, esverats, de la seva presència, pàl·lids i desfets.

Aulés anà una nit en una casa de joc amb un duro per tot capital... La partida era modesta i en el curs de la sessió tingué altes i baixes. Quan, a la matinada, s'acabà, Aulés es trobà *après*, és a dir, amb la mateixa quantitat del començament: amb un duro. Sortí del local, donà un tomb per la Rambla i abans d'anar-se'n a dormir entrà en un cafè a prendre una xocolata. Lliurà el duro que portava.

—Aquest duro no m'agrada, fa mala cara... —li féu observar, després d'una llarga anàlisi, el cambrer.

—Més mala cara faria vostè si hagués passat la nit que ha passat aquest duro... —contestà Aulés amb un humor agre i displicent.

Un capvespre contemplava en un saló de billars una partida de vint-i-cinc, molt disputada. Hi havia un rodal espès de públic al voltant del billar. L'atmosfera del local era una fumerola groguenca. De sobte, sobre la bonior espessa de la sala se sentí el soroll sec d'una bufetada. Un creditor silenciós i enfurit havia descobert l'escriptor i amb precaució, com un tigre de la jungla, se li havia acostat i li havia clavat una bufetada terrible. La gent es girà per veure el que passava. La partida se suspengué un moment. En el moment de la màxima expectació se sentí la veu d'Aulés dient a la persona que l'acabava de bufetejar:

—Vostè calli! Si no calla, li'n clavaré una altra, ho sent?

Les escenes de la vida d'Aulés són monòtones. Sempre és el mateix problema: la misèria, els deutes. És el creditor enfurit que lluita amb un deutor que s'esmuny com una anguila. De vegades aquest arriba a salvar el ridícul de la seva situació amb una freda, glacial presència d'esperit.

Un dia, en plena Rambla, en el moment de més gran afluència, es trobà amb un senyor a qui devia diners.

—Poca-vergonya! Miserable! —cridava, descompost, fora de mare, el creditor.

Aulés se'l quedà mirant amb les mans a les butxaques, la punta del cigar en els llavis exsangües.

—Mai no s'havia vist una cosa semblant! Poca-vergonya, barrut!... —vociferà el creditor alçant els punys perillosament.

La gent s'arremolinà al voltant de l'escena. El grup s'anà espesseint i la curiositat anà d'augment. De vegades semblà que el creditor se'l volia menjar de viu en viu.

Quan Aulés considerà que hi havia prou gent, preguntà en veu alta al seu contraopinant, amb una fredor tragicòmica:

—I ell que li va dir?

Davant de la pregunta, formulada anodinament, la gent cregué que els interlocutors descrivien una escena estranya a les seves pròpies persones. El grup es desféu ràpidament. Faltat de públic, el creditor anà abaixant la veu de mica en mica. Al capdavall la cosa acabà en aiguapoll, com sempre.

La tragèdia grotesca

No sóc pas prou vell per a haver conegut l'època dels grans, valents i pinxos de Barcelona... —em diu Puget amb un aire de fatiga, reclinant el cap sobre l'esquena de la butaca, com si parlés d'una cosa remotíssima—; però, d'això, me'n parlaren molt el vell Labarta, Llanas i altres amics. D'aquesta terrible mascarada, jo només n'he conegut els residus.

El pinxo, el valent d'establiment més o menys equívoc, fou un producte del joc. Llavors es jugava a tot arreu, hi havia una infinitat de cases de joc, i el valent de la casa no tenia, en el fons, altra missió que procurar que, en l'establiment on era empleat, la gent jugués tranquil·lament i plàcidament, com correspon a l'exercici d'activitats que requereixen tanta habilitat i tanta concentració d'esperit. El pinxo defensava les depredacions que realitzava la casa contra els seus clients i així mateix la defensava contra les depredacions hipotètiques o reals de què podia ésser objecte. El pinxo d'una casa de joc corrent guanyava deu duros la setmana; els dels grans establiments n'arribaven a cobrar catorze o quinze.

L'ofici de pinxo no solia pas tenir uns límits precisos. Aquests individus entraven de vegades al servei de persones apocades i tímides que tenien alguna cosa a liquidar amb altres persones. Això els feia un sobresou... En una ocasió, dos d'ells foren llogats per donar una pallissa a un senyor que vivia al carrer de la Canuda. Els fou explicat el carrer i la configuració de la casa, les possibles fugides de l'apallissat hipotètic, i se'ls donà l'horari de la presumpta víctima. Era un senyor que solia sortir a les deu del vespre. Els valents se situaren en el lloc que els semblà més estratègic. Era una nit d'hivern; feia un fred humit, desagradable.

Esperaren... Tocaren les deu, dos quarts d'onze, les onze, dos quarts de dotze... Ningú! Del portal de la casa assenyalada, no n'havia sortit ànima vivent. Mentrestant la circulació pel carrer de la Canuda s'havia reduït al mínim. L'ambient de solitud que anà voltant els valents arribà a ésser molt dens. Això influí en el seu estat d'esperit. Els pinxos foren una classe de persones que necessitaren sempre voltar-se de la temperatura dels admiradors —hi ha admiradors per a tot— de les seves atzagaiades i malifetes.

—S'ha de confessar, de tota manera —digué a dos quarts

d'una un dels valents—, que és ben trist això d'haver de donar una pallissa a un senyor que no coneixem, que no ens ha fet res i que en el fons no ens interessa...

—Dius que no ens ha fet res? —respongué fent el cor fort l'altre valent—. ¿Dius que no ens ha fet res i fa tres hores que l'esperem? Noi, no t'entenc...

Totes les cases de joc tenien el seu valent estipendiat. La seva feina era vasta i diversa. Una de les seves missions essencials era evitar el cop camorrístic i el robatori dels diners de les taules de joc. En aquestes cases succeïa sovint que tot d'una s'apagava el gas; llavors les taules eren saquejades, en la més profunda obscuritat, per persones desconegudes. L'aixeta del gas era en aquests establiments, doncs, una de les claus importants del seu normal funcionament. Els pinxos la vigilaven i de tant en tant, com aquell qui no mira res, li donaven una reüllada vivíssima.

—Com està l'aixeta? —preguntava intermitentment l'amo al valent. Sobre la cara generalment faraònica del valent es dibuixava una ganyota que volia donar entenent que tot estava en regla.

Els pinxos vigilaven també els qui pretenien aixecar morts i que, a la casa, la policia no hi prengués una preponderància excessiva. La policia estava, sovint, conxivada amb la casa; de vegades hi estava menys.

Un dia la policia sorprengué una de les partides de les que el "Brusi" de l'època qualificava de clandestines. La seva clandestinitat, però, no tenia fonament; era una manera de dir que les relacions de la casa amb la policia no havien arribat, encara, a una positiva maduresa. La policia entrà en el tuguri pistola en mà, els jugadors no pogueren fugir i un d'ells —un senyor de Barcelona molt conegut—, espantat de trobar-se davant d'un tal escàndol, s'amagà sota d'un billar que era al costat de la taula de joc. El billar era del sistema antic, de manera que hi havia poca distància entre la caixa i el sòl de terra: just per a posar-s'hi un home, amb molta incomoditat, horitzontalment. Llavors es veié aquesta escena: en un moment determinat, quan les coses semblaven calmar-se una mica, es veié sortir de sota del billar un braç humà oferint un duro de plata amb les puntes dels dos dits. Dic *oferint* perquè el gest del braç —i malgrat no veure's la cara de la persona— era d'oferiment. Davant de l'aparició, un policia s'hi acostà i agafà el duro amb gran delicadesa. Al cap de poca estona, el braç oferí un altre duro, que el policia collí amb idèntiques mostres d'agraïment. L'operació es repetí una dotzena de vegades —fins que, al senyor, se li acabaren els duros. De tota manera, aquell senyor devia estar, encara, més mort que viu, perquè tot d'una es veié que els dits de la mà oferien una pesseta. El policia contemplà l'aparició de la petita moneda amb un lleu somriure.

—Bah... —digué, arronsant-se d'espatlles—. El senyor del billar se'n deu haver anat i, a sota, no hi deuen quedar més que els seus nens...

Un dels grans pinxos de l'època fou el "Tetas", que ho fou del Cafè de París —cafè que estigué situat a la Rambla, abans d'arribar al Suís, baixant. El "Tetas" jugava el ganivet, Era un home petit, amb una cara pàl·lida com la llum de la lluna i una veu enrogallada. Portava els dits, curts i grassonets, plens d'anells, pantalons de zuau, bombats, i unes sabates de xarol, acabades en punta. Quan a la sala de joc del "Cafè de París" es produïa quelcom anormal, el "Tetas" pujava en una cadira, sarcàstic i displicent, i, amb la seva veu de rogall, es dirigia a la concurrència:

—Que m'haig d'enfadar? Que m'haig d'enfadar? —deia amb les mans a les anques.

Generalment bastaven aquestes preguntes, formulades d'una manera agra i provocadora —el "Tetas" les acompanyava ensenyant unes dents llargues i punxegudes, de mastí—, perquè tot quedés apaigavat i la partida tornés a la seva normalitat somnambúlica.

El "Tetas" fou més tard pinxo d'un cafè cantant del carrer Nou. Arribà a guanyar setze duros la setmana i visqué rodejat d'un respecte universal.

Un dia, a Lleida, aparegué un tipus que presentava símptomes de valent —un tipus que havia fet l'aprenentatge en els tuguris del Segre. Els seus amics li digueren:

—Per què no vas a Barcelona? Podria ésser el teu avenir. Aquí no hi ha ambient. En un cafè de Barcelona guanyaries, en el pitjor dels casos, de deu a dotze duros. I si podies desbancar el "Tetas"...

El pinxo lleidatà vingué a Barcelona. Quan un valent volia desbancar-ne un altre i foragitar-lo de l'establiment es dirigia al local ocupat per aquest i posava un ganivet sobre la taula de joc. Així ho féu, literalment, el valent de Lleida en el cafè cantant del "Tetas", mentre amb una veu sorneguera impregnada d'un despit fred deia:

—Alto el joc!

Si quan el ganivet era posat sobre la taula passava una estona i ningú no responia recollint el repte, l'autor de l'atzagaiada quedava de fet investit de valent de l'establiment. S'entenia que el valent anterior abandonava els seus drets. El guanyador negociava llavors amb l'amo i fixaven l'estipendi.

Una vegada el lleidatà hagué posat el ganivet sobre la taula, el "Tetas" pujà, d'un bot, en una cadira, i, ensenyant les dents, digué amb la seva veu de rogall i de vi:

—Que m'haig d'enfadar?

El lleidatà respongué que estava tip d'impertinències, que les paraules del "Tetas" no li feien ni fred ni calor i que estava disposat a aclarir les posicions en tots els terrenys.

—Espera un moment! —digué el "Tetas", baixant de la cadira.

Era un dissabte. El pinxo entrà al despatx i cobrà el seu setmanal —un grapat de duros que embolicà en un mocador d'herbes. Després sortiren al carrer i es dirigiren, previ un acord explícit, sols i muts, cap a la platja de la Barceloneta. Quan arribaren en un lloc suficientment obscur i solitari que els semblà propici, el "Tetas" deixà sobre la sorra el petit farcell del mocador. Empunnyaren els ganivets. Després d'un curt tempteig s'agrediren. El de Lleida resultà ferit, copiosament, a la galta.

—Si vols continuar, et mataré, t'ho adverteixo... —digué el "Tetas".

—Ets un covard i un miserable...! —contestà l'altre amb el frenesí i el despit de la derrota.

Pocs moments després el lleidatà queia a la sorra de la platja amb una punyalada que li afectà el cor.

Després, el "Tetas" tornà al cafè. Eren les cinc del matí. Encara hi havia algun rar client a l'establiment. L'ànsia de l'amo havia tingut moments de franc dacaïment.

—Com ha anat? —li preguntà en veure'l aparèixer.

—Ja put! —contestà el pinxo torcent la boca i llançant una escopinada displicent.

El "Tetas" acabà bé. Acabà de caporal de la Guàrdia Municipal muntada i fou un servidor —en tant que guàrdia municipal muntat —puntual i excel·lent.

Un altre dels desafiaments a ganivet que feren època fou el que sostingueren el "Montes" i un altre pinxo a dins d'un vagó de càrrega buit de la línia del litoral.

Arribà un moment, però, en què les lluites entre valents, la seva mateixa presència, es féu pesada a la ciutadania. Els odis i les rivalitats que entre ells existien els portaren, en un moment determinat, a un desafiament col·lectiu i foren tancats, així, gairebé tots els de l'època —1880—, en uns grans dipòsits de molta profunditat que havien estat safareigs, situats en la muntanya de Montjuïc i que eren anomenats els safareigs de "La Satalia". Ells mateixos resolgueren el problema. En el fons del dipòsit hi havia fang; així és que els obligaren a ficar-s'hi delcalços per, d'aquesta manera, relliscar menys i poder atacar de ferm. Per a més comoditat, els obligaren a quedar-se en mànigues de camisa. En els dipòsits de "La Satalia" hi arribà a haver uns setanta-cinc pinxos.

Quan aquests homes es veieren reunits dins d'aquelles altes parets —amb els seus odis i els seus instints venjatius— s'armà un guirigall indescriptible. Bastà la proximitat perquè s'armessin amb el ganivet i s'agredissin. Es produí un tumult ferotge, llistat per les samarretes ratllades —sobre fons, generalment roig— que es portaven en aquella època. Hi hagué més de quinze morts. Gairebé tot el paquet resultà, més o menys, mal ferit. Aquesta batrocomiomàquia produí una gran impressió en la Barcelona d'aquell temps.

L'operació produí un cert descongestionament a l'abscés. L'acabament de l'època fàcil féu que molts pinxos es retiressin a altres oficis. De tota manera, la tradició no s'extingí pas de cop. Alguns tipus, amb el mocador de seda blanca al coll i una agulla de pit amb una pedra, camparen encara durant molts anys. A darrera hora, a més, s'hi barrejà la política.

Jo he conegut la darrera època del "Montes" i la popularitat del "Nelo", del "Brau" i del "Vicentet". El "Nelo" acabà essent el pinxo de l'Edèn Concert. Es donà a conèixer per la punyalada que donà al "Brau", valent de tipus aragonès, de sentiments lerrouxistes.

El "Montes" fou molt cèlebre. Mir i Miró i Monegal solien contar que, troban-se un dia amb el "Montes" prenent unes copes en un cafè del carrer de Cristina, des d'una taula del costat li tiraren, amb la intenció que és de suposar, uns pinyols d'oliva. El "Montes" reaccionà a l'acte violentament.

—No feu ximpleries! —li digueren, alarmats, els seus amics.

El pinxo es mantingué una estona concentrat, fosc.

Amb això, els de la taula del costat demanaren una ampolla de mançanilla i en destapar-la el tap es rompé dins del coll.

—Això es destapa així...! —digué el pinxo, traient una pistola i fent saltar, amb un tret, el coll de l'ampolla.

"Montes" portava barret fort i tenia per costum saludar la gent que trobava de molt a prop amb unes barretades eloqüents. Quan es tornava a posar el barret feia passar la punta de la seva ala molt a prop, lliscant, de l'agulla de corbata de la persona que acabava de saludar, amb una intenció claríssima.

L'arma dels valents, que durant tants anys fou el ganivet, fou substituïda, més endavant, per la pistola i el revòlver. Un dels primers desafiaments a pistola que tingué lloc a Barcelona —potser el primer— fou el que es produí entre Galofre... i dos valents.

Els pinxos acabaren arrendant els seus serveis als partits polítics de combat. Foren utilitzats en les operacions electorals de tipus violent i per a altres coses, encara més concretes. El "Nelo" produí un dia un terrible espant a Lerroux i a Junoy disparant la pistola, en el cafè on aquests polítics es trobaven. Ambdós sortiren del cafè corrent, enfilaren la primera escaleta que trobaren i arribaren fins al terrat, on s'amagaren darrera un galliner, dues o tres hores, més morts que vius.

El "Nelo" era un home corpulent, de coll curt i espès, americana encreuada, capell bombí, mocador de seda al coll, sabates vermelles amb botons de nacre, gran cadena i *dije* sobre l'armilla, pantalons bombats, anells abundants i estaca al braç.

El "Brau" fou agredit pel "Nelo" al carrer d'Eroles. Abans, però, que el primer pogués defensar-se, havia estat desarmat per la policia. El "Nelo" pogué disparar impunement. El "Brau", mig de tomballons, pogué arribar a la porta de darrera de la Mallorquina i caigué mort a sota d'una taula ocupada per un senyor que menjava un bistec.

El "Nelo" fou detingut i se li féu un procés que produí a Barcelona molta hilaritat. Era el pinxo de la fracció conservadora. L'advocat del valent fonamentà la seva defensa en la por insuperable del seu client en el moment del fet. Que es pogués al·legar, per defensar un valent professional, la por insuperable fou una filigrana que féu riure la ciutadania.

Condemnat a no sé quants anys de presidi, complí la sentència al castell de Figueres. La condemna fou considerada com a signe de la davallada del caciquisme. Al castell, el "Nelo" posà un despatx de begudes per a la població penal. A la nit sortia del castell, baixava a la ciutat i es reunia amb la seva dona, que hi tenia arrendat un pis.

En el meu temps es pogué ésser àdhuc presidiari amb comoditat. Tot depenia —però potser menys que ara— de la influència que es tenia.

El "Vicentet" fou un dels instrument del "Nelo". Però aquest nom significa ja l'entrada en la franca decadència d'un ofici anacrònic i arrilat.

M'ha faltat poc per a veure el final de l'arrassament de les muralles de Barcelona. Quan les muralles començaren de caure, es pot dir que s'inicià la formació de la Barcelona moderna —em diu Puget tocant una mica amb la pala el foc del braser—. En canvi, he pogut contemplar la formació de l'Eixampla gairebé totalment. Aquest país, que ha estat tan poc afavorit per la sort, ha passat, en el meu temps, per una gran desgràcia: per la desgràcia dels seus arquitectes.

En poques ciutats del món hauria passat el que ha passat aquí. En un moment determinat es digué als arquitectes: "Aquí tenen, senyors, aquesta immesa extensió de terreny, meravellosament situat en suau declinació entre la muntanya i el mar. Edifiquin sobre aquest pla inclinat de la millor manera que els sembli. Segueixin simplement unes línies de planta, assenyalades pels carrers. El restant va pel seu compte. Facin el que els sembli més bell". I ja heu vist el que han fet.

Per fer l'ampliació de Barcelona l'Ajuntament convocà un concurs. Les persones més enteses sostingueren sempre, amb una reiteració permanent, que la millor solució per a Barcelona hauria estat una Eixampla radial, amb el botó de la roda a la plaça de Catalunya. El projecte que primerament fou desestimat, fou, és clar, el que s'inspirava en aquests principis. Fou imposat el projecte de l'enginyer Cerdà, consistent a afegir al vell perímetre de la Barcelona murallada paquets de cuadrícules de cases. Aquestes quadrícules són les actuals illes o *manzanas.* D'on sortiren un nom i una cosa tan horrible? En l'original del projecte de Cerdà es preveia que, *manzana* sí, *manzana* no, es dedicaria a jardí per a esplai de la ciutadania. Però això es deixà córrer de seguida, perquè es va considerar massa car. Això és un *despilfarro!* —cridà amb l'habitual raquitisme urbanístic molta gent, i sobretot l'alta burgesia. I així sortí la cosa.

Cerdà inventà el xamfrà, és a dir, tallà els angles de les quadrícules i les convertí en octògons irregulars. Si no ho hagués fet, l'Eixampla hauria tingut la mateixa planta d'un joc de dames, amb uns angles rectes d'una tal perfecció que la gent, fins la més acomodatícia, hi hauria resultat escairada a la perfecció. No seria veritat afirmar que per inventar el xamfrà Cerdà tingué en compte alguna consideració estètica o de gràcia urbanística. No. Els xamfrans foren considerats indispensables perquè, segons Cerdà, els vehicles a vapor arribarien a marxar, dins de les poblacions, a una tal velocitat, que era prudent de prevenir-la i facilitar-la eliminant els angles excessivament bruscos.

Cerdà fou un gran enginyer. Sentí la passió dels progressos del seu temps, sobretot pels ferrocarrils. Era dels qui creien que els ferrocarrils implantarien la felicitat humana, la fraternització general i la pau universal. S'imaginà que el tràfic de les grans ciutats seria mogut per les màquines de vapor. En les tertúlies il·lustrades de Barcelona, Cerdà fou conegut amb el nom del "Galo barato", perquè portava un bigotàs de gavatx imponent, amb una caiguda de corba com una grossa garlanda —un bigoti tan enorme que tenia pèl propi fins a sota de la paleta de l'orella. Fou un home de gran il·lustració matemàtica i d'un mal gust horrible.

Des del primer moment l'Eixampla tingué gran vitalitat a conseqüència de dos fets: primer perquè tornaren ací, de Cuba, moltes famílies del país fastiguejades per les insurreccions. Amb els diners que portaren aquestes famílies es construïren les primeres cases; foren els *americanos*, doncs, els qui col·locaren el seu capital en l'Eixampla. Després, la segona guerra civil, per la intranquil·litat i la inseguretat que produí en les comarques, féu afluir a Barcelona una considerable quantitat de propietaris rurals rics, cansats de depredacions, saqueigs i arbitrarietats. Els primers grans pisos que es construïren en el Passeig de Gràcia incipient es pogueren tenir per trenta o trenta-cinc duros el mes, amb portera i amabilitat incloses.

Amb l'ampliació de Barcelona es produí un fenomen molt

curiós: moltes persones tingudes generalment per imaginatives i de pocs diners cregueren en el seu avenir, altres, considerats grans homes de negocis, banquers i financers, no hi cregueren mai. Una d'aquestes darreres persones, una persona que no cregué en l'ampliació de Barcelona ni com a negoci personal ni com a operació ciutadana, fou don Manuel Girona, gran personalitat de l'època, considerat una àguila de la finança, home riquíssim. Quan don Manuel morí deixà una fortuna de setze milions de duros. Llavors les fortunes es comptaven en duros, i tenir cent cinquanta mil duros era una cosa importantíssima.

La fortuna de Girona s'inicià en la construcció dels primers ferrocarrils, en les línies que constituïren després la base de la Companyia del Nord. La història dels ferrocarrils en aquest país, en relació amb la força econòmica i la iniciativa d'alguns catalans, té un gran interès, perquè és un dels primers fenòmens indicadors del potent ressorgir econòmic de Catalunya.

Don Manuel Girona no cregué en l'ampliació de Barcelona. Accedí, com a màxim, a construir una casa a la Ronda de Sant Pere, que és la casa on hi ha Llibre i Serra, a tocar a la Casa del Llibre. Si don Manuel hagués dedicat una part de la seva fortuna a la compra de terrenys de l'Eixampla, hauria pogut arribar a tenir una fortuna tres o quatre vegades superior a la que deixà en morir.

Don Manuel estava imbuït de la concepció de la vida del seu temps —concepció que compartia una gran part de la gent de diners. Estaven imbuïts de la mateixa eterna petitesa —no hi veien més enllà del nas. En la part superior de la seva casa de la Ronda, don Manuel hi féu gravar els seus principis: *La fe fortalece. La esperanza vivifica. La caridad ennoblece. El trabajo dignifica.*

—Don Manuel —li digué un dia Llanas—, això que ha fet escriure a la fatxada de la casa nova està molt bé, és exactíssim. Només hi falta una petita cosa. *La fe fortalece. La esperanza vivifica. La caridad ennoblece. El trabajo dignifica... I les dones debiliten.*

Per a tenir duna idea de l'escepticisme del senyor Girona davant de l'Eixampla hi ha un fet inoblidable. En una ocasió l'Ajuntament de Barcelona acordà fer el que s'anomena eixugar el dèficit. A Barcelona hi ha unes quantes coses típiques: eixugar el dèficit, l'ou com balla, la fira de Santa Llúcia, el tortell del forn de Sant Jaume, Can Culleretes, etc. I bé: una vegada més es tractà d'eixugar el dèficit. Per tal de tenir una orientació l'Ajuntament cridà a consulta les més elevades personalitats del moment. El senyor Girona fou un dels consultats. Era considerat el Rothschild del país, el voltor de la indústria i del comerç.

El senyor Girona proposà, per eixugar el dèficit —és rigorosament històric—, que l'Ajuntament parcel·lés la Gran Via i que vengués les parcel·les del centre del carrer per a la construcció de cases. "La Gran Via —digué l'il·lustre consultat— és massa ampla. Si l'Ajuntament venia el centre del carrer, podria fer molts diners, perquè aquests terrenys, per la proximitat a la ciutat, es pagarien. Entre les cases que es construirien al centre i les cases actuals, encara hi quedarien dos carrers gairebé tan amples, potser més, que el carrer de Ferran. Aquests carrers serien rectes, que és com han d'ésser els carrers moderns. En els baixos de les cases del centre del carrer, s'hi podrien installar botigues, que podrien resultar espaioses i superbes."

Tot això us podrà semblar una fantasia. Tot això és tan cert com la llum que ens il·lumina.

Però don Manuel tenia aquesta manera d'ésser. En una ocasió en què vingué a Barcelona don Antonio Cànovas, president del Consell i cap del Partit Conservador, Girona oferí al seu cap polític un sopar.

—Encendrem els llums del menjador, don Manuel? —li preguntà el majordom.

—Encendrem mitja aranya...! —digué Girona, rígid.

Un dia don Manuel rebé la visita d'un vell empleat del seu despatx. L'empleat li demanà una petita quantitat a compte per comprar-se una dentadura de base de cautxú per millorar una mica la seva masticació.

—Però, home de Déu! —li digué don Manuel—. ¿Com és

possible que no comprengueu que si us han caigut les dents això s'ha d'atribuir a la mateixa vida, als designis de la Providència? ¿És que vós teniu la pretensió de corregir els dictats de la naturalesa? Heu de tenir en compte que si us han caigut les dents això indica que el vostre organisme necessita verdures, sopetes, aliments senzills, quatre foteses. Us voleu fer posar la dentadura per tornar a menjar carn. ¿Però com és possible que no comprengueu que si el vostre cos necessités carn ja no us haurien caigut les dents? Em voleu creure? Feu com jo: ateniu-vos sempre als designis i als dictats de l'Altíssim...

Don Salvador Samà, a qui Sagasta donà el títol de marquès de Marianao, professava, pràcticament, les mateixes idees. Al *Círcol* del Liceu, un dia li deia un amic:

—Vostè sí, don Salvador, que és un home de sort. Té un procurador magnífic, d'una activitat i d'una fidelitat exemplars. A més, té fama d'ésser un home honrat de cap a peus... És natural que li costi car; un procurador així no té preu...

—Oh, no senyor, no ho cregui...! —contestà Marianao. El meu procurador mereixeria, evidentment, dues mil pessetes el mes. Li'n dono set-centes. I sap per què ho faig? Ho faig perquè es un home tan actiu, tan ordenat i tan estalviador que, si l'hagués pagat més, ja tindria un racó i faria molts anys que m'hauria enviat a fer p...

L'anècdota de la propina és molt coneguda. Un dia don Manuel Girona llogà un cotxe de punt i, arribat a destí, donà al cotxer dos ralets de propina. El cotxer, que havia servit don Manuel i el coneixia, li digué rient que quan els seus néts se servien del cotxe solien ésser més esplèndids.

—I quant te donen els meus néts?

—Una pesseta! —contestà el cotxer.

—És clar! Et donen una pesseta! Ja es veu que els meus néts tenen un avi que es diu Girona... Jo també te la donaria si en tingués un com ells.

Don Manuel professava uns principis de sociologia implacables. Solia dir que per a donar a la vida un sentit econòmic positiu són indispensables dues coses: comprar-ho tot a la menuda i anar a arrendament. L'home que ho compra tot a la menuda no malgasta mai res. L'home que compra de pesseta en pesseta menja menys i en general despèn menys que el que té el rebost ple. A l'home que té el rebost ple, tot li és indiferent, no li ve mai d'una cullerada de més. Afegia que anar a arrendament és una gran cosa, perquè l'home que té l'obligació de pagar l'arrendament cada mes viu atent, amb els ulls oberts. L'arrendament és un fre. La casa pròpia, en canvi, fomenta els instints de prodigalitat i de malmenar els diners.

Aquests dos principis, tan profundament antisocialistes (penso en la terrible crítica que Marx en féu), són els que han creat el benestar del comerç i de la propietat urbana d'aquesta terra. Girona pagà la façana de la Seu barcelonina. És una façana sense qualitat, les figures que conté semblen fetes en sèrie, el gòtic del seu estil és un gòtic sense esperit, bullit. Cregué don Manuel tan poc en l'ampliació de Barcelona que, per no sortir del barri antic, es féu enterrar a la Catedral. Tant en vida com en mort, don Manuel Girona fou un barceloní de la meva joventut arquetípic.

MADRID

A vint anys, el 93, vaig fer el primer viatge a Madrid. Vaig visitar el museu del Prado, Toledo, l'Escorial i alguns escenaris. El "Sant Maurici" de la sagristia de l'Escorial, "L'enterrament del comte d'Orgaz", de Toledo, les dues grans obres del Greco, em produïren una impressió inenarrable. Des de llavors l'admiració que sento per aquest pintor no ha fet més que créixer. Dir, en els moments presents, una cosa així no té cap importància. Cinquanta anys enrera dèieu una cosa semblant i tothom s'arronsava d'espatlles amb una indiferència total. Davant del Greco vaig quedar meravellat.

Vaig visitar també Sevilla, Còrdova, Granada. Sevilla em

semblà una magnífica ciutat. La llum de Sevilla em semblà, sobretot, un prodigiós miracle. Zurbarán no m'agradà pas tant com m'havia imaginat. Murillo no m'ha semblat mai un pintor excepcional. Sobre Andalusia en general us vull fer una petita confessió: em sembla —no sé ben bé per què— que si avui pogués tornar a Andalusia aquell país no m'agradaria tant...

Amb el Greco m'ha succeït una cosa veritablement curiosa —una cosa que només sol passar als grans potentats: sempre he cregut que aquest pintor és el més gran de la Història de l'Art; així i tot, he pogut tenir quadres del Greco a casa. Es pot creure que Velázquez és un enorme pintor —cosa que és certa—, però tenir un Velázquez a casa és pràcticament impossible, malgrat tenir una fortuna colossal. És un afer que ultrapassa la potència humana.

Vaig comprar el primer Greco al senyor Bofill, un col·leccionista que l'odiava. Em costà seixanta duros. En el moment de cobrar, Bofill sospità que m'havia tornat boig. Els altres dos que he posseït, els vaig comprar a Mallorca per quaranta duros cada un.

N'hauria poguts comprar dos més. Un d'ells, una Assumpció meravellosa, es pogué veure durant sis llargs mesos en un hotel de vendes de Barcelona, sense que ningú ens fes cabal. Demanaven cent duros pel quadre.

Perquè comprengueu la posició que el Greco tenia en aquella època us diré que fou aquest vostre servidor qui descobrí el Greco que hi ha a Olot. Vaig descobrir-lo un any per les festes del Tura. Havent entrat a l'església, vaig veure un quadre d'uns grocs i d'uns violacis prodigiosos que era col·locat damunt d'una taula.

—Però això és un Greco! —vaig dir-me, astorat.

Me l'hauria pogut endur posant-me'l a sota el braç. Hauria pogut sortir al carrer amb el quadre i ningú no me n'haguera fet cas.

En arribar a Barcelona vaig donar la notícia a Rusiñol. Rusiñol féu un petit somriure i em mirà escèpticament.

—Però si és un Greco —em digué—, ¿com és posible que Vayreda no se n'hagi adonat?

El cas era que Vayreda, per la raó que fos, no se n'havia adonat.

Per les fires de Sant Lluc de l'any següent anàrem a Olot Rusiñol, Utrillo, l'editor Thomàs i jo. Fotografiàrem la peça i donàrem la notícia. Després de molts treballs poguérem convèncer el senyor rector de la necessitat de guardar-lo d'una manera seriosa i enraonada.

En el curs del meu primer viatge a Madrid vaig tenir l'honor i el gust de conèixer el comte d'Olzinelles. Era un dandi de l'època: solter, ric, elegant, voltairià, afrancesat, carlista i afeccionat a les aventures sentimentals. Havia viscut a París i a Londres amb els seus amics, els Perelada. A Madrid tenia una amistat entranyable amb el vell Fernán Núñez i pasava el temps en els salons. Quan venia a Barcelona, era fàcil de trobar-lo a l'Edèn. A Madrid, Olzinelles em contava el que sabia —moltes coses, perquè era un home de moltíssima curiositat.

Cánovas emplenava llavors amb la seva gran personalitat l'àmbit nacional. Quan recordo aquells dies tan pròspers, de tanta llibertat, d'una marxa tan suau, els veig en una llunyania remotíssima, incommensurable. Cánovas encarnava un ordre autèntic, real —un ordre més o menys pur, més o menys combinat, però un ordre real. De l'ordre que instaurà la Restauració, en nasqué el progrés considerable de cinquanta o seixanta anys. Destruït aquest estat de dret, les convulsions han estat continuades. Cánovas es manté, en contrast amb tantes aparatoses glòries efímeres d'instauradors de règims i de creadors de sistemes, en una constant actualitat. Produeix la impressió del polític que, malgrat haver governat durant tant anys, no s'ha, com tants altres, estupiditzat.

Les qualitats humanes, la frescor del seu esperit, el gust de la realitat, els conservà tota la vida. A la Reina Regent, que volgué donar-li un títol amb grandesa contestà:

—Gracias, señora, pero yo no me pongo motes...

Un capvespre d'hivern sortien del Congrés Cánovas i Pidal i Mon. A la resplendor dels fanals de gas es veia caure una pluja molt menuda, gairebé imperceptible, persistent. Pidal digué:

—*¿Cómo llaman ustedes en su país, don Antonio, a esa manera de llover? En mi tierra la llamamos calabobos...*

—*En la mía no hay bobos...* —contestà Cánovas, ràpid.

Cánovas aturà un diputat que l'increpava dient que el Govern hauria pogut caure en una postura més elegant:

—És que vostè creu —digué— que un Govern és un cos coreogràfic?

Solia assistir en una tertúlia que a altes hores de la matinada, a la sortida del teatre, tenia a casa seva la duquessa de Rivas. Aquesta vella senyora rebia els seus amics fent mitja. Una nit, a la tertúlia, una dama elegant i jove demanà un favor a Cánovas, i començà per la frase de ritual:

—Si no el molestés excessivament, jo m'atreviria a demanar-li...

—*Señora* —digué Cánovas, interrompent-la—, *a mí no me molestan las cosas que me piden las señoras, sino las que me niegan...*

En el procés de les seves successives situacions, Cánovas produí sempre la impressió de no tenir contrincant.

Pi i Margall fou un home molt estrany, potser un visionari. Quan, molts anys després d'haver-se installat a Madrid, vingué a Barcelona, els federals, entre ells don Josep Maria Roca, feren un dolorós descobriment: constataren que Pi havia perdut l'ús de l'idioma català. Tingueren un gran disgust, i Roca no sabia el que li passava. La decepció fou considerable.

—Pi i Margall —solia dir Castelar— és un home que no ha mirat mai per les finestres dels seus ulls.

Castelar fou, en certa manera, l'antítesi de Pi. Excellent *gourmet*, forquilla considerable, refinat, sabé apreciar els encants d'aquesta vall de llàgrimes. Els seus correligionaris li enviaven sempre grans i exquisides quantitats d'aliments, així com a altres s'envien telegrames; els pernils, els formatges, els *fiambres*, el peix, les més delicades especialitats regionals, la fruita més fina i variada, poblaren en gran abundància la taula de l'orador.

—Ruiz Zorrilla i jo —deia Castelar— formem part del mateix estruç; només que ell és el cap i jo l'estómac.

Els estruços tenen el cap molt petit i l'estómac considerable.

Castelar fou molt calumniat, i el feroç Manuel del Palacio posà en circulació la cèlebre quarteta:

Castelar, hombre perfecto,
dijo en tono sentencioso:
—Aquí, para ser dichoso,
hay sólo un camino: el recto.

Cánovas i Castelar foren grans, entranyables amics. Cánovas li confià missions confidencials importantíssimes. Quan Argiolillo l'asssinà a Santa Águeda, una de les poques persones que estigueren en tot fou Castelar.

Castelar tingué poca simpatia per Salmerón. Gran orador, catedràtic afiliat a l'ultragermànica teoría de Krause, home fred com el marbre, una de les coses millors de Salmerón fou el magnífic retrat que li féu Madrazo.

Unamuno solia explicar el que Guerra Junqueiro deia de Salmerón: "Salmerón —deia Junqueiro— té un criteri literari insòlit: divideix els poetes en republicans i monàrquics".

Don Nicolás fou un home d'una gran bondat. Fou advocat dels fills de la famosa cantant Elena Sanz. Aquesta senyora fou una gran bellesa i una gran cantant que conegué a París don Alfons XII. El futur rei se n'enamorà i entre ells es creuà una correspondència d'amor i de tendresa inflamada.

Al cap d'uns quants anys, els fills de la senyora Sanz reclamaren una pensió i Salmerón entaulà el plet. La reclamació es basava en la correspondència al·ludida. Donya Maria Cristina, ja vídua i regent, sol·licità veure la correspondència. Salmerón hi accedí. La reina llegí les cartes, que foren tornades religiosament. La pensió fou concedida i la qüestió es donà per acabada.

Puget quedà un moment pensarós, i em pregunta:

—Seria possible avui tanta noblesa?

Elena Sanz era més gran que el seu amant. Era una dona d'una bellesa fascinadora i la seva actuació en el Real de Madrid fou un esdeveniment artístic i social del qual es parlà durant molts anys.

En la política del temps, les estrelles ascendents eren llavors Maura, Moret i Canalejas. Don Antoni Maura em produí sempre la impressió d'un home de limitacions, però d'una bondat i d'una moralitat superiors. Fou un gran advocat i la seva cultura política fou sòlida. Moret presenta, en certa manera, un cas contrari: fou home molt cultivat, d'una lectura, una curiositat i uns coneixements basadíssims. Format en els idees i les maneres britàniques, fou home d'un tracte i d'una exquisida amenitat. En la seva joventut, Moret, seguint don Laureà Figuerola, fou un doctrinari del liberalisme i un lliurecanvista molt tancat.

En els últims anys de la seva vida, Moret visqué en una misèria profunda i dissimulada. Morí pobre... però escolteu un moment si us plau. Maura fou encarregat de donar un dictamen en una qüestió de fronteres que interessava dues repúbliques americanes. Maura, que coneixia la situació de Moret, demanà als diplomàtics que li havien fet la demanda que el dictamen fos encarregat al seu adversari polític. Jo crec que un acte d'aquesta qualitat posa més de manifest el caràcter d'un home que tots els panegírics, ditirambes i elogis que se'n poden elaborar.

Crec que Maura valia menys que Canalejas. Aquest era més dúctil, un home de mentalitat més moderna. Bohemi, agut, d'una conversació enlluernadora, era capaç, pel gust de brillar, de fer-se mal. Canalejas fou una gran personalitat del seu temps.

Parlant un dia amb Jaume Brossa de l'assassinat de Canalejas, em digué que els seus autors foren els carbonaris portuguesos. Els republicans portuguesos cregueren que l'assassinat del rei don Carles, la successiva implantació de la República en el país i el procés de transició i de desordre inevitable, portarien inevitablement la intervenció d'Espanya... La por els portà a eliminar el polític espanyol més conspicu i caracteritzat.

Aquesta és l'única explicació una mica clara que he sentit d'aquell horrible crim. Canalejas fou una gran personalitat política, d'una intel·ligència, una causticitat i un moviment mental indicador de la presència d'una gran personalitat. L'experiència de la vida porta a fer creure que els polítics que en aquest país fan més prova i donen més resultat són els més durs de clova. Però aquest resultat no és sovint més que aparent i momentani.

Ramon Casas

Sempre que la gent de l'època de don Rafel parla de l'art del seu temps, apareix, inevitablement, la figura de Ramon Casas. Ara fa poc, a les galeries que al carrer de la Palla té don Conrad Verdaguer, se celebrà una exposició de les seves pintures. Les persones que, per l'edat, no visquérem plenament l'època del modernisme quedàrem enlluernats. L'obra de Casas, compresa *grosso modo* entre 1890 i 1910, no fa més que pujar de qualitat i de preu i avui ja no hi ha dubte possible: Casas és el pintor més gran d'aquest període en aquest país i pot comparar-se amb els més grans. La seva obra arribà a extrems de cotització considerable.

Casas digué un dia al pintor Domènec Carles:

—Jo sóc pintor, però si de jove la meva família m'hagués posat un fuet al coll, estic segur que hauria arribat a ésser un carreter acceptable.

Aquestes paraules impressionen per la seva exactitud. Casas fou un home que nasqué dotat —dotat per a qualsevol cosa que s'hagués emprès, mentre hagués estat del seu gust—. Emprengué la pintura —com hauria pogut dirigir-se cap a una altra direció— i demostrà, des del primer moment, una vocació excepcional.

—No crec —em diu Puget— que hagués realitzat cap estudi seriós ni que disposés d'una qualsevol preparació escolar. Feia constantment la impressió que no es fixava en res, que no posava atenció en res. Dibuixava, per gust, tot el que se li posava per davant. L'ofici li agradava i el redescobria a cada moment. Tenia una pupil·la riquíssima. Veia l'aire.

En la seva primera joventut, ningú no hauria pogut endevinar que Casas fos un artista. Malgrat ésser un jove exprimatxat i pàl·lid, es dedicava a l'esport amb una passió incontenible. La gent vella del carrer Gran de Gràcia recorden encara un ciclista petit i desnerit que passava pel carrer fent filigranes amb la seva bicicleta innombrables vegades el dia per donar-se a conèixer a la senyoreta Maria Llaviol, de la qual estava enamorat. Casas, que llavors era un tímid, no arribà a declarar-se i la senyoreta es casà amb el senyor Canadell, que més endavant s'associà amb el joier Masriera.

Casas portà a Barcelona el primer automòbil, i la visió de l'artefacte, que era espantosament sorollós i d'una forma irrisòria, produí en la ciutat una impressió extraordinària.

Casas era ric. Estava interessat, familiarment, en el "Vapor" de les vídues. Posseïa dues cases al passeig de Gràcia, a tocar a la Pedrera, construïdes seguint els plànols del cèlebre Pascó i va comprar el monestir de Sant Benet de Bages. Així i tot, sempre anà curt de diners, i a París Rusiñol li arrodonia el que li feia falta.

—Ja m'ho tornaràs quan puguis... —li deia don Santiago—. No em fan pas falta...

Quan arribà el moment de passar comptes, Casas pagà el deute lliurant a Rusiñol el "Moulin de la Galette", que és, sens dubte, una de les seves pintures més inoblidables. La tela és al Cau Ferrat de Sitges. Aquesta tela constitueix, junt amb el retrat d'Erik Satie, que és al Museu de Bòston, el de miss Mac Flower i el de la germana petita de l'artista, una de les quatre obres mestres del pintor. El retrat del cèlebre músic i bohemi Erik Satie és considerat per les persones que coneixen l'obra, que ací són poques, car la tela anà directament de París a Amèrica, com un bon Manet. Com un bon Manet, sense que Casas conegués Manet...

—¿Com us expliqueu, amic Puget, que aquests pintors no s'adonessin, posats a París, de la importància enorme de la pintura dels impressionistes?

—No sé. Això ha estat molt discutit i mai no n'he arribat a treure l'aigua clara. El director del grup fou evidentment Miquel Utrillo —el director espiritual, en certa manera, tot i que la paraula "espiritual" era llavors molt menys utilitzada que ara. Era una paraula considerada del lèxic dels capellans. En el grup a què faig referència, a més de Rusiñol i Casas, s'hi ha de posar Zuloaga i Regoyos. Doncs bé: Utrillo conegué els impressionistes, a través d'un jueu grec venecià anomenat Zandomeneughi, pintor que havia conegut Manet i tractava alguns pintors impressionistes, sobretot Sisley i Pisarro. El grec i Utrillo eren afeccionats al ciclisme i feien llargues excursions pels voltants de París amb les seves bicicletes. Zandomeneughi li parlava dels impressionistes, i al vespre Utrillo explicava als amics del seu grup el que havia sentit. Aquestes conversacions foren útils sobretot a Regoyos, que escoltava Utrillo com una criatura embadalida, sense perdre detall, fascinat i alhora encuriosit. Demanava sobretot notícies de la tècnica dels impressionistes... Els altres escoltaven com qui sent ploure, amb una indiferència visible. Rusiñol i Zuloaga estaven planejant el viatge a Itàlia, que tant de mal els féu en el sentit que els invità a la dispersió, a la facilitat i a la comoditat molt més que a l'exigència. Tornaren més napolitans que florentins i amb una tendència al "cromo" irresistible. Tot el contrari de Regoyos, per al qual el realisme dels impressionistes constituí la consolidació d'una personalitat en ascens.

El que portaren positivament de París els pintors d'aquest grup foren els grisos, els cèlebres grisos de Whistler. Aquests grisos produïren en Joaquim Mir una mena d'obsessió, com una mania. Whistler, el descobriren, més que per la seva importància intrínseca, per l'escandalós procés en què estava llavors embolicat el famós artista anglo-americà. Avui es reconeix que

Manuel Girona i Agrafell.

Josep
Collaso i Gil,
alcalde
de Barcelona.

Francesc
de Paula
Rius i Taulet,
alcalde
de Barcelona.

Rusiñol i Casas —sobretot Casas— arribaren a fer més i millor que Whistler. Només que acabaren el gas primer que ell.

Casas fou el primer artista del seu temps que tingué a Barcelona un taller decent, sense pintoresc i sense misèria, sense panòplies, sense otomanes suades, *tresillos* rebentats i estufes arrilades. Se'l féu construir en una de les cases de propietat del Passeig de Gràcia, i una de les primeres grans festes que hom donà en el taller fou en honor de Vincent d'Indy, el director de la llavors famosíssima Schola Cantorum de París, que representava, a França, l'avantguardisme musical, o sia la tendència Wagner-Cèsar Franck. La Schola Cantorum ha produït una copiosíssima literatura, perquè realment la seva influència social i en el gust fou considerable. En la història d'aquesta institució —com recordava encara no fa garie Robert Kemp—, hi figura una pianista catalana: Blanca Selva.

Totes tres vegades que Eleonora Duse estigué a Barcelona passà moltes hores en el taller de Ramon Casas. Una nit que la Duse treballava a Novetats, Sarasate donava un concert al Líric. Acabada la representació, Duse féu cap al taller del Passeig de Gràcia amb uns amics. Ja tard, aparegué el pintor Modest Urgell, que venia del concert de Sarasate. Urgell, que guanyà dos milions de pessetes pintant cementiris tètrics, fou un *poseur* insuportable.

—Vinc de sentir Sarasate —digué Urgell, posant els ulls en blanc—. És un artista enorme, únic. No s'equivoca mai...

Eleonora Duse mirà Urgell un moment amb fixesa i, amb un somriure lleu i trist, li preguntà:

—¿Vostè creu que es pot ésser un gran artista i no equivocar-se mai?

Durant tota la seva joventut, Casas visqué amb la preocupació que estava malalt, que era tuberculós. A París, en l'antre de la *rue* de l'Orient, a Montmartre, Casas i el gravador Canudes ocupaven una mateixa habitació. Casas creia que estava malalt, i no ho estava; Canudes ho estava i no ho creia. Un dia que tots dos s'hagueren d'enllitar, pel *trancazo,* s'acomiadaren brindant amb un vas de medecina.

—A la teva salut, Canudes, fins al cel!... —digué Ramon Casas.

—A la teva, Ramon, fins a l'altra vida...

Al capdavall el que es creia morir visqué molts anys; i el que no s'ho pensava inicià a Montmartre la seva agonia.

Casas fou sempre un artrític i morí d'un atac de feridura. A mesura que s'anà fent gran en la vida, el pèl se li posà fort, aspre, com un pèl de senglar. Quan pintava, l'envaïa una nerviositat frenètica i mossegava el cigar, que tenia a la boca sense parar, amb una avidesa trèmula i febricitant. La seva obsessió en agafar els pinzells era acabar, acabar aviat, acabar com més aviat millor. Ah, si Casas hagués pogut treballar amb més calma, més a poc a poc, més que amb sensualitat amb voluptuositat!

Fou un bevedor imponent, i en el terreny del whisky desafià sempre els tinguts per més forts. Malgrat les enormes quantitats d'alcohol que ingerí, el vaig veure sempre impertorbable. L'alcohol féu molt de mal a Rusiñol i Casas —mal al seu esperit, a la seva sensibilitat. De primer moment, l'alcohol ajuda a fer comprendre una realitat més complexa i enfebrada, però després, a la llarga, dissocia, separa l'home de la realitat. L'alcohol esmussa la realitat, i arriba un instant en què l'òrgan de captació queda inservible, devastat. Per a un artista, aquesta separació de la realitat que l'alcohol imposa a la llarga, aquesta neutralitat, aquesta atonia davant del món exterior, és tràgica. L'únic estament humà que no hauria de beure excessivament és el dels artistes. L'embriaguesa en els altres estaments no és tan maligna ni tan diabòlicament eficaç.

El que feia més il·lusió a Casas era presentar una amanida. Les elaborava lentament, amb una gran calma, conscienciosament. Tenia coneixements profunds de la matèria i hauria pogut ésser proposat en la direcció de les amanides de Sa Santedat i de les testes coronades.

A París, i a tot arreu, Zuloaga tirà sempre en cara a Casas que un artista de les seves condicions es dediqués a pintar les frivolitats i les formes de l'època més tocades de fugacitat.

—Vostè té massa talent —li deia— per a perdre el temps dibuixant i pintant la moda i l'insignificant.

Casas no es cregué obligat a contestar-li mai. La reflexió de Zuloaga no té cap fonament. El que té sempre més possibilitats de durar és el que porta en si el reflex de l'època en què s'ha produït. Entre la imitació del tingut per oficialment etern, que és el momificat, i la realitat eterna d'allò que és quotidià, té sempre més possibilitat de durar això segon que allò primer. L'avenir de la pintura museística ha estat sempre escàs.

Casas fou un home d'un bon gust infal·lible, natural, espontani, d'una naturalitat màgica.

RAIMON CASELLAS

Sortim a parlar de Raimon Casellas, que Puget tractà i conegué anys enrera.

—Casellas —diu— és un tipus difícil de classificar malgrat la perspectiva. Si llegiu els seus llibres de prosa literària, fa l'efecte d'un realista, d'un naturalista. En canvi, quan penso en la seva crítica artística, em sembla una cosa molt distinta. Però això, ben mirat, és natural. Casellas, com la majoria de les persones de valor del seu temps, fou uns quatre cantons oberts a tots els vents. Casellas no fou un home d'una vida homogènia i articulada sobre una espina dorsal coherent. La seva característica fou una impressionabilitat que les noves generacions poden, a penes, comprende. Casellas no estigué pas inscrit en un *isme* determinat, sinó en l'*isme* que en aquell temps resumí tots els *ismes*, o sigui el modernisme.

Dic a Puget que, quan vaig començar a treballar en els diaris de Barcelona, el 1918, hi havia, encara, a les redaccions i a les tertúlies, flotant, el record de Casellas. Els seus escrits literaris es llegien; els seus escrits sobre art eren objecte d'una revisió molt profunda. En aquesta feina es distingia el crític Joan Sacs, que fou el nostre amic. Però de Casellas el que impressionaven eren aquests dos fets: primer, que Casellas, que hauria pogut tenir, per la seva família, un bon passament (els seus pares tenien una tintoreria de gran rendiment), ho havia abandonat tot per submergir-se en la més atrotinada i insegura vida d'escriptor i de crític d'art; després, quedava el record de la seva tràgica mort.

—Casellas morí —diu Puget— a l'hora baixa del 3 de novembre de 1910. Els diaris donaven la notícia a través d'un comentari trivial, d'una fredor inenarrable. El seu suïcidi no agradà a ningú, car rebaixà la valoració del crític d'art millor del seu temps i d'un escriptor autèntic.

En el moment de la Setmana Tràgica, o sia l'estiu anterior al de l'any de la seva mort, Casellas passà per un moment de por que el trasbalsà d'una manera extraordinària. Es trobà pels carrers de Barcelona enmig d'un fenomenal i espantós tiroteig. Des d'aquell moment, i essent ja un home de poca salut, sofrí, amb caràcter obsessiu, de mania persecutòria. Al cap d'uns mesos, materialment i moralment desfet, es tirà a la via del tren, prop de Sant Joan de les Abadesses.

El jutge que féu l'atestat reconstruí l'itinerari que seguí Casellas. El dia de la seva mort sortí de Barcelona a les vuit del matí en el tren-tramvia de Sant Joan de les Abadesses. Baixà a Ripoll. A les quatre de la tarda és vist a l'estació de Ripoll parlant amb un senyor. Després prossegueix el viatge cap a Sant Joan en un vagó en el qual hi ha un grup de viatgers que promouen un gran xivarri. Casellas s'acosta al grup i pren part en la tabola dels viatgers. A les 5,10 de la tarda —ja fosqueja— es passeja per l'andana de l'estació de Sant Joan. S'hi passeja una llarga estona, solitari, amb un aire de preocupació. Els empleats el prenen per un inspector de la Companyia. En el moment de fer-se fosc, se'l veu emprendre, en direcció a Ripoll, el corriol que segueix tot a vora de la via. Alguns obrers de les brigades que retornen al poble li donen la bona nit. Un guardaagulles es creua amb ell a més d'un kilòmetre de l'estació de Sant Joan. Casellas passa, ja negra nit, caminant lentament. Aquest fou l'últim home que veié Casellas en vida.

L'accident es produí en un lloc en què la via fa una corba molt pronunciada. En aquest paratge el maquinista no hauria pas pogut alentir per la característica de sorpresa que la corba donava a l'aparició. Hom suposà que fou el tren de les 7,30 de la nit el que el destrossà. Fins l'endemà, però, no foren recollides les seves despulles. Foren els empleats del tren que sortí de Sant Joan, a dos quarts de sis del matí, els qui les descobriren.

En els vestits del difunt, hi foren trobats quaranta duros en bitllets, catorze pessetes en plata, un rellotge i unes claus.

Quan se sabé la seva mort, anaren a Sant Joan alguns dels seus amics per assistir a l'enterrament. Un dels qui s'afanyaren a anar-hi fou Ramon Casas. Ramon Casas féu un apunt impressionant, inoblidable, del moment en què els enterramorts, en cos de camisa, posaren el bagul en el nínxol del cementiri vilatà. En el dibuix es veuen unes files de nínxols superposats. A l'esquerra, hi floten uns arbres esfumats en una atmosfera grassa. El cementiri és ple d'herba. El dibuix està impregnat d'un aire dens, humit, tardoral, malenconiós. Formant grup, uns quants senyors presencien, rígids, dins d'uns colls planxats elevadíssims, la fúnebre feina. El dibuix —un dels millors apunts de Ramon Casas— és macabre, tètric, però sembla immers en el sopor tardoral més delicat i fi. Fa posar pell de gallina. Casas captà, amb el seu sentit agudíssim, aquell moment que segueix a les darreres escenes d'un enterrament, a aquella escena terrible en què els fossers s'acosten a les persones que han acompanyat el difunt i diuen:

—El volen tornar a veure?

Casas féu el dibuix, mossegant nerviosament un gran cigar de l'Havana. És el que feia quan treballava del seu ofici.

El dia 8 del mateix mes i any, "La Publicidad" publicà una gasetilla en la qual es deia que uns quants artistes, amics i admiradors de Casellas, pensaven organitzar una subhasta de diversos objectes per poder dedicar, amb els diners que es fessin, un bust a Casellas. La iniciativa no degué interessar, perquè no se'n parlà més.

Dos o tres dies després "La Veu" dedicà un número extraordinari a Casellas, amb moltes i excel·lents firmes. En el lloc central del número aparegué un gran article del difunt sobre Burne-Jones i el pre-rafaelisme. Hi ha també dues fotos: una representant-lo —diríem— en estat natural; l'altra, fent un paper en "La intrusa" de Maeterlinck. Per la lectura d'aquests papers un s'assabenta de moltes coses secundàries sobre Casellas, però ningú no escriu, enmig de la fullaraca ditiràmbica —per altra part tan merescuda—, la semblança real, viva, profunda, de l'escriptor. Ni tan sols hi ha manera de saber com fou físicament. Casellas fou un home alt, tirant a gras, ample, d'aspecte espès, una mica macilent, greixós, descuidat, amb un bigoti caigut i cremat i un barret negre d'ales amples, atrotinat i suat. En el retrat al carbó que li féu Casas és representat amb un coll de camisa negligit i el nus de la corbata per fer. No fa la impressió de l'home elegant que abunda en la iconografia dels modernistes rics, sinó d'un home abandonat, tocat d'una gran fatiga.

Dic a Puget que el pintor Canyellas —que vaig conèixer a París anys enrera, a través del meu amic Lluís Mercader— em parlà d'una vegada que el trobà a Bèlgica. El trobà a la terrassa d'una cafè de la Gran Plaça de Brussel·les.

—Fa quatre hores que sóc aquí, extasiat... —li digué Casellas, com si es despertés d'un somni.

A través dels contactes que Canyellas hi tingué, llavors, a Bèlgica, tingué la impressió que era un il·luminat, un visionari. Passejant per Bruges, per Gand, per Brussel·les, produïa la impressió que es trobava en el seu propi ambient, que no tocava de peus a terra.

—Sí, és cert —prossegueix Puget—, però el curiós és que aquell home d'una aparença sensible tan acusada era, al mateix temps, un gran erudit. Era un gran coneixedor de l'art flamenc. En relació a casa nostra, era tingut, no ja com el primer crític d'art, sinó com un erudit dels quatrecentistes. En aquest aspecte, les seves polèmiques amb el senyor Sanpere i Miquel ultrapassaren la mesura de l'odi que solen tenir-se els erudits

—odi que sol ésser tan fort com el dels teòlegs. Els qui busquen en sagristies, arxius i armaris polsosos els papers vells solen anar darera del detall, de l'elaboració de la papereta. De l'art els interessa més la cosa externa que l'esperit i la polpa interna. Casellas, que s'havia passat tantes hores entre vells papers, conservà una frescor de sensibilitat que no sol pas ésser corrent.

En realitat, en la figura de Casellas, les contradiccions són constants i molt vives. Aquestes contradiccions són la base de la seva personalitat. Reacciona contra això i contra allò cercant un ideal que trobà —potser— en les obres d'art més excelses. Ajuda, defensa i subratlla tot el que al seu entendre conté, el toc de l'esperit. Primer reacciona contra l'idealisme superficial i el glaçat academicisme de l'escola; després exalta el realisme; en els seus últims anys s'adonà del que representava Eugeni d'Ors com a debel·lador del marasme verístic i naturalista. La primera edició del "Glosari" —1907— porta un pròleg de Casellas. A cinquanta anys esdevingué una figura del que s'anomenà el noucentisme.

Casellas produeix la impressió d'un home que reacciona de manera violenta contra la matèria en nom de l'esperit. La matèria el fatiga, l'enerva. La seva obra, vista en general, és una protesta violenta contra el pes de la matèria embotidora que envileix. La falta d'esperit dels pagesos —per exemple— el treu fora de mare... A la fi no pot més i s'elimina del seu propi pes tirant-se al pas d'un tren de la línia de Sant Joan de les Abadesses.

La moda

Si ho haguéssiu vist! Quines barbasses, quins bigotassos, quina fluència capil·lar, quines patilles, barbetes i mosques, quines cabelleres, quins *bisonyés* no es portaven! Fou una cosa inenarrable! En els pobles no es veia tant. Els pagesos no s'han deixat mai la barba. A Manlleu la portaven les notabilitats i alguns obrers tocats d'acràcia. En canvi, a Barcelona, feia por. Hom es trobava amb un ferotge hirsut a cada pas.

I sempre el contrast: l'espessa fluència capil·lar coincidí amb el triomf de formes en el vestir veritablement precàries. Els grans barbuts portaven unes americanes amb unes solapes petitíssimes, botonades sobre l'estèrnum. Els barrets forts, durs com una pedra, tenien unes ales estretes i cargolades com un rínxol tibant. Els pantalons eren estrets i tubulars. Les sabates eren llargues i estretíssimes, de xarol, delicades. Es portava el coll de cel·luloide i la corbata generalment verda amb el nus construït sobre una infraestructura de cartílag artificial. El coll quedava lligat a la camisa per un *gemelo* que pressionava les primeres vèrtebres. El *gemelo* de davant deixava sobre la nou del coll una taca de vegades ferruginosa, de vegades verda, segons el material. El coll d'aletes, que jo he portat i continuaré portant fins a la mort, fou la primera escletxa oberta en aquest sistema de precarietat vestimentària i de llibertinatge capil·lar.

Jo no sé pas d'on se'l treien, però el cas és que fins els barbamecs, els flacs d'arrel capil·lar, acabaven per presentar borbolls de pèl —i, això, ho assolien no sé si utilitzant la persuasió personal o líquids, pomades o exercicis mecànics. Tothom portava almenys bigoti, i generalment grandiós; de vegades tan grandiós que semblava postís. En les forces armades es considerava que ésser un home implicaba manifestacions piloses a la cara, i portar bigoti era, per raons de masculinitat diríem consuetudinària, obligat.

També és cert que per una barba ben presentada i conservada amb cura hi havia molta deixadesa, la qual cosa feia que el carrer presentés un aspecte ferotge. La sorpresa, si més no, era constant: de vegades entràveu en una casa coneguda i apreciada a tot el barri per la seva dolçor i la seva suavitat, i tot d'una sortia de darrera una cortina una barbassa d'una tal presència i una tal facinerositat que el cor us feia un salt. Altres vegades, havíeu sentit parlar d'un home d'acció decisiva i contundet —un fabricant, un banquer, un enginyer—, i el famós home d'acció tenia l'aspecte, amb el seu gran bigoti caigut, d'un poeta somniatruites i romàntic. No hi havia calbs. La calvície era considerada un estigma de la naturalesa. Hom suposava que presentar un crani net i pelat equivalia a tenir el dret de fer un procés de tendència íntim i delicat. Les calvícies es curaven amb el *ramener*, amb treballs de trenat d'una complicació considerable.

En la meva memòria és present, com si l'hagués vista en la vitrina d'un museu, la barbeta de Napoleó III. El general Tristany portava una cosa semblant. De tota manera, la barbeta no fou més que un dels innombrables capricis que es permeté la humanitat decimonònica. I, de la mosca, que me'n dieu, de la cèlebre mosca, d'aquella petita concentració de pèl, no més gran que un abegot, que alguns ciutadans exhibien sobre la intersecció de la base del llavi inferior amb l'inici de la corba de la barbeta, exactament sobre el clotet de la barbeta? Aquestes mosques, malgrat la seva petitesa i la seva aparent modèstia, tenien els seus ets i uts. Importava col·locar-la en la verticalitat mateixa de la plomada del nas, guardant l'equidistància en relació amb la simetria de la cara i adequant-la a la forma del mentó. El perfecte encaix d'una mosca no era pas senzill i requeria un bon punt de vista: el flac exigia una mosca vertical; el gras, la rodona apaïsada; el guenyo, en forma de coma amb la cua dirigida per a l'ull espatllat. No, no. Encaixar una mosca no era pas tan fàcil.

La patilla, és a dir, les diferents formes que podia tenir una patilla, era també una qüestió complicada. A Barcelona foren cèlebres les patilles de Rius i Taulet, i a Madrid les del marquès de la Vega de Armijo, epsecialista en Governs-ponts, per utilitzar un terme de la hidràulica. El segle XIX avançà paral·lelament a un successiu creixement de la patilla. Don Ferran VII, en el retrat de Vicente López, presenta una patilla substanciosa però discreta. És una patilla sòbria, d'una certa duresa, que a l'època de l'Estatut Reial s'esponja i en el 48 s'arrissa. Després, tendeix a allargar-se considerablement fins al punt de poder ésser agitada pels tràmpols de la naturalesa i les ventades tempestuoses i de constituir, en moltes ocasions, un obstacle per a tancar les portes dels carruatges utilitzats pels usuaris de les patilles. Més tard tendí a prendre una forma de superfície plana, amb dues aletes a banda i banda de les galtes, de manera que la cara dels qui la portaven s'anà assemblant a un bacallà sec i extraplà. El que fet i fet no té dubte és que l'home del segle passat deliberà agafant-se la patilla —de vegades amb força, sovint acaronant-se-la suaument; aquest fet influí positivament sobre la deliberació mateixa i en nasqué l'eclecticisme filosòfic i en general les solucions del benentès i del terme mitjà. Tenir una patilla a la mà és ja tenir-hi alguna cosa; meditar amb una patilla a la mà és facilitar la solució màs amable. Poques coses hi deu haver, en efecte, més agradables que passar una tarda constatant la qualitat sedosa i suau del pèl humà deixat a la seva conveniència. Aquelles foren patilles agraïdes. En un moment determinat, els amos hagueren de deixar que els criats i els cotxers les adoptessin, perquè no callaven mai.

Hi hagué barbeta i barba. Prim la portava, però la barbeta del comte de Reus no acabava en punta com la mefistofèlica o barbeta diabòlica, com era anomenada a les novel·les per *entregues.* Si en el curs del segle passat la característica de la patilla fou l'expansió sense regla, la barba tendí, essencialment, a eixamplar-se. Les nostres formes mentals ens porten a atribuir als qui presenten barbes punxegudes sentiments d'astúcia, de perfídia i de malícia; en canvi, la barba grossa i fluvial ens sembla anar unida a hipotètiques predisposicions a la virtut i a la bondat —dic hipotètiques perquè aquestes nocions de psicologia recreativa són sovint desmentides per la realitat. De totes maneres, no us pensèssiu pas que jo cregui que l'home pot tenir, en psicologia, nocions distintes de les recreatives. Les barbes, doncs, s'apaïsaren i tendiren a adoptar dues formes: la rectangular i la quadrada. Rectangular fou la de don Joaquim Costa, el Lleó de Graus; quadrada o madrilenya, com així s'anomenà, fou la de Maura i, a darera hora, la de Cambó. La barba quadrada tenia un partició simètrica; una línia perfecta la separava per la meitat i hi havia d'haver un nombre de pèls igual en una banda com a l'altra. Per això es deia que aquesta classe de barbes anaven bé amb la levita; la levita és la peça masculina més simètrica que mai hagi existit. El 1890, un senyor amb levita i barba d'aquesta classe ha estat el tipus més simètric de l'evolució humana.

La barbeta de don Joan Prim i Prats representa l'estació intermèdia entre la barba mefistofèlica, traïdora i plena de perills diabòlics, i la barba virtuosa i quadrada de la burgesia liberal conservadora. La barba de Prim és un moment de trànsit, una forma peremptòria i poc definida.

També es portà en el país la barba-collar, que arrencava de la polsera i passava, en forma de cinta capil·lar, per sota de les barbes. Aquesta fou barba de llops de mar i abundava en els poblets de marina. Semblava una corda per a aguantar la mandíbula, i jo vaig tenir sempre el dubte de si es portava davant o darrera de les orelles, tanta era la mobilitat que aparentment tenia —mobilitat que permetia avançar o retirar la corda segons cap a on es decantés la barba. Era, a més a més, una barba-sorpresa, perquè per veure-la s'havia de mirar de baix a dalt i de molt a prop. Quantes persones la portaren anys i anys sense que ningú se n'adonés!

El bigoti presentava tres formes essencials: si creix horitzontalment a la terra agafa una forma rinxolada, de voluta, i pot allargar-se *ad libitum*. És el bigoti farcit, inflat, *soufflé*, de don J. A. Clavé. Pot també créixer cap enlaire, i llavors apareix el bigoti de guies erectes, temeràries i fulgurants, generalment dividit en dues parts iguals pel clotet situat sota del cartílag del nas. Aquests bigotis eren comprometedors, perquè les persones que, portant-los, no realitzaven una atzagaiada diària desil·lusionaven la gent i aviat eren presos per simples bufanúvols sense importància. Hi havia també el bigoti que creixia de dalt a baix, el bigoti caigut, fatigat i pobre d'esperit, generalment groc de tabac, que era el que solien portar els artistes per donar una idea dels seus sofriments i de la seva intrínseca llàstima.

Us diré que, entre aquestes classes de bigotis, no vaig tenir mai preferència; sempre em semblà que tan difícil era mantenir-lo dignament en una forma com en l'altra. El bigoti rodó i inflat era mantingut en forma bufant contínuament; els altres, al contrari, només mantenien el caràcter quan l'interessat acceptava el sacrifici permanent d'aspirar cap endins o, almenys, d'aguantar-se la respiració. Aquestes feines tan importants contribuïren durant anys a passar l'estona i a esclarir el problema del sentit de la vida. A la llarga, tanta aspiració continguda i tant de bufar degueren fer l'existència una mica pesada. Barbes i bigotis caigueren amb poca diferència d'anys. El bogiti sense barba no té sentit, i menys encara la barba sense el bigoti.

—¿Considereu, amic Puget, que l'abandó del pèl com a element decoratiu s'ha produït en avantatge o en perjudici de l'home?

—Crec que l'home de la meva joventut tenia més personalitat però menys higiene. Ara té més higiene, però la personalitat s'acaba.

—¿En quin sentit creieu que es pot afirmar que el pèl augmenta la personalitat de l'home?

—Què voleu...! A mi em sembla que quan un home amb barba i bigoti deia una ximpleria es notava menys que ara que no té pèl.

—El pèl dissimulava...

—El pèl dissimulava. El pèl era tan abundant que era fins i tot factible de passar desapercebut —semblar diferent d'un mateix, fer una cosa i semblar que hom en feia una altra. Amb tantes barbes i bigotis, el carrer era ferotge i trabucaire, però amable. Ara tot sembla més franc, però el carrer és fred i dur com l'acer.

Puget treu d'un calaix on guarda vells records unes fotografies i me les mostra. Són imatges de la gran actriu italiana Tina di Lorenzo en l'època de la seva esplendor vital.

—Què us sembla? —em pregunta—. Aquesta és probablement la senyora més bella que he vist en la vida. Encara hi ha persones a Barcelona que la recorden, no ja en el teatre, sinó en la naturalitat del carrer i en el tracte corrent.

Tina di Lorenzo apareix com una Venus carregada de roba, exactament situada dintre del cànon burgès dels últims decennis del segle XIX. És una dona esplendorosa i una mica entrada en carns, plena de corbes majestuoses, amb una pompa greu. És una forma de bellesa que respon a una època en la qual es menjaven quatre plats a cada repàs.

En les fotografies —ja una mica esgrogueïdes— la senyora di Lorenzo vesteix a la darrera moda del seu temps. El seu barret és aparatós, de volada complicadíssima, alt, amb plomes; malgrat la pressió de la cotilla, el cos és voluminós, el pit es desborda sota les blondes i les puntes, les mànigues tenen un volum inflat amb una caiguda barroca. En una segona fotografia, l'actriu porta una cua impressionant, una d'aquestes cues que es troben encara en el llindar de la porta quan la persona que l'arrossega ja fa estona que és a dins.

Dintre d'aquesta esplendor —el barret amb plomes lila i violeta, les barnilles de la cotilla tan aparatosa, les mànigues solemnes, les blondes i la cua espectacular, ben poc volum havia de tenir una persona per a no semblar de grans dimensions. Puget em demana:

—Si la gent d'avui vestís d'aquesta manera, ¿com seria possible encabir-la en els actuals mitjans de transport, generals o particulars? ¿Com seria possible embotir una persona d'aquesta mida en els espais tan estrets d'un tramvia o d'un autobús, sota dels sostres o en línies apaïsades dels automòbils que avui circulen? No crec que fos possible. Aquestes són persones per a viatjar en victòries descobertes o en vehicles de sostre molt alt, grans i espaiosos. Tampoc no puc imaginar-me la presència de persones vestides així en els pisos funcionals que es construeixen avui, habitacions xates, sostres deprimits i obertures irrisòries.

No he cregut mai que la moda obeeixi a mers capricis i menys a capricis estètics. Els canvis de la moda es produeixen a conseqüència de les condicions de cada moment, no sols d'ordre econòmic, sinó de tot ordre. Els capricis, i sobretot els capricis estètics, pesen sempre molt menys que els peus forçats dels temps en què hom viu.

Des de Tina di Lorenzo a la sílfide dels moments presents s'ha produït un canvi enorme. Les dones han adaptat les seves formes vestimentàries a les aerodinàmiques de l'automòbil. S'han vestit —o les han vestides— per anar còmodament assegudes en cotxes petits, xafats, llargs, estrets i baixos de sostre. Hom pot imaginar l'actriu viatjant, a l'hivern, dins la caixa d'un *simon* alterosa i rectangular; a l'estiu, en una jardinera amb vela. La cotilla és un producte del *simon* i de la jardinera. En la hipòtesi de l'entrada d'una senyora vestida com en aquestes fotografies en l'interior d'un cotxe de formes paral·leles a la terra, es produiria una d'aquestes dues desgràcies: o la cotilla es trencaria amb gran estèpit o la pressió dels ferros seria tan forta que la viatgera tindria un cobriment de cor —a menys, és clar, que la pressió fes canviar les formes del vehicle, car és segur que la força d'una dama pot ésser considerable. Els modistes han hagut, doncs, de tenir en compte les formes de locomoció i dels pisos del dia. D'ací nasqueren aquestes formes vincladisses, simples, lineals, *souples*, com el nu mateix de les sílfides modernes. Quasi diria, com l'humorista americà, que les dones d'avui semblen peces de recanvi dels automòbils que utilitzen.

Altra cosa seria discutir si les senyores eren més belles en aquells temps feliços de Tina di Lorenzo i de lord Salisbury que les ondines de l'època de la senyoreta Garbo i del president Roosevelt. La meva experiència em porta a formular unes peremptòries conclusions: els qui ens trobem en una època situada una mica més enllà del mig segle preferim les formes de la dona fi de segle a les de la femenitat actual; els qui com vós us trobeu entre els trenta i els cinquanta anys manteniu una posició dubitativa i incerta; els joves, davant d'aquestes imatges, emeten unes sorolloses riallades, producte de l'efecte que unes ridiculeses produeixen en les seves formes mentals. Aquestes tres suposicions són probablement permanents. De tota manera, no crec que aquestes riallades siguin una posició plausible davant de modes que passaren i que foren belles, i per a comprendre-ho no s'ha de fer res més que imaginar les riallades que emetran un dia els nostres néts davant de les formes que actualment transporten els seus progenitors, per carrers, places, interiors i establiments de tota mena.

Jo em vaig riure també de les darreres manifestacions de les modes isabelines, del mirinyac primer i del polisson després, i recordo la mirada de menyspreu que em dedicà un vell senyor que havia conegut Prim i Cabrera i a qui vaig discutir certs detalls del vestit femení de l'època.

—Jove! —em digué amb displicència—. Vostè no té pas l'edat de la seva crítica. Vostè no ha conegut aquelles senyores ni amb els vestits de mudar ni amb els tres enagos, les dues *chambres* i els pantalons de guerrer dels dies ordinaris. És massa jove per a haver penetrat en aquesta profusió de delícies.

Amb les modes masculines ha passat el mateix. En les maneres del meu temps hi ha hagut coses de molt mal gust, com per exemple l'abundància de joies que es transportaven: els anells de brillants, les perles a l'agulla de corbata, els botons de la camisa i dels punys, que també eren esmaltats de pedres. Els bastons portaven un pom metàl·lic més o menys valuós. En les senyores, la profusió de joies era encara més embafadora i més afectada. Per una pedra bona que es veia hi havia molta quincalleria.

Però llavors es vestia bé. El vestit diferenciava i assenyalava una categoria. He conegut una Barcelona en la qual determinades persones, l'exercici d'activitats o de professions concretes, exigien el barret de copa indefectiblement: els metges, els borsistes, els banquers, els grans advocats i els catedràtics, els notaris, portaven barret de copa. Hauria estat impossible, per exemple, creuar-se amb don Eusebi Güell i Bacigalupi, amb don Manuel Duran i Bas, amb don Manuel Girona, amb el senyor Jover, amb el senyor Planas i Casals, i no admirar el barret de copa que cobria la seva testa. La levita, el jaqué, eren també obligacions de la categoria social, com la brusa era obligatòria per als paletes, els botiguers i els mossos de corda.

Vestir no és res més que vestir diferenciadament. Hom es vestia, llavors, per als altres, i la necessitat de mantenir un to era el que feia perdonable l'afectació externa. Ara els altres no compten ni pesen i el vestir bé és un mer caprici o una comoditat dels qui poden fer-ho. La uniformitat és completa.

Naturalment, tot això feia que la vida fos una mica pomposa i solemne i tingués una certa prosopopeia. Recordo que un dia... Bé, sapigueu que una de les persones que m'han deixat un record més agradable ha estat el vell Vidal i Ribas, don Emili. Don Emili tenia una vasta cultura i amplis coneixements. Era anomenat "bufanúvols", no pas a causa de la possible pedanteria que pogués tenir —i que mai no tingué—, sinó perquè bufava l'aire per sota del bigoti, sens dubte per una dificultat de respiració. Un dia el vaig veure sortir del Teatre Líric, amb els seus fills. Queien quatre gotes. Don Emili obrí el paraigua a la porta del teatre amb la intenció d'acompanyar-los fins al cotxe, que els esperava arran del marxapeu. Quan tingué el paraigua obert, digué en to major, dirigint-se a les criatures, amb gran sonoritat:

—*¡Cobijaos!*

És clar. La gent tenia una certa prosopopeia. És evident.

L'aspecte extern de la naturalesa que ens envolta és igual, immutable, no varia mai. Les grans ciutats, les aglomeracions urbanes d'importància, tenen nous edificis, amples i fredes avingudes, gàbies industrials dilatades, edificis altíssims. Els pobles resten iguals. El perfil de les muntanyes, el bressol de les valls —formes que corresponen a la música de Bach— no ofereixen variació. En canvi, ha variat enormement l'aspecte extern del material humà. La presentació de les persones ha variat, sobretot en el sentit de l'equiparació de les edats. L'home i la dona d'avui apareixen molt més joves, molt més vitals, esvelts i àgils que els de seixanta anys enrera. La gent de fi de segle deia el mateix, és clar, dels que visqueren fa cent anys. En temps de Balzac, la dona de trenta anys entrava en una tardor irreparable. Avui el rejoveniment es marca.

El que més envellia la gent d'aquesta època era l'abundància capillar i la manera de vestir. Es portava una quantitat de roba desorbitada. Quina manera d'abrigar-se, Déu meu! A l'hivern, enfardades en el tèxtil, les persones semblaven garites ambulants. A l'estiu, malgrat l'alleugeriment, els perfils eren inimaginables. Des de la criatura de bolquers a l'abaltida ancianitat, la humanitat transportava una superposició de vestuari impressionant. Les habitacions eren glacials i es vivia tot l'any amb l'obsessió dels corrents d'aire. La gent tossia molt més que avui. Les quintes de tos eren aparatoses, i els qui n'eren perjudicats semblaven que hi havien de quedar. Hi havia escopidores en tots els racons distingits. Els armaris robers eren monumentals. Les dones vivien empaquetades, els penellons feien horror. Entre la silueta d'una dona d'avui i la d'una de cinquanta anys enrera hi ha molta més diferència que entre una contemporània de Maria Antonieta i una de Maria de Mèdicis. Les robes eren generalment més bastes i d'un tacte més gros. S'ha de confessar que dues coses, almenys, s'han alleugerit: la moneda i la roba.

El pèl que transportava la gent pesava moltes arroves. La calvície era considerada una mala nota. Per això quan apareixia, al circ, un pallasso calb, el públic es trencava. L'adolescència es deixava el bigoti i se'l feia arissar, com els personatges de De Maupassant. Aquests bigotis, seriosos i assenyats, transportaven l'adolescència a la virilitat. De seguida que hom podia es deixava la barba. L'ideal era esdevenir un hirsut. Hi havia barbes llarguíssimes i entre aquesta fluència i els calçotets llargs es produïa una situació sense solució de continuïtat. A través del vestuari i de la capillaritat, la gent tractava d'accentuar l'edat, de representar més anys. L'adolescent volia semblar viril; el jove postulava una maduresa granada; el madur volia semblar un vell. Ara hom aspira al contrari.

La gent d'avui té un color més fresc i sa a la cara. En el que va de segle la humanitat ha descobert l'aire lliure —el *plein air*. Tot és més airejat. La gent de llavors estava més pàllida i les formes humanes eren màs corbades i enfonsades. Ara es camina amb el cos erecte; la majoria ha prescindit del capell; els elàstics han caigut en el ridícul més absolut. El nombre de grassos ha disminuït considerablement. Avui un home obès és considerat un ésser excepcional, i això ha entristit els grassos. És absurd, però això confirma la raresa del tipus. El barret de les senyores ha sofert un retrocés sensacional. El seu nombre ha baixat i, segons les meves notícies, tendeix a baixar a tot arréu. Aquells enormes, inflamats, arravatats barrets de senyora de fa cinquanta anys! En el cap de les senyores, no hi impera avui el barret, sinó la perruqueria. Les senyores caminen cap a l'eterna joventut amb el cap descobert, però pentinades amb una delicadesa impressionant. Crematísticament, s'hi ha guanyat ben poc: aquells barrets eren molt cars; la perruqueria ho és més encara. En realitat, el procés d'alliberació del cos humà, és visible en tots els detalls. El talons alts de la sabateria van també de retirada. Això potser és una llàstima, perquè les dones del país solen ésser curtetes i els talons alts eren una causa d'estilització apreciable.

La imatge que jo tinc d'aquella època és d'una humanitat

carregada de roba, fredolica, voluntàriament envellida i una mica carregada d'espatlles. La gent d'avui té potser un aspecte més petulant i apol·lini. La pretensió jovenívola no pot probablement donar altres resultats.

En aquests últims anys s'han produït una sèrie de prodigioses invencions, la fertilitat de l'enginy humà ha estat enorme. Però el descobriment més gran de l'home corrent en aquesta època ha estat el de l'aire lliure. Això ha canviat l'aspecte extern d'una gran part de la humanitat. Ha donat un aire més lleuger, esvelt i desembarassat als homes i a les dones. L'aire lliure ha millorat el color i l'olor de les coses. Aquelles olors eren una mica sobrecarregades. Les habitacions closes, l'olor de les habitacions tancades! L'olor de les robes superposades, de les cotilles, de les *chambres*...! Els bigotis arrissats, les barbes! Val més no pensar-hi!

No voldria pas que us penséssiu que una humanitat que ha substituït els elàstics pel cinturó, que ha fet les robes més lleugeres i honora la calvície, és tinguda per mi per una humanitat distinta de les generacions que l'han precedida i que jo accepti que es pugui considerar transcendental. Jo sóc un admirador del segle passat, però no vull pas tancar-me a la banda. Per altra part, cinquanta o seixanta anys són molt poca cosa per a variar les cristal·litzacions bàsiques. A la superfície les coses han variat, en un sentit agradable; l'esplendor científica d'aquests anys ha estat curiosa; l'augment de bestialitat ha estat indubtable.

Coses de l'amor

—Les coses de l'amor —diu Puget en veu baixa, quasi adormit i com si somniés— m'han semblat sempre molt singulars, i quan sento parlar del doctor Freud no puc resistir la temptació de pensar en el senyor Valldeperes.

La senyora i el senyor Valldeperes vivien en una torre de

Sant Gervasi situada en un carrer incert. El senyor Valldeperes desenrotllava els següents moviments:

Quan les ombres de la nit, sobretot quan les ombres d'una nit tempestuosa, cobrien amb els seus vels la superfície de la terra, s'acostava sigil·losament, el coll de l'abric alçat, el barret enfonsat, la mirada dura, astuciosa i dolenta, a les parets del seu jardí. Aquestes parets eren examinades amb gran cura i tot al llarg del seu perímetre pel senyor Valldeperes per tal de discernir quin era el seu sector de més obscuritat que fes més propícia l'evolució dels seus sentiments. Descobert el lloc, esperava amb ànsia el moment que el carrer fos solitari, absolutament desert. Llavors, el senyor Valldeperes escalava la paret amb un ardor que el perill encenia. Ja situat en el pla del jardí, sempre amb alguna rascada a la cara o a les cames, els vestits romputs i en desordre, es presentava el problema d'arribar a la casa sense ésser descobert. En el fons de l'espessor botànica es veia, enmig de la fosca, una taca més densa —la seva torre— i una petita escorrialla de llum filtrant-se per l'esquerda: era la porta. Les nits de lluna no eren pas del seu gust: no tenien misteri.

Per arribar a la casa sense inspirar sospites es posava a caminar pels corriols de quatre grapes amb els moviments curvilinis del felí; altres vegades —les de més perill— s'arrossegava per les herbes fresques del seu "parterre". Si en el curs d'aquesta progressió el seu cos esqueixava un arbust o rompia un test, es produïa un buit en el seu cor. S'aturava llavors un moment i escoltava amb ànsia la reacció externa, el cap entre les herbes. Passat el perill, reprenia la marxa. Fent esforços sobrehumans, la bola del mocador a la boca, ofegava amb dificultat els sospirs que en tropell el seu pit emetia. Per concretar s'hauria de dir: els sospirs i els esbufecs que el seu pit emetia. A la fi, cobert sovint de fang, el cos esgarrapat i adolorit, el vestuari fet una desgràcia, arribava a la porta de la torre. Aleshores donava uns copets gairebé imperceptibles a la fusta, amb les articulacions dels dits. El moment era impressionant, l'espera el feia tremolar de cap a peus. En algunes parts del seu cos, hi sentia una bafarada de calor; en les altres, un formigueig de fred. Amb això, tot d'una se sentia, dins de la casa, un vagarós soroll de passos —que s'acostaven lentament a la porta i de puntetes. Els passos morien darrera del batent de la porta. I llavors, amb una veu molt tènue, esblaimada: "una veu de persona que està en curs de cometre un acte pecaminós", i que contenia una bona dosi d'audàcia barrejada amb una dosi d'emoció, el senyor Valldeperes preguntava:

—Hi és en Valldeperes?

—No, entra... —responia una veu femenina saturada d'emoció continguda i de misteri.

Valldeperes, llavors, traspassava el llindar. La senyora Valldeperes se li apareixia —en bata— com una cosa indescriptiblement saborosa, apetitosa, fascinant.

Execucions capitals

En el curs de la meva vida, he presenciat tres execucions capitals. He vist donar garrot a Montpar, que assasinà, a Sant Andreu de Palomar, la seva dona i dues criatures. He vist també executar Silvestre Lluís i Santiago Salvador, el que tirà les dues bombes del Liceu —encara, que una d'elles no esclatà per una veritable casualitat.

En els últims anys de la passada centúria, la vida solia ésser normal: vull dir, que no passava gairebé mai res. Per això, quan s'anunciava una execució capital es produïa una expectació inusitada. La gent se n'ocupava durant mesos i mesos. El xiuxiueig era inacabable. Es discutien i comentaven totes les circumstàncies, fins les més mínimes, del crim i del procés. La premsa dedicava comentaris extensíssims, informacions detallades, a la qüestió, que la gent llegia amb gran avidesa. Els germans de la Pau i la Caritat, la Confraria de la Bona Mort, el botxí, el confessor, el condemnat, gaudien durant una temporada de la curiositat universal. La vida humana, fins la d'un criminal, valia alguna cosa. Ara val menys que una pipada de tabac.

Quan Montpar fou executat feia gairebé trenta anys que a Barcelona no s'havia donat garrot a ningú. Així el botxí era un senyor que només era pràcticament conegut de l'habilitat que cada mes li pagava el modest sou de funcionari. Resultà que el botxí era un tal don Nicomedes Méndez, un ésser humà pacífic que vivia en una torreta del barri de la Salut petita com una capsa de cerilles tenint cura amatent dels seus colomins, gallines i conills.

Méndez tenia l'aspecte humil i esborrat del petit rendista conformadamente retirat.

Atès, doncs, que era un tipus absolutament inèdit i els diaris consideraven necessari publicar la seva efígie, utilitzaren el primer clixé que els semblà més plausible. Això s'ha fet sempre a la premsa i probablement sempre es farà. El cas és que "El Noticiero Universal" publicà com a fotografia del botxí la del gran escriptor Narcís Oller, que llavors havia guanyat un premi als Jocs Florals i del qual Matheu havia enviat fotos a la premsa, per donar-hi tota la importància. Quan Oller arribà al cafè i li ensenyaren "El Noticiero" féu uns crits energumènics i delirants.

Llavors concorria a la penya gran de l'Ateneu el meu inoblidable amic Baldiri Cruells, que era actuari de l'Audiència. Fou Cruells el qui ens invità uns quants amics a anar amb ell a la presó del carrer d'Amàlia per conèixer el botxí i veure els preparatius de l'execució capital. Anàrem a la presó, els metges Font Torner i Tutau, Cruells i altres coneguts. Reclòs en un despatx trobàrem —reclòs des del dia anterior, com mana la llei— don Nicomedes Méndez.

—Aquí els presento —digué Cruells— el senyor Méndez, executor de la justícia.

El doctor Font Torner avançà, li allargà la mà i li digué amb el més amable dels somriures:

—Què tal, col·lega?

El metge Tutau es disgustà profundament quan el seu company Font pronuncià aquesta frase tan divertida i —Déu meu!— tan versemblant.

Quan la conversació es generalitzà, el botxí ens digué que l'execució que tenia entre mans era un fenomen tan nou i insospitat, que havia agafat les autoritats tan desprevingudes, que no es trobava enlloc la roba de color de safrà que per la llei havien de vestir els condemnats a mort per parricidi, que era exactament la que havia de portar Montpar. En vista de l'abandó deplorable que imperava en les execucions, Méndez sospitava, amb evident aflicció, que el condemnat s'hauria de revestir de la roba negra dels homicides.

—La llei és taxativa, absolutament taxativa...! —deia el botxí, entre enèrgic i entristit—. La llei és clara, però no crec que la cosa pugui, ja, arreglar-se...

Era veritablement curiosa la preocupació d'aquell home de fer, en aquells instants, les coses amb la més precisa perfecció legal.

En el pati dels Corders de la presó, col·locada sobre un empostissat, hi havia la forca, el famós rectangle de fusta, ja em compreneu. A la part alta es veia l'argolla i darrera d'una de les fustes verticals la roda que l'havia d'estrènyer. Perquè la humitat de la nit no rovellés la maquinària i les rodes dentades, hom hi havia posat a sobre una pell de xai. Don Baldiri Cruells ens digué que era un costum antic de la ciutat regalar aquesta pell al botxí, després d'acabar el seu treball.

L'endemà, a primera hora, tornàrem a la presó per tal de presenciar l'execució. Era entre dues llums, en una atmosfera tèrbola i opaca. El condemnat tenia ja el coll dins de l'argolla i la cara tapada amb un vel negre. Sentírem d'una manera precisa, perceptible, malgrat la natural llunyania —fou exactament com si sentíssim donar corda a un rellotge de caixa—, el moviment de les dents de les rodes. Fou un instant... Després, el botxí enrotllà la llengua de l'ajusticiat com aquell qui enrotlla una catifa, que és el que se sol fer en aquests casos. I, després, anàrem tots a prendre el desdejuni, fins els mig emocionats, com un dia normal.

Quan fou escanyat Silvestre Lluís, m'acompanyà a la presó el meu vell i gran amic Ramon Casas. Casas féu, de l'execució, uns apunts —fumant ininterrompudament cigars de l'Havana— que es convertiren, després, en una de les pintures més intenses i més emocionants de la seva obra.

L'anarquista Santiago Salvador tirà dues bombes a la platea del Liceu. El seu confessor fou el pare Goberna, el cèlebre jesuïta. Salvador es confessà perquè cregué un moment que li vindria l'indult de la pena de mort. Quan es veié que l'indult no arribava tornà a l'exteriorització de les seves idees. Morí vociferant visques a l'anarquia.

El fet que Salvador tirés, no una, sinó dues bombes, no és gaire conegut. La primera bomba esclatà i produí una hecatombe humana i una impressió indescriptible. L'altra caigué a la falda d'una senyora que ocupava un seient del pati de butaques i que era morta, el cap caigut sobre el respatller, a conseqüència de l'esclat del primer artefacte. Aquesta segona bomba relliscà suaument per la falda de la senyora assassinada i arribà a terra sense que percudís d'una manera apreciable. Això evità que la catàstrofe quedés —almenys— duplicada.

El fenomen del lerrouxisme

La redacció de "La Publicidad" era instal·lada a la Rambla, gairebé tocant al carrer Nou, tot baixant. Era un entresol, baix de sostre, al qual s'arribava per una estreta i sobtada escaleta. Darera de la porta del carrer hi havia un petita taquilla per als anuncis i les subscripcions.

L'entresol era irrisori i gairebé tot ell era format per una habitació ocupada per una taula llarga i una petita cambra que servia de despatx al director, que llavors era don Eusebi Coromines. En aquesta cambreta hi havia un retrat de don Emilio Castelar. El periòdic era possibilista.

Sobre la llarga taula es veien tres o quatre enormes tisores

—element essencial en tota redacció— i unes oblees de diferents colors —grogues, vermelles, blanques— per a enganxar els retalls a les quartilles.

En la redacció, era fàcil de trobar-hi els germans Corominnes, don Emili Junoy, Daniel Ortiz, que era un home molt graciós que em sembla que es firmava "Doys", Miró i Folguera, Carles Costa, Josep Maria Jordà Pascual, que era el crític musical de la casa, Lletget i Manolo Planes. Dos joves, un d'ells anomenat Francesc (Paquito) Aguirre i l'altre Lluís Companys, hi feien de repòrters. Companys tenia una curiosa característica: tot el que, per una o altra raó, tenia gust català el treia de polleguera. Però el monstre de la casa era el senyor Miró i Folguera. Ho sabia tot i era anomenat el Diccionari Enciclopèdic Universal.

Josep Maria Jordà i Carles Costa anaven sempre junts, eren amics entranyables. Pascual era un tipus curiós. Per mica mica que es descuidés, quedava adormit com un soc a tot arreu. La seva capacitat soporífera era especialment sensible a la música: sentia un bleix musical i quedava adormit a l'acte. Era una massa de son irresistible. S'adormia, malgrat ésser crític musical, en els concerts, al Liceu, a la redacció, als tramvies. En un moment determinat algú féu observar l'estranyesa que produïa que un home dominat per aquesta inevitable propensió tingués un amic íntim.

—Doncs ja ho veuen —digué un altre—, sempre van junts, són inseparables.

—És que Costa el vetlla... —observà Llanas amb la seva habitual serietat.

Una de les persones més assídues a les tertúlies de "La Publicidad" fou Bonay. Bonay havia tingut *quartets*. Després, s'establí com a antiquari i comprà considerables quantitats de paper imprès. Un dia invità tots els qui anàvem a la tertúlia a un gran sopar al Lyon d'Or, amb xampany a tot drap.

—I de quin sant, amic Bonay, aquesta invitació? —li preguntàrem—. És que ha fet algun negociet?

—No senyor! —digué ràpid—. Els he invitats per acomiadar-me de vostès. Haig de canviar de vida. Estic completament arruïnat...

El senyor Lluís Plandiura comprà a Bonay la seva col·lecció d'impresos catalans, que és valuosíssima.

En la meva memòria, Bonay va unit al famós afer de la instal·lació a Barcelona d'un forn crematori. "La Publicidad" patrocinà la idea. Publicà una quantitat desorbitada d'articles i de notes a favor del forn. L'opinió pública seguí l'afer amb un interès creixent. Bonay desinflà la qüestió amb una frase. Un dia que a la redacció es parlava del forn amb una temperatura apassionada, digué:

—El forn, el forn... què volen que els digui? Trobo que a Barcelona amb el forn de Sant Jaume n'hi ha prou.

Aquesta frase grotesca i xarona de Bonay produí una tal hilaritat que l'afer del forn i la campanya que es venia fent quedaren desballestats.

Jordà tenia fama de fantasiós, de desorbitat, de tergiversar tot el que se li explicava.

—Jordà és incorregible, no té remei... —em digué un dia Llanas—. Imagineu-vos que acaba de tenir una falsa angina de pit. Quina barra!

"La Publicidad" publicava dues edicions, una al matí i l'altra al vespre. Per a fer l'edició de la nit s'utilitzaven copiosament les tisores. El senyor Miró i Folguera hagué de posar un rètol a la redacció que deia: "Queda rigorosament prohibit plagiar-se a si mateix". Però, com que l'ordre donà poc resultat, elaborà una màxima d'un cert sabor filosòfic, que penjà en el lloc més visible. La màxima deia: "Redactors: No facin a la tarda el que no haurien volgut fer a la nit".

A la tertúlia del diari, hi venia el doctor Julià. Era un home bastant fi.

Un dia que Julià entrava a la Mallorquina es topà amb Jordà, que en sortia.

—On va tan cremat, Jordà? —li digué—. No tingui tanta pressa. Entri i segui!

—No puc pas —digué Jordà, atabalat—. No puc donar l'abast. Haig d'acabar les dues carreres que estic fent. Les últimes assignatures em donen molta feina...

—A mi no, comprèn? —contestà Julià, rient—. A mi no em vingui amb fantasies.

Al cap de pocs dies, coincidírem al Suís Julià, Costa, Jordà i jo. Julià anava amb un senyor que ens presentà com el jutge d'Esparraguera.

—Li presento l'amic Jordà, advocat... —digué Julià al jutge.

—... i llicenciat en Filosofia i Lletres...! —rematà Jordà.

Davant de la bondadosa rialleta d'assentiment del doctor, Jordà es manifestà com si tot el que s'havia dit al jutge fos cert.

Julià no féu pas gaire carrera. Se n'anà a viure a Madrid. Hi llogà una habitació de mala mort per exercir-hi la Medicina. Es componia d'un rebedor i d'un despatx sense sortida. Quan per casualitat tenia un client, obria la porta i deia al nou arribat:

—*¡Otro!*

Però mai no pogué ningú saber per quina porta havia pogut fugir l'anterior.

Quan Lerroux guanyà les eleccions de Barcelona, "La Publicidad" li caigué a les mans, perquè donya Leonor Canalejas, vídua del fundador-propietari del diari, Pascual i Casas, facilità l'operació. Don Emili Junoy cuinà la cosa per dins. Lerroux, malgrat la seva entrada de vencedor, introduí molt pocs canvis en la tripa del diari. El personal continuà essent el mateix.

Quan tingué lloc l'atemptat frustrat contra don Antoni Maura, es produí, a Barcelona, un dia de dol. Lerroux comentà el fet en un article a "La Publicidad" titulat "Los cocodrilos" que produí la indignació de la gent moderada i benpensant del país. S'organitzà espontàniament una manifestació que baixà Rambla avall per exterioritzar la protesta.

Lletget no es mogué del diari ni un moment en tot el dia. Féu telefonar i buscar Lerroux per tota la ciutat, durant tot el dia, però l'autor de l'article considerà que no havia de fer acte de presència.

Quan la manifestació arribà davant de "La Publicidad",

Lletget obrí de bat a bat el balcó de l'entresol i sortí a fora amb una pistola a cada mà. La manifestació era presidida pel governador, González Rotwos. Quan el senyor González s'adonà de la presència de Lletget, pujà corrent l'escaleta de l'entresol.

—Però, Lletget, per Déu, què fa? Això serà un dia de dol...

—Tirarem al mateix temps... Jo sóc dels que tiro...

La manifestació passà, furiosa, per davant de "La Publicidad". Es produí una delirant vociferació, però per fortuna no succeí cap estropici.

Quan Lerroux, al cap d'uns quants dies, reaparegué, Lletget l'increpà amb una violència inoïda. No recordo haver presenciat mai una semblant escena.

—Ets un covard i un canalla! —li deia Lletget—. Et vaig fer buscar per tot Barcelona i et feres invisible. T'amagares. Ets un miserable i un gallina.

Lerroux escoltà Lletget aclaparat, mustiu i desfet, i no articulà ni una sola paraula intel·ligible.

Lletget, com ja us he dit, era de Reus. Havia passat una gran part de la vida a Londres, d'apoderat dels interessos del banquer basc Aberoa. Era un aventurer curiosíssim; era valent, però a mi em semblà sempre un boig. Era un home d'una gran presència física, bell, arrogant, elegant, un gran tipus.

La figura de don Emili Junoy és inseparable, en la meva memòria, de la passió del joc. Una nit, al *Círcol* del Liceu, férem, Junoy i jo, una "vaca" de deu duros (cinc cada un) i en guanyàrem cent. Ens repartírem cinquanta durets per barba.

—Amb els deu primers —em digué Junoy— demà anirem a dinar al "Suís". Convidaré Lerroux. No deixi de venir.

L'endemà ens installàrem al Suís —que llavors tenia una cuina excelsa— Junoy, Lerroux i jo. Havíem a penes iniciat el dinar quan s'escaigué que travessava el restaurant don Pere Vives, el famós i valent cap dels requetès de l'època. Vives era amic de Junoy i meu. Junoy el saludà efusivament.

—Per què no es queda a dinar amb nosaltres, amic Vives? Vingui, li presentaré Lerroux.

En aquell moment els *Jóvenes bárbaros* i el Requetè anaven a trets per les cantonades a cada moment. Veure seure a la mateixa taula, en públic, Lerroux i Vives era absolutament inusitat, incomprensible. Aquestes fiiligranes, només Junoy les aconseguí en el meu temps. Vives simpatitzà amb Lerroux. Quan presentaren el pollastre rostit, Lerroux demanà dues ampolles de "Cordon Rouge", que era el xampany que li agradava més. Quan Lerroux acostà la copa de vi als seus llavis. Vives li preguntà:

—Si ara entressin uns obrers de Sant Andreu i l'interpel·lessin sobre aquest xampany, què els diria, senyor Lerroux?

—Els diria —contestà ràpid—: "Estic tastant el vi que beurà el proletariat de l'esdevenidor, els vostres fills...".

En dies d'eleccions, "La Publicidad" vibrava. Si els resultats eren desfavorables, la redacció, a les sis de la tarda, esdevenia un cementiri: la gent en fugia com les rates davant del naufragi. Si hom guanyava, la direcció encarregava un sopar per als redactors: generalment, hom encarregava un sopar per a dotze al "Suís". Una vegada succeí, però, que l'encarregat de passar la comanda —devia ésser un purità— en lloc de fer l'encàrrec al "Suís" es dirigí a la "Fonda Ibérica del Padre", que era al carrer del Comte de l'Assalt.

El sopar transcorregué enmig de protestes agres i immoderades. A Carles Costa, li agradava de menjar bé. La seva reacció fou especialment mordaç.

—Haver estat republicà tota la vida per a acabar en aquest deliri d'infecta basòfia triomfal! Quina vergonya! És intolerable! —deia Costa, indignat.

Molt a prop de "La Pubicidad" hi havia la Librería Española de López Bernagosi. A la rebotiga de l'establiment, s'hi armava, a les tardes, un tresillo imponent, els principals elements del qual eren, a part de López, gent del diari: Roca i Roca, Eusebi Coromines, etc. López jugava amb un apassionament singular.

—Desitjaria els "Singlots poètics" de Pitarra... —deia tot d'una un comprador acostant-se al taulell de la llibreria.

—Estan esgotats! —contestava López traient el cap per la taquilla que comunicava amb la rebotiga.

—Els "Singlots" són a l'aparador...! —deia el comprador, estranyat.

—Li dic que estan totalment esgotats! —replicava López amb veu alterada, sense deixar de mirar les cartes.

—El lerrouxisme a Barcelona! —em diu Puget, com si somniés—, quina cosa més grotesca i estranya!

Perquè us feu càrrec del que fou aquella immensa carnavalada us diré que un dels centres afiliats al partit de Sant Andreu presentà una vegada la demanda reglamentària al Govern Civil per celebrar una assemblea. En el lloc en què es devia especificar l'objecte de la reunió, hi posaren: "Objecte de la reunió: existeix Déu? En cas d'existir, quines relacions hi pot tenir un republicà radical?".

La causa inicial de tota aquella sorollosa saragata es produí a conseqüència del famós procés de Montjuïc, originat per la situació creada pel terrorisme anarquista i sobretot per l'explosió de la bomba del carrer dels Canvis Nous. La col·locació de l'artefacte havia estat, versemblantment, deliberada al Centre de Carreters, un dels primers centres àcrates de Barcelona. Jaume Arvisa era un personatge del Centre. Pere Coromines hi havia donat conferències innòcues i pedantesques.

A conseqüència del procés de Montjuïc, Coromines fou detingut, processat i condemnat a mort.

La condemna de Coromines provocà a tot el país un moviment de pietat. Era una enormitat. Les classes conservadores, davant de les quals es posà don Manuel Duran i Bas, es col·locaren a favor de l'indult de Coromines decididament. Hom cregué, des del primer moment, que si s'aconseguia que el senyor Pi i Margall s'interessés en la qüestió el problema es resoldria satisfactòriament. David Ferrer i Jansen anaren a Madrid a demanar al senyor Pi que parlés a la reina de l'indult. El senyor Pi, però, es tancà a la banda i declarà, des del primer moment, que no podia veure la reina.

—Les doctrines m'ho impedeixen...! —digué, glacial.

—Però don Francisco! —digueren els commissionats.

Ferrer i Jansen insistiren tan copiosament que Pi accedí, molt a contrapèl, a parlar de la qüestió amb el general Martínez Campos.

Pi i Margall es posà el barret de copa i anaren a veure el general.

Quan, en la casa on vivia Martínez Campos, es veié que Pi i Margall en pujava les escales, es produí una gran expectació. Al principi, Martínez Campos cregué que s'havia produït en la política algun succés extraordinari. Rebé el senyor Pi sorprès i emocionat.

Quan el gran repúblic li exposà l'objecte de la visita, el general l'aturà en sec.

—Concedit, don Francisco, concedit! —digué—. En parlaré a la reina de seguida. No digui ni una paraula més. Des del moment que s'ha molestat pujant aquestes escales, és que la causa que defensa és justíssima. D'altra manera no es comprendria...

Martínez Campos parlà amb la reina i l'indult fou concedit.

Pi i Margall fou un home d'una indescriptible bondat. Els advocats no volien tenir juntes amb ell, perquè com que en aquestes juntes solia ésser sempre el més vell i tenia, per aquest fet, la preferència de fixar el preu, consideraven que perdien el temps. El preu màxim que solia fixar el senyor Pi era de cinc duros.

Coromines fou un tipus molt curiós. Un dia arribà al Continental i es precipità sobre la nostra taula. Ens digué, tot agitat:

—Acabo de veure una cosa estranyíssima...

—No es faci gaires il·lusions...! —contestà Font Torner.

—Acabo de veure un barret de copa que es pot xafar com un plat corrent...

—Però, home, Coromines, això és un clac!

—Què clac ni què ximpleries! Era un barret de copa que es pot xafar com un plat corrent. Jo ho he vist...

No el poguérem pas treure d'aquí.

Coromines era així. Descobria la pólvora a cada moment. Un dels seus descobriments fou l'anarquisme.

Una nit, Llanas i jo preníem xocolata a la vella Maison Dorée. Era l'hora de la sortida del Liceu. Amb això veiérem arribar Pascual, el crític musical de "La Publicidad", de *smoking*, amb una pitrera de camisa solta, és a dir, desconnectada de la camisa mateixa. Pascual prengué seient i, d'acord amb la seva tendència, quedà adormit en el fons del divan. A mesura que anà entrant en la beatitud soporífera i enfonsant-se en el seient, que era molt tou, el seu cos tendí a plegar-se sobre si mateix. De sobte veiérem que la pitrera, a conseqüència de la pressió d'un ressort intern clarament perceptible, sortia escandalosament de l'armilla del dorment. Es notà un cop sec, que desvetllà Pascual nerviosament. Comprenguérem el que havia succeït. A conseqüència de la posició que el seu cos havia anat agafant, la pala del braguer se li havia desplaçat cap a dalt i al capdavall s'havia disparat sobre la pitrera emmidonada.

Llanas digué, quan sortírem:

—Pascual és un d'aquells homes que haurien de portar filferro...

Des de llavors, quan algú preguntava a Llanas per Pascual, contestava ràpid:

—No pot pas trigar... Ha anat a posar-se el filferro.

Pascual fou molt conegut a Barcelona amb el nom de "Barres-tristes".

Don Emili Junoy

Don Emili Junoy provenia d'una família carlista. El seu pare ho havia estat i ell fou de jove. Després evolucionà, però sempre tingué el do de conservar a tot arreu una gran quantitat d'amics. Contribuí poderosament amb el seu entregent a la transformació de "La Publicidad" i al triomf del lerrouxisme. No he conegut ningú amb més amics que don Emili. Que jo sàpiga, només renyí seriosament amb el bisbe Morgades,

El rei Alfons XIII amb el comte de Lavern, Pere S. Maristany, davant del Restaurant Llibre.

Ildefons Sunyol i Casanovas.

Fou quan Junoy digué en un discurs que, el catolicisme, no se l'havia de discutir, sinó simplement d'ignorar... Morgades, que havia perdonat a Junoy les més grans frivolitats, no li perdonà aquesta. El senyor bisbe tingué un gran disgust.

La millor definició que s'ha donat de Junoy, la popularitzà la sarsuela: "Junoy és com una masurca: dos passos cap ací, dos passos cap allà...".

Físicament fou un home petit, corpulent, embofegat, amb un tipus i un color de pell malenconiós de gitano vell. Portava camises blanques, colls baixos de cel·luloide i vestia gairebé sempre de negre. Aquests vestits negres li donaven un aire d'estar permanentment preparat per anar al Govern Civil. El barret fort li queia sobre l'orella. El blanc de les camises feia un contrast violent amb el color de la pell —tabac obscur, bru-negre. Tenia un aire fatigat, les ungles negres, un cigar li penjava del llavi, escèptic i vermell. Els ulls li nedaven en una limfa rogenca. Portava els cabells engomats, però sempre tenia una mota rebel. Per la devastació de la seva dentadura havien passat innombrables sopars polítics, infinits ressopons galants. Fou un *causeur* incabable i ameníssim. Tothom es considerava obligat a ésser-hi amic. En la seva vida hi hagué tanta condescendència que el seu aire de cansament semblava provenir de la tolerància que havia caracteritzat la seva agitada vida.

Junoy era un home normal fins a les cinc de la tarda. Passava els matins servint i fent favors a la gent. Dinava i tenia una sobretaula (generalment amb amics) plàcida i tranquil·la. Però a mitja tarda s'apoderava del seu cos una mena de força secreta i irresistible —el dimoni del capvespre. Desapareixia...

En una ocasió, trobant-me a la terrassa del "Continental" amb el comte d'Olzinelles, veiérem baixar de l'hotel instal·lat en el primer pis don Eulogi Despujol, que llavors era capità general de Catalunya. Vestia de levita i copalta.

Despujol, que saludàrem, ens digué que venia de tornar la visita que al matí li havien fet els generals Salcedo i Borrero. La visita, però, no s'havia pogut produir perquè els generals havien anat als toros.

El general Salcedo era, en aquell moment, bastant conegut. Inconscientment, el general al·ludit havia contribuït a desbaratar l'arranjament. de la qüestió de Cuba. Després de grans esforços, Martínez Campos havia aconseguit entaular negociacions amb Martí. Però un dia que el cabdill cubà es dirigia a una cita donada per Martínez Campos els soldats de Salcedo el mataren sense saber qui era. Des d'aquell moment tota negociació fou impossible.

Els generals Salcedo i Borrero havien vingut a Barcelona per temptejar el terreny de la guarnició en el sentit de donar un cop a favor del general Weyler. La conspiració, però, no presentava bona cara. Els coronels digueren als generals que ja s'entendrien, si arribés el cas, directament amb don Valerià.

Acomiadats que fórem del general Despujol, veiérem arribar don Emili Junoy bufant, devastat, nerviosíssim. Junoy ens digué que venia de Madrid, que Weyler li havia donat deu mil pessetes per coadjuvar als treballs de la conspiració, però que abans de sortir cap a Barcelona havia entrat un moment al Casino de Madrid, on se les havia jugades —i naturalment perdudes. Afegí que la seva intenció era pujar a l'hotel per donar compte als generals de la desgràcia ocorreguda.

—Els generals són als toros... —li diguérem.

—Són als toros? Vaja! Quin pes em treuen del damunt! —digué Junoy, fent un gran sospir i asseient-se a la taula—. Veig que s'ho prenen amb calma, que és el més convenient...

Junoy solia dir, després, que el fet d'haver-se jugat els diners de la conspiració havia estat providencial i molt favorable a la pàtria i al poble, ja que el complot hauria pogut acabar fent moltes víctimes innocents i desgràcies irreparables.

Un bon dia de principis de segle —la data és indiferent— vaig prendre a l'estació del Nord el correu de Vic per anar a Manlleu, que sortia a les cinc de la tarda i arribava a quarts de vuit. Per esperar la sortida del tren vaig fer quatre passes i amb això vaig veure aparèixer Lerroux acompanyat de l'agitador anarquista Bonafulla, que en aquells temps remots era un dels agents més destacats del cèlebre repúblic.

Coneixia Lerroux només de vista. Quan arribà l'hora de sortida del tren hi vaig pujar. Era un tren a l'antiga, amb compartiments estancs, sense corredor. En el meu compartiment hi havia un viatger: Lerroux. Després vaig saber que don Alexandre viatjava en primera i Bonafulla en tercera.

Era a la tardor, el dia era curt i després de la sortida encengueren un llum que parpellejà en el compartiment.

Amb motiu de no recordo quin pretext —probablement de pujar o baixar més o menys el vidre de la finestra— entràrem en conversació. Érem sols, i això afavorí el diàleg.

—A quina hora arriba el tren a Manlleu? —em preguntà.

—A dos quarts de vuit.

—Coneix Manlleu?

—Sóc de Manlleu, i hi tinc una casa que li ofereixo per a tot el que li convingui... —vaig respondre-li.

—Hi ha bones fondes en el poble?

—No senyor. No són bones.

Lerroux em preguntà la situació política del poble, que vaig exposar-li breument.

—L'alcalde —vaig dir-li— es diu Sivillà i és republicà possibilista. Per una d'aquelles coses rares, que solen passar, però, correntment, en la vida, els catòlics i els federals van units i formen bloc contra els republicans de tots els altres matisos.

—Jo sóc Lerroux... —digué tot d'una presentant-se—. Vaig a Manlleu a donar un míting a l'aire lliure.

—Sí, ja ho sé! —vaig respondre mentre li allargava la meva targeta de visita—. Tinc entès que en el poble hi ha una gran expectació, una curiositat grandíssima.

—I com creu vostè que hauria d'enfocar el discurs? ¿Què li sembla, senyor Puget? Què hauria de dir?

—Si m'ho demana, li ho diré en dues paraules. Si a Manlleu demana el cap dels fabricants tindrà un èxit complet. Si ataca la religió, fracassarà. Manlleu és un poble una mica estrany, en el qual hi ha una classe d'anarquistes que s'oposaren que es declarés dia feiner el de la Mare de Déu del Carme. Així, doncs, senyor Lerroux, no tingui cap mania: ataqui els fabricants sense pensar-s'hi ni un moment. I consti que jo formo part del gremi!

Les meves notícies feren a Lerroux una gràcia considerable. Això no vol pas dir que no tinguessin un fons d'objectivitat absoluta. Eren certíssimes.

Quan el tren arribà a Manlleu, l'estació bullia d'efervescència popular. Una orquestra tocava la Marsellesa, sense parar, a fiscorns descordats. Uns joves alts i grossos portaven unes atxes enceses. La gent corria d'una banda a l'altra, amb les pupil·les dilatades, donant cops de colze a dreta i esquerra. L'estació de Manlleu es troba a un quilòmetre del poble. Tot era negre de gent. Els símptomes externs eren inequívocs: la rebuda era sorollosa i entusiasta, un vilatà deliri col·lectiu.

Vaig baixar jo primer del vagó i vaig dir a la gent:

—El senyor Lerroux és aquí!

Quan els anarquistes del poble veieren que havia viatjat amb el seu ídol suposaren que una forma o altra d'amistat m'unia a ell. Així em feren objecte de tota mena d'inusitades amabilitats i compliments.

—Vol que li portem la maleta? —em digueren—. Passi per aquí, anirà millor per aquest cantó... A veure, la tartana del senyor Puget! Passi-ho bé, don Rafel, passi-ho bé...

Mai no havia estat objecte de tanta obsequiositat gratuïta a Manlleu com aquell dia.

Vaig aribar a casa, vaig sopar i vaig anar-me'n al llit. Mentre sopava m'assabentaren que els correligionaris havien instal·lat Lerroux a l'hostal més precari i sinistre del poble —a can Nan Roda— situat a prop de casa.

L'endemà vaig ésser despertat molt de matí. M'anunciaren la visita de l'alcalde, Sivillà, i del jutge municipal, un ciutadà anomenat Prim. Vaig saltar del llit i els rebí de seguida.

—Hi ha novetats? —vaig preguntar-los.

—Sí, i més aviat són greus —em respongueren—. Hem sabut que ets amic de Lerroux.

—Amic de Lerroux? —diguí sorprès.

—Sí, i no facis el modest. Hem sabut que ets amic de Lerroux i venim a demanar-te un gran favor. Ja saps com les coses estan plantejades a Manlleu. Si el míting de Lerroux es fa a l'aire lliure, hi haurà un dia de dol. El Requetè i els federals treuen foc pels queixals i no els podem aguantar. Són capaços de fer una barbaritat. Et venim a demanar que parlis amb Lerroux...

—Però el cas és que jo no conec de res Lerroux! He viatjat amb ell un parell d'hores en el mateix vagó... Res més.

—De tota manera, si tu no hi parles i no arregles la qüestió, no veiem pas manera de fer res. Es pot produir una catàstrofe, no en dubtis.

Amb això, la meva mare entrà en la conversació i parlà en un sentit totalment favorable al dels visitants.

—Vaja, Rafel! —em digué—. No pots pas negar que coneixes Lerroux, que ets amic d'ell...

Mentre pronunciava aquestes paraules, em dirigí primer una mirada i després posà els ulls en blanc volent dir: "Quin fill m'ha sortit, Déu meu! Quina desgràcia de fill!"

—Però si jo no conec Lerroux de res...! —vaig dir a la meva mare.

—Bé, bé... S'ha d'evitar un dia de dol a Manlleu. Almenys s'ha d'intentar. Ho has de fer per mi.

La pressió fou tan forta que no vaig tenir més remei que tractar de posar-me en contacte amb Lerroux.

Vaig dirigir-me a l'hostal on l'havien col·locat. A la porta hi havia un grup d'anarquistes que em saludaren. Vaig parlar amb un d'ells, el qual passà la meva demanda d'entrevista. Vaig entrar a l'hostal i per una escaleta molt sobtada vaig arribar al primer pis. Lerroux m'esperava al llindar d'una porta i em féu entrar en una sala i alcova d'un aspecte sòrdid i desmantellat. A l'alcova, no hi havia tauleta de nit. Al costat del llit, sobre una cadira, es veia un portabugies amb un bocí d'espelma. El llit era desballestat i ruïnós. En un racó, sobre el pany brut de la paret, es veia, com a únic moble, una palangana. A la sala hi havia dues cadires coixes i en el centre una taula amb taques de vi i de greix. Sobre la finestra queien dues cortines de cotó vermell, irrisòries, grapejades. Feia molts mesos que els vidres no havien estat rentats. Es veia la marca de les gotes de pluja sobre la pols sedimentada.

—Hola, *pollo!* —digué Lerroux, amb molta efusivitat, en entrar a l'habitació.

Vaig tenir la impressió que tenia del meu nom una memòria vaga. Afegí, mentre ens acostàvem a la finestra de les cortines roges:

—Quina casa més bona hi ha aquí davant!... La seva, si no vaig errat...

Li vaig explicar, llavors, l'objecte de la visita: complir l'encàrrec de l'alcalde i del jutge municipal. Vaig afegir que en el poble la impressió general era que si feia el míting a l'aire lliure es produiria una catàstrofe.

—Valga'm Déu —digué Lerroux amb una gran cordialitat—. Però si jo vull ésser amic del jutge i de l'alcalde, com vostè comprendrà...

Vaig, després, explicar-li, amb més detall, la situació política plantejada. M'escoltà amb la màxima atenció. Al final digué:

—Però, en fi, a vostè, què li sembla?

—A mi, personalment, tot això m'és igual.

—Però vostè creu que pot realment passar alguna cosa greu?

—En realitat, jo no sé res, i, honradament parlant, no puc profetitzar res...

—Molt bé. Llavors digui a l'alcalde que suspengui l'acte.

—Sospito que l'alcalde no té cap desig de fer una alcaldada. No crec que tingui cap intenció de suspendre l'acte. Al meu entendre, crec que el millor seria que els seus partidaris s'avinguessin que el míting es produís en un local tancat.

—És clar...! —digué Lerroux en una actitud flotant, com si meditės.

—La meva missió era aquesta. S'han entossudit a creure que jo era gran amic de vostè i m'han fet venir aquí, sense tenir cap dret a molestar-lo. La missió queda complerta i la cosa queda a la seva mà...

Mitja hora després, Lerroux enviava un encàrrec a l'alcalde fent-li saber que el míting a l'aire lliure projectat a plaça es convertia en una reunió que se celebraria a la societat "El Coro", que tenia un teatret modestíssim i tronat.

Quan a Manlleu se sabé la notícia, Sivillà, el jutge Prim, el senyor rector, l'agricultura, la indústria, el comerç i la meva mare feren un sospir d'alleujament. Per una raó o altra, tothom considerà que la cosa estava salvada.

Havent dinat, l'alcalde m'envià un propi invitant-me a anar a passar una estona a casa seva. Hi vaig anar i al menjador vaig trobar-me amb un grup de personalitats voltant el braser: a part del jutge, hi havia el notari, diversos regidors, l'apotecari, el senyor metge, a part, és clar, de la família de l'alcalde. Sivillà proposà d'enviar al míting els agutzils de l'Ajuntament i organitzar un servei de notícies a base d'aquells ganàpies. Hi havia dos agutzils: un es deia Pla i l'altre Soler... Se'ls ordenà que es col·loquessin darrera del teló de fons de l'escenari del "Coro" i que d'una manera intermitent i alternada vinguessin amb la màxima rapidesa a comunicar el que anava passant.

Al voltant del braser anàrem comentant els incidents del dia... Tot d'una sentírem que s'obria, violentament, la porta del carer. Era l'agutzil Pla, que arribava bufant com un dofí a flor d'aigua.

—Què ha dit, Pla, què ha dit? —li demanàrem tots a l'una.

—Permetin-me que m'assegui... He vingut corrent! —digué el pobre home, traient-se la gorra.

—Bé, què ha dit Lerroux Conti, conti, Pla...

—Doncs ha dit... ha dit... que la propietat és un robatori...!

—Verge Santa! Això ha dit...? —preguntà Sivillà, amb els braços creuats sobre el pit, capejant lúgubrement, la mirada extraviada.

L'agutzil, ja més assossegat, se'n tornà al teatre, i poca estona després aparegué Soler, que en venia blanc com la cera, suat, amb els grills de la bronquitis actuant.

—Soler, a veure, Soler... què ha dit? Digui, per Déu! —digué el notari, refilant-se nerviosament el bigoti.

Soler s'havia assegut i s'eixugava la suor amb un gran mocador d'herbes. Havia col·locat la seva gorra engalonada en el pom del seu genoll. Estava esblaimat i contrastava la pal·lidesa amb el color rosat del crani —era calb—, que tenia cobert de petites, groguenques gotes de suor.

—Doncs ha dit —digué Soler, amb gran dificultat—, ha dit que s'ha de repartir la propietat, que no s'han de tenir contemplacions, que peti qui peti i caigui qui caigui...

—Mare de Déu! —articulà amb un gemec, més mort que viu, el jutge Prim—. Quina època, Déu meu!, quina època ens ha tocat!

—Ai, Senyor! —sospiraren sincronitzadament la senyora, la cunyada i la vella criada de Sivillà, posant els ulls en blanc i com si els comencés a rondar el desmai.

Soler se'n tornà, al trot, al teatre i al cap de pocs moments arribà altra vegada Pla, amb la camisa desbotonada i la corbata desfeta.

—Què ha dit, Pla, què ha dit? Parli i, sobretot, parli clar! No m'enganyi. Estem disposats a fer front a les circumstàncies, passi el que passi! —digué el senyor alcalde amb una veu que s'anà blanquejant sucessivament.

—Ha dit que vindrà la República i que quan arribi aquell dia...

—No ho vull ni pensar, no ho vull ni pensar, li dic! Què s'ha pensat vostè! —digué el vell farmacèutic, alçant-se energumènic de la rodona del braser, les mans al cap, dirigint-se aïradament cap a l'agutzil.

Sivillà s'interposà.

—Perdoni, perdoni! —digué amb una cara severa—. Tingui calma, senyor apotecari! Una cosa són les opinions de l'orador i l'altra les de l'agutzil, com vostè comprendrà...

El farmacèutic es calmà amb penes i treballs. Costà una estona de fer-li comprendre la diferència. Estava desaforat, excitat, no veia res a quatre passes. Respecte de la vinguda de la República, tothom acordà que el millor era no pensar-hi.

Pla se n'anà i reaparegué Soler.

—Soler, Soler, el veig molt impressionat! —digué un regidor que fins en aquell moment havia romàs mut i rígid com un mussol sobre un teulat—. Sospito que ha estat gruixut...

—I tan gruixut! —digué Soler amb la vista baixa—. Imaginin-se que ha negat la virginitat de la Verge.

—Què?

—El que senten! Ha negat la virginitat de...

El "què"? havia estat estentori, violent i sobtat com una escopetada. Soler restà amb la frase a la boca. Quedàrem tots amb la boca mig oberta... Qui més qui menys, tots ens anàrem tornant pàl·lids. La impressió havia estat tan forta, que hauria estat impossible la producció d'un qualsevol comentari. Amb això es produí un gran enrenou: la senyora Sivillà queia, desmaiada, a la porta de la cuina. Seguí un gran moviment de cadires, una confusió general. La transportaren, a pes de braços, amb gran dificultat, a la seva cambra. Hom encengué foc ràpidament i començaren de pujar cap a dalt tasses d'aigua de marialluïsa amb una culleradeta d'aigua del Carme.

I no passà res més, és clar.

Mesos després vaig veure sovint Lerroux a la redacció de "La Publicidad". Lerroux era molt simpàtic. Quan em veia entrar a la redacció em deia indefectiblement:

—Hola, pollo, ¿que hay?

Tenia una veu agradable, ben timbrada, greu. Era orador. En aquella època ésser orador era ésser alguna cosa. En la vida era un pur bohemi que tractava de viure, a través de la comèdia de la serietat, a salt de mata. No crec que arribés mai a viure amb una base segura. La seva única finalitat era anar tirant i amollant —i de la millor manera possible, natural.

Ildefons Suñol, vist des del Suís

Com repetidament us he dit, un dels meus companys del col·legi dels Escolapis de Sant Antoni fou Ildefons Suñol. Mentre visqué, vaig conservar amb ell una amistat impregnada de respecte i de profunda admiració. Suñol ha estat una de les persones més fines, més cultivades, més distingides, que he trobat en la vida. Els seus coneixements històrics i jurídics tingueren sempre, per mi, una seguretat que la seva cautela convertia gairebé en infal·lible.

Durant molts anys, Suñol tingué el costum d'anar al Suís, miraculosament: li quedà un cap enorme, lleugerament caigut. Les seves faccions eren tan delicades i d'una pal·lidesa tan translúcida, el seu cos tan feble i trencadís, que feia pensar en algun retrat dels vells pintors holandesos —un retrat de persona llunyana, retreta, vaga, col·locada en un ambient silenciós, íntim.

Durant molts anys, Suñol tingué el costum d'anar al Suís, abans de dinar, a prendre un *bitter*. Els diumenges hi arribava acompanyat de dues nebodes —dues senyoretes pàl·lides i fines—. Durant un llarg espai de temps li vaig fer companyia. Fou Suñol qui em portà a l'Ateneu primitiu, que era al Pla de les Comèdies. Després, l'Ateneu es traslladà al carrer de la Canuda, al vell palau dels Parellada. Un Parellada d'aquesta casa fou l'inventor del cèlebre arròs Parellada, o sigui de l'arròs sense espina ni os.

Malgrat haver actuat en política i haver estat diputat —Suñol fou un orador prodigiós—, no creia en la política, era un escèptic, definitiu, insondable.

Parlant de política amb Suñol se'm feren clares dues coses que des de molt jove em semblava haver intuït: que el drama de les dretes és l'estupidesa i el de les esquerres la tristesa de la ignorància i de la impotència.

En la taula de Suñol, ens hi reuníem Carner, Coromines, Emili Junoy i el metge Font Torner, que adorava el nostre amic. Per la qualitat exquisida, delicada, del seu esperit; pels seus coneixements vastíssims; per la seva bondat infal·lible; per la seva vida allunyada, sense màcula, és natural que Suñol tingués, sobre totes les persones que el tractaren, una gran influència. Perquè us formeu una idea del que us estic dient, us diré el que passà un dia a la seva taula del Suís —un dia que sèiem al seu voltant don Jaume Carner, Junoy i jo. Carner i Junoy estaven llavors renyits a mort per no recordo quines greus qüestions polítiques. A la taula, hi regnava un silenci profund i francament penible. La fredor era general: no hi ha res més desagradable que la presència, en una mateixa taula, de dues persones renyides. De cop i volta, Junoy, amb aquella *insouciance* que el caracteritzà tota la vida, tragué uns magnífics cigars que ens oferí: el primer cigar, l'oferí a don Jaume Carner. Davant del gest —diríem de la barra de Junoy—, don Jaume obrí uns ulls com unes taronges i empal·lidí. Passada que fou, però, la primera impressió de sorpresa, sense fer el més petit gest, Carner dirigí la mirada a Suñol, una mirada implorativa, com si li preguntés: "Què haig de fer?"

Suñol féu llavors una lleugeríssima inclinació de cap i Carner agafà el cigar que Junoy li oferia.

Carner fou un home molt diferent de Suñol. Fou sobretot un gran advocat, un home romanitzat, dens i una mica espès. D'advocat ho fou enormement, d'una manera gairebé aclaparadora. Fou durant tota la seva vida afeccionat a prendre xocolata amb melindros. Submergia els melindros de punta en la xocolata; però, com que els treia de la tassa de pla, se li partien pel mig.

—Fa vint anys que prenc xocolata amb melindros —em digué un dia, entristit— i tots se'm trenquen pel mig.

—I si provés de treure'ls de la tassa verticalment? —vaig atrevir-me a insinuar-li.

Però no hi hagué manera: don Jaume prengué xocolata amb melindros tota la seva vida sense aconseguir ni una sola vegada que el melindro li arribés enter al llavi sense l'ajuda de la cullereta.

Joan, el vell cambrer del Suís, tingué per a Suñol un respecte i una admiració que gairebé no es poden descriure. Joan fou un gran cambrer. Gràcies a la seva bondat i al seu coneixement puc dir que no vaig errar ni un sol dinar ni un sol sopar fet al Suís. Quan demanava la llista, Joan se m'acostava i em deia *sotto voce*:

—Mengi això... No mengi allò...

La seva informació tingué sempre una seguretat irrebatible.

Quan Suñol fou elegit diputat i es plantejà el problema del seu desplaçament a Madrid, el vell cambrer féu tota mena d'esforços per acompanyar-l'hi. L'ideal d'aquell bon home era poder servir don Ildefons a tot arreu: poder servir-li tasses de brou, vasos de llet i, de tant en tant, una mica de vermut amb unes gotes de *bitter*. Em deia amb un aire de tristesa:

—Si ara ha d'anar a Madrid, ¿qui servirà a don Ildefons les coses que necessita? Es trobarà tan sol... no li sembla?

En la meva memòria, no puc separar la figura de Suñol, tan distingida, gairebé trencadissa, un dels homes més delicats que he conegut, de la del vell cambrer del Suís. I em sembla que aquest acostament és el millor elogi que puc fer del meu inoblidable amic.

Joan col·locà els seus estalvis en un Banc; el Banc fallí, i, ja molt vell, arruïnat i inservible, se suïcidà a la dàrsena del port.

Sovint penso en l'ampliació de Barcelona, en l'Eixampla, i la sorpresa és permanent: vull dir la sorpresa que produeix la seva total monotonia, la falta de gràcia, la impossibilitat de comprendre que la vida pot ésser agradable. Potser en cap ciutat europea no s'ha donat el cas d'oferir a una generació d'arquitectes una més gran quantitat de terreny bellament col·locat en pla inclinat davant de la mar, un terreny magnífic on esplaiar-se i treballar a plaer, amb un resultat més raquític i contraproduent. Des del punt de vista arquitectònic, la gran ampliació de Barcelona és un fracàs de proporcions gegantines.

La gent, però, s'hi ha habituat i ja no diu res. Què hi farem! Al pas que anem, cada dia dirà menys. Això no vol pas dir que no hi hagi en el món solucions arquitectòniques bellíssimes.

He conegut els arquitectes de l'Eixampla. Foren els del meu temps. Aquests artiquestes no foren gaire senyors. El seu gust fou totalment equívoc. Tingueren una incapacitat fonamental per a veure el paisatge del país, l'arquitectura tradicional, per a comprendre la manera de lligar una forma humana amb la terra i el cel. Amb quatre revistes alemanyes i una literatura totalment efímera crearen un gust que la gent, per no perdre més temps, ha anomenat el modernisme.

Per a fer una casa, s'han de tenir a més a més unes determinades condicions de senyors, una certa idea del que pot ésser la vida. De quin estil és l'ampliació de Barcelona? És d'un estil barrejat. Els edificis de més pretensions, però, es troben situats entre el bizantí i el gòtic, que per la copiosa presència en molts d'ells del senyor Bassegoda foren anomenats "bassegòtics". Pocs arquitectes foren senyors i artistes. Tingueren, gairebé tots ells, una idea fantàstica de com pot organitzar-se i ha d'ésser una casa. Gairebé tots els pisos són incòmodes, fúnebres i d'un aclaparament obsessionant. No tingueren cap preocupació d'higiene. La cambra de bany, a Barcelona, és relativament molt recent. Seria injust no recordar, encara, dos elements essencials: l'absurditat de les quadrícules, projectades *ad libitum* en el pla de Cerdà, i la gasiveria dels propietaris. Barcelona és una ciutat de gent gasiva.

Però el curiós és que els arquitectes de l'ampliació de Barcelona foren homes de gran personalitat, intel·ligentíssims.

Domènech i Montaner fou un cas. L'arquitecte Domènech fou un home d'una lluminosa intel·ligència, d'un gust particular infal·lible, d'una vasta cultura i de coneixements universals, que en el moment d'executar el que concebé realitzà tot el contrari del que hauria pogut esperar-se de les seves postulacions: el seu gust fou petulant i singularíssim, és a dir, dolent.

Fou un home molt irascible. Quan discutia —i discutia sense parar— la veu se li trencava, feia galls, la pell de la cara se li tornava d'un color de rosa groguenc, la nerviositat l'envaïa. Fou un home important. "La Veu" l'anomenà durant molts anys la glòria més legítima del nostre terrer. Després es produí l'escissió i fou anomenat la glorieta. Encara hi ha gent que es pensen que Domènech fou separatista. Això no és cert. El seu programa polític fou el concert econòmic —és a dir, les idees de "La Renaixensa", les idees dels proteccionistes com el vell Güell i el senyor Aldavert.

Deia coses curioses, generalment irrebatibles. Pel seu gust, els tres monuments arquitectònics més importants de la nostra cultura es troben a la Península Ibérica. Afirmava que la catedral més ponderada del món és la de León; la més impressionant i atrevida, d'una volta que fa posar pell de gallina (cosa certa), és la de Girona; que el monument de més fantasia és l'Alhambra de Granada.

Uns quants amics li donàrem un dia un banquet al restaurant Martín. Hora: les nou del vespre. A les deu encara no havia arribat. A dos quarts d'onze tinguérem la impressió que havia ocorregut alguna desgràcia. Artigues anà a casa seva i el trobà sopant tranquil·lament, en família. Havia oblidat el banquet. Si les amnèsies que sofria en la vida se li haguessin manifestat en el gust, hauria estat un gran arquitecte.

Gaudí fou un home molt distint: home fortíssim en diverses tècniques, la seva personalitat estigué pertorbada per un orgull i una vanitat morbosos, insolubles. En un país en què gairebé està tot per fer i en què el poc que hi ha està sempre en perill de quedar desfet, arrasat o destruït, el nostre arquitecte nasqué singularista i realitzà una obra com si l'arquitectura hagués nascut en el precís moment en què féu l'aparició sobre la terra. No discuteixo el mèrit. Dic només que la presència d'aquests enormes fenòmens de personalitat anàrquica fatiguen.

Gaudí fou enemic de totes les formes de l'arquitectura tradicional, que trobava racionalistes. Creia que l'arquitectura havia d'ésser naturalista, que havia d'imitar la naturalesa. Segons ell, l'arquitectura no era un art intel·lectual, de formes arbitràries adequades a la vida humana, sinó un art d'imitació de la vida còsmica, dins del qual els homes fessin una vida místico-troglodítica. El seu ideal hauria estat reconstruir la botànica i la mineralogia a base de fórmules matemàtiques de resistència perfectes. No és un arquitecte de cases, és un arquitecte de grutes. No és un arquitecte de temples; és un arquitecte de selves. No és un romà ni un catòlic en el sentit que aquestes paraules tenen en la nostra cultura; és un cristià selvàtic primitiu.

En el tracte personal, sempre em féu la impressió d'ésser un posseït o un *poseur*. Sovint el trobava al carrer, en plantofes, menjant taronges i rosegons de pa sec. Ja vell, carregat d'espatlles, vestit de negre, amb els ulls blaus, tímid, esquiu, misteriós, sempre a punt de girar una cantonada, semblava un personatge de Dostoievski. En el més petit dels seus gestos, sobretot a sota de la seva humilitat, se li descobria una vanitat sense límits. No pot parlar-se del gust de Gaudí, com no pot parlar-se del gust de les balenes; negant, com negava, el Partenon i el segle XVIII, el problema del gust no existia per a ell. Les paraules de sentit corrent no poden, doncs, aplicar-se a un cas semblant de desorbitació.

El millor de Gaudí és segurament la Sagrada Família...

vista de lluny. Vista de prop implica l'entrada en la selva verge. El palau Güell, del carrer Nou, sembla una presó. Quan féu col·locar en la façana de casa Milà —la Pedrera— els seus cèlebres ferros, Font i Gumà solia dir, amb molta gràcia, que tot plegat semblava el descarrilament de Riudecanyes.

Gaudí fou un arquitecte molt car. En les efemèrides que Font Torner escrivia per al "Cucut", s'hi troba aquesta perla: "16 de maig de 190... L'arquitecte Gaudí envia la tercera remesa de propietaris urbans per als qui treballa, a les *Hermanitas*". En certa manera, Gaudí i Falqués s'assemblen: són arquitectes gairebé eterns, perquè si alguna casa de les que construïren costà, per exemple, tres-cents mil duros i avui s'hagués de tirar a terra, l'import de la feina seria deu o dotze vegades més elevat, i em quedo curt segurament.

La *manzana* anomenada de la discòrdia, al Passeig de Gràcia, proporcionà als nostres màxims arquitectes l'oportunitat de superar-se en el deliri. Puig i Cadafalch féu la casa Amatller; Gaudí, la casa Batlló; Domènech i Montaner, la casa Lleó.

Gaudí guanyà el premi. He visitat la casa Batlló i encara em sembla un somni. En el seu interior, totes les línies són corbes. Hi ha sostres que semblen aspiradors. Hi ha innombrables formes copiades dels bolets —dels rovellons i pinetells—. En una de les parets del passadís central hi ha un buit en tota la seva extensió —per permetre que la minyona hi passi còmodament, tornant de la plaça, amb el cistell de la compra al braç. El passadís, no cal dir-ho, és curvilini i anguilejant. "Els senyors que visquin en aquesta casa —solia dir Llanas— no podran tenir gos; hauran de tenir serp."

Parlant dels arquitectes del nostre temps, Artigues solia dir que feien unes cases que semblaven mobles i uns mobles que semblaven cases... Aquesta frase és molt encertada i demostra la unitat del modernisme. En el modernisme tot és igual, tot està lligat per la imitació de la naturalesa en les seves formes germàniques més primigènies.

Els crítics que en pintura defensen l'antirealisme solen ésser defensors de Gaudí —sense pensar que un dels pocs arquitectes realistes de la història de l'arquitectura és precisament Gaudí. Això és curiosíssim. Aquests crítics aspiren que la pintura —un art sobre una superfície plana— sigue una creació i no una imitació, i en canvi que l'arquitectura —un art en l'espai— sigui no una creació, sinó una imitació. És literalment incomprensible.

Un home oblidat: Sol i Ortega

Don Joan Sol i Ortega, el cèlebre repúblic, fou un excellent amic meu. Fou un gran advocat i un indescriptible bohemi. Els grans jurisconsults del temps —un Duran i Bas, un Planas i Casals, un Vilaseca— el consideraven un company de la seva qualitat, d'una clara intel·ligència, d'un sentit lluminós i concret. L'abandó i la deixadesa constituïren, però, el fons de la seva personalitat. Es passava les tardes a la Rambla mastegant el cigar, parlant, exactament perorant, amb tothom que anava successivament trobant en el seu camí, el bigoti tocat de petites gotes de saliva, el bastó penjant al braç, el barret una mica de gairell, amb un aspecte general entre cínic i populatxer. Pocs dies després de conèixer-lo em digué:

—Haureu llegit, sens dubte, que jo sóc republicà, i en efecte ho sóc. Però als correligionaris ja els ho tinc dit: quan la portin m'han d'avisar, i així, amb temps, podré anar-me'n a viure a París.

—Creieu que us avisaran? —jo li deia.

—Així m'ho han promès.

Sol, que coneixia molts episodis obscurs del seu temps, em descriví una vegada el pànic enorme que es produí a Barcelona quan, en l'època de la segona guerra civil, circulà la notícia que el coronel Freixa, que manava el terç de la Guàrdia Civil de la regió catalana, es passava als carlistes. Savalls era a Martorell esperant els esdeveniments. Freixa i el seu fill es passaren, en efecte, a les files carlistes, però no aconseguiren que la força a les seves ordres fes el mateix.

Quan la notícia començà de circular, la classe obrera es tirà al carrer i es produí la primera manifestació de caràcter social que cronològicament ha tingut lloc en el nostre país. En arribar la nit, el pànic creixé d'una manera indescriptible per la por que les turbes no es desbordessin i no es produïssin saqueigs i violències. Les personalitats conservadores del moment, amb Duran i Bas al davant, els monàrquics i els benpensants es reuniren precipitadament en sessió permanent. Què calia fer? La deliberació durà hores i hores.

—¿I si cridéssim Savalls perquè ens tregui les castanyes del foc? —proferí en un moment determinat un ciutadà esporuguit, amb una veu blanca i trèmula.

L'Ajuntament es reuní també en sessió permanent amb assistència dels regidors de tots els partits. L'endemà la premsa republicana donà compte de la reunió en la forma gasetillesca més adotzenada i tendenciosa. *Asistieron a la reunión* —digué la premsa— *los concejales republicanos, brillando por su ausencia los monárquicos...*

—Però com és possible que això s'hagi pogut escriure si, a la reunió, hi érem tots? —preguntaren amb els ulls fora de les òrbites els exclosos sobre el paper.

—Ho hem fet perquè suposàrem que en la vostra premsa faríeu el mateix però al revés: que diríeu que, a la reunió, hi havien assistit els monàrquics, *brillando por su ausencia los republicanos*... —contestaren.

—Però si nosaltres no tenim premsa...!

—És que suposàrem que en cas de tenir-ne ho hauríeu fet... Què hi farem! Després de tot, les diferències són imperceptibles...

La política en les altes esferes, en el nostre país, ha estat segons qui l'ha feta; de vegades ha tingut un punt de noblesa; altres ha estat d'un indiscutible plebeisme. En les capes inferiors ha estat generalment un seguit de mútues gitaneries. Sol, davant de la fauna política, era un escèptic. Creia que, en política, l'única finalitat és la d'anar sempre a cavall, tirant, més o menys, de la rifeta.

M'interessà sobretot veure actuar Sol d'advocat. Tenia una intuïció jurídica que impressionava. No llegí ni estudià mai res. Quan se'l consultava, solia dir:

—Sobre el cas hi ha d'haver una llei, una determinada quantitat de jurisprudència. La llei, les sentències del Suprem, han d'estar redactades en aquest o en aquest altre sentit... Jo no tinc, en aquest moment, un coneixement precís dels seus termes; però, com que les coses no poden ésser d'altra manera, de seguida sortirem de dubtes... Un moment!

Hom consultava el Manresa —que era la recopilació que solia consultar-se llavors— i el que havia dit don Joan —el sentit, sobretot— apareixia confirmat lluminosament.

Sol tenia un accent terrible. Parlava el castellà amb accent català i el català amb accent castellà. Era un espectacle truculent. A Madrid la gent solia dir que Sol tenia una dialèctica contundent.

En el curs de la seva carrera tingué dos grans èxits. El primer, l'hi proporcionà la defensa que féu a les Corts dels dos primers diputats regionalistes, el senyor Abadal i el senyor Juncadella.

Pocs dies després dels discurs, hagué de venir a Barcelona per renovar un pagaré que tenia pendent amb Pujol, el cèlebre usurer Pujolet, al sis per cent. L'esperava una massa humana imponent. Les ovacions i els crits l'ensordiren. Fou obligat a pujar a sobre d'una pomposa jardinera. Quan el cotxe arribà a la Rambla, els cavalls foren desenganxats i el vehicle fou arrossegat per la ciutadania. Així fou transportat Rambla amunt mentre les floristes el cobrien de flors. Davant de la casa que habitava, a la Rambla de Catalunya, l'espectacle esdevingué un frenesí. Semblà la definitiva consagració d'un polític.

Vuit mesos després, no aconseguí fer-se elegir diputat per Barcelona. El nombre de vots que collí fou literalment irrisori. Es tornà agre i displicent. Cercà en altres latituds electorals un clima de menys velleïtat, més benigne.

El seu segon gran èxit, l'assolí a Madrid atacant el programa naval de Maura. Mogué llavors, amb les seves afirmacions, una manifestació popular impressionant. Però aquest és un afer que encara no s'ha refredat completament.

Al cafè de Fornos, a Madrid, Sol tenia una tertúlia heterogènia, en la qual concorrien Vázquez Mella, Soriano i don Rafael Comenge. Quan La Cierva ordenà que els cafès fossin tancats a dos quarts de dues, la tertúlia es traslladà, rondinant, a l'habitació que Sol tenia a l'Hotel Inglés, previ el desplaçament d'una quantitat abundant de botelles de cervesa. La presència d'una semblant tertúlia només pot explicar-se perquè els qui la formaven tenien un denominador comú de temperament. Sempre fou curiós d'observar, en el meu temps, l'escassa força que tingueren les idees per a acostar els homes. Ara sembla, per contra, que el que uneix més els homes són les idees: senyal que el fanatisme ha augmentat considerablement. La unió dels homes a través de les idees és un fenomen monstruós: el lligam Saint-Just - Robespierre és horrible. En canvi, és positiu i tolerant l'acostament dels homes per gustos comuns, sensacions o sensibilitat semblant, paral·lelisme de temperament. La tertúlia de don Joan Sol fou una tertúlia de bohemis ideològicament incompatibles.

La deixadesa de don Joan fou proverbial. Una vegada presentà una minuta dues vegades a un client. El client, davant del fet, manifestà la seva estranyesa i li féu observar que en el moment de pagar la primera minuta ell (Sol) havia col·locat els bitllets entre les pàgines d'un llibre que havia tancat en el calaix del despatx. Tot fou trobat com deia el client. Com a advocat, les seves minutes foren irrisòries i només les presentava quan no tenia diners. Morí pobre com una rata i pelat com una geneta.

Tingué una veu rogallosa, una barba sal i pebre, el bigoti cremat per les puntes de cigar que mastegava sense parar. Quan, de vegades, passejant amb mi, passàvem davant d'una església, saludava amb el barret. Un dia deguí manifestar la meva sorpresa:

—M'agrada —digué— de respectar el que ho mereix...

Vázquez Mella a Barcelona

Quan don Juan Vázquez Mella venia a Barcelona baixava a casa Sivatte, a la Rambla. Sivatte era casat amb una senyora Bobadilla i, per tant, era cunyat del vell marquès de Solferino, amb qui vaig tenir una antiga i cordial amistad. A casa Sivatte, a l'hora de prendre cafè, es produïa al voltant de Mella una tertúlia que tenia l'aspecte d'un ambient de quaranta hores, amb gran abundància de capellans i de carlistes recalcitrants, tot plegat, arrugat, acordionat i d'una importància mínima.

Mella fou un gran bohemi. Aquell ambient l'ensopia. Era el que s'anomena, en aquest país, per comoditat, un orador; feia molt de soroll i no deia res; utilitzava grans imatges, grandioses comparacions, realitzava excursions històriques d'unes dimensions inusitades. Com més parlava més lluny es trobava de l'ombra de la realitat. No tenia idea del concret. A través dels seus discursos, no vaig trobar-hi mai res de res. Els capellans l'adoraven, perquè tenien intellectualment el mateix origen: la buidor dels oradors sagrats peninsulars. De tota manera, em quedà sempre el dubte, davant de Mella, de si la seva oratòria era una cosa pròpia o una conseqüència obligada de l'ambient que sempre l'envoltà. Mella fou el poeta de les guerres civils, el poeta de l'enorme fracàs de les guerres civils —però un poeta floralesc, fred, buit, d'un cartró inconsistent.

Quan, procedent de Madrid, arribava a Barcelona, apareixia de levita. Mella era pobre. El seu necessari era míser. El seu equipatge consistia en un petit maletí. Moltes vegades, saturat de la tertúlia, fatigat dels elogis que sense cap pudor se li oferien —era ja massa treballat per a tornar-se vermell—, em cridava a part i em deia:

—Puget, amic Puget... I si anéssim a donar una volta?

Hi anàvem. La volta consistia en un passeig pels carrerons adjacents a la Rambla. Mella caminava vestit de levita, amb els seus vidres de miop tremolant sobre el nas i l'aire d'enravenament engolat de la seva segona naturalesa —l'aire del seu ambient.

Un dia, mentre passejàvem, em digué amb un aire trist i mustiu:

—Puget, porto els pantalons romputs, ¿què m'aconsella de fer?

A les cinc de la tarda entràrem en una sastreria del Call i a les set hi tornàrem per fer-nos càrrec de la peça. Mentrestant, Mella havia passejat amb uns pantalons deixats que li anaven una mica petits. Quan tornàrem a la sastreria vaig presenciar aquest fet: vaig veure Mella posar-se els pantalons, dret i fent uns esforços d'equilibri endimoniats, car era gros i d'un volum considerable. Això em donà a comprendre que no se'ls havia posats mai d'altra manera, que mai no havia sospitat que la manera més eficient de posar-se els pantalons consisteix a asseure's. Vaig entendre que Mella no havia superat un ambient inicial molt deficitari i arriladet.

Mella era gallec. De jove féu uns discursos grandiosos i sublims, inflats de cops de fiscorn i de clarinet. Aquelles obres agradaven a alguns esperits, per les reminiscències que contenien de l'oratòria sagrada antiga. A base d'aquesta empenta inicial anà tirant tota la vida. Al principi es manifestá partidari de don Jaume de Borbó. Don Jaume fou un pretendent caracteritzat pel fet de no tenir cap pretensió —excepte la de viure bé—. Fou un cosmopolita. Parlava el francés, l'alemany, el rus i l'anglès com els nadius d'aquests països. Com a pretendent teòric a una monarquia, no fou més que l'agent d'una elegant combinació de la monarquia imperant. Com a príncep, fou una curiosa reminiscència de l'europeisme del segle XVIII. Personalment fou molt més bohemi que Mella, però si Mella fou un pagerol don Jaume fou un senyor.

Mella, primer, fou carlista. Després, jaumí. Més tard, topà amb don Jaume i creà una cosa singular anomenada la comunió mellista o tradicionalista — o una cosa semblant. En aquest sentit fou l'inventor del monàrquic sense rei, idea que més tard Ossorio i Gallardo popularitzà en un terreny de realitats en l'etapa final de la monarquia per a gran dany del país. La idea d'Ossorio prové de Mella.

—Ja sabeu —em diu Puget animant-se— la gran curiositat que he sentit i sento pel segle passat i les guerres carlistes. Crec que la personalitat més gran que el carlisme ha produït a Catalunya ha estat don Ramon Cabrera. Malgrat el que en la joventud representà, Cabrera acabà acceptant la dinastia contrària. Fou nomenat capità general i se li reconegueren els títols. El fet de no haver-los actuats no vol dir res.

Ara bé: aquesta posició per a mi és incomprensible. Si Cabrera acabà reconeixent la monarquia liberal, ¿quin significat tingueren les guerres civils? No parlo ara de les persones que, com jo, hem pagat sempre la contribució al Govern constituït. En el terreny particular, hom pot equivocar-se o encertar-ho, sortir-se'n o no sortir-se'n. En el terreny particular, les coses tenen una transcendència merament particular. En el terreny públic és diferent: en el terreny públic, la derrota només pot ésser seguida de la humilitat o de l'oblit, mai per la defecció. A la llum de la defecció de Cabrera —i de la de Mella— les guerres civils no tenen altre sentit que el d'haver estat una delirant i absurda bogeria.

El vell comte d'Olzinelles em solia dir:

—Jo no crec en don Jaume, però no tinc altre rei, i moriré jaumí.

El vell general Calderón, que era de Granada i parent de l'emperadriu Eugènia de Montijo, tingué la mateixa posició. Morí a l'exili, a París. No entrà mai en combinacions ni permeté que la seva imaginació es complagués en construccions faltades del sentit del ridícul — que és la forma més viva del sentit de l'honor. Tristany, Savalls, Huguet, Galceran feren el mateix.

A través de Mella, coneguí, a Madrid, el marquès de Cerralbo i vaig visitar el seu palau, que era una fastuosa meravella. El ball anual que donava don Joaquim Aguilera i Gamboa constituïa, en el Madrid monàrquic, el gran esdeveniment social de l'any. Al sopar que seguia, hi assistia sempre el tot Madrid — algunes vegades des de Canalejas a don Jaume de Borbó inclòs. El marquès de Cerralbo fou un senyor petit, molt ben posat, cultivat, finíssim.

L'alimentació. El Continental

Un dels contrastos que m'han impressionat més en el curs de la vida ha estat veure el canvi d'alimentació que s'ha produït en la gent d'aquest país en el que portem de segle. Abans Catalunya fou un país que s'alimentà principalment de carn. Fou un país —excepte la faixa del litoral— carnívor. En els pobles i poblets del país, la carn fou sempre exquisida. En alguns —a Manlleu per exemple— hi hagué un toc per a tallar la carn que semblava literalment francès. A Barcelona, la carn fou sempre mediocre i gallega —excepte en raríssimes carnisseries.

Ara guanya terreny a tot arreu el règim lacti. El consum de llet cada dia creix.

A finals de segle es venien a Manlleu, per al consum públic, setze litres diaris de llet. S'entenia que la llet era la base de l'alimentació dels malalts i de les persones desgraciades. Aquests setze litres diaris de llet eren portats al poble per una pagesa, Marieta, que vivia en una masia dels voltants i que els transportava en una cantina de mà. Un dia que la meva senyora volgué obsequiar amb un gran dolç de crema el violinista Wernes, comprà a Marieta la meitat de la llet que portava. El poble es quedà a mitja ració. Ningú no protestà; ningú no digué res.

Ara Manlleu (1940) consum diàriament més de tres mil litres de llet.

Hem passat, doncs, a ésser un país suau, si els poetes diuen la veritat quan afirmen que la placidesa i la suavitat van lligades amb els prats verds i les esquelles de les vaques de llet. Entre dues llums, en el capvespre, les vaques, les esquelles dels ramats... ja m'enteneu! De vaques, se'n veuen a tot arreu, com a Suïssa o a Holanda —o menys—. De tota manera, no veig enlloc que hi hagi més herbes. A muntanya —i en general a tot arreu— es talen els boscos insensatament. El país, en la meva joventut, era molt més verd que avui. Possiblement una gran part del que som ho devem als arbres que hem sabut conservar. De totes maneres, aquest país, tant localment com panoràmicament, és cada dia més groguenc i més sec.

Pel que es refereix a la cuina, visc aferrat a les maneres antigues. El règim lacti em sembla bé, mentre no representi un empobriment general progressiu. No crec que el règim lacti endolceixi els costums: els febles solen ésser els més complicats. Una de les poques vanitats que presento és haver menjat discretament, haver presidit una cuina de les més substancialment agradables del país. La meva pobra senyora tingué, per aquestes coses, un interès veritablement excepcional. Això, ho puc afirmar sense la por d'ésser desmentit, perquè en el meu temps existí a Barcelona el conjunt de restaurants millors de tota la història de la ciutat. No em vingueu amb cuines extravagants ni exòtiques. La gran cuina, vull dir la gran cuina a la mida de l'home civilitzat, és cosa del segle XVIII i de París. En el conjunt excepcional dels restaurants de Barcelona, n'hi hagué un de superior: fou el que dirigí don Josep Ribas i estigué installat al Continental. El vaig freqüentar, sovint amb la meva senyora. Pel mer fet de paladejar un plat, la meva muller produïa aquest miracle: repetia, amb un sentit innat de la cuina —sovint superava— el que oferia el meu amic don Josep Ribas.

I ja que us he començat a parlar de la transformació que ha produït el règim lacti, us parlaré d'un altre contrasentit lligat amb l'alimentació. Aquest: quan, en les cases particulars, les senyores s'ocupaven seriosament de la cuina, existien en el servei unes magnífiques cuineres. Ara, que ningú no s'ocupa de res i les cuineres serien de primera necessitat, han desaparegut totalment. Diuen que no hi ha minyones... El que no hi ha són senyores.

En l'alimentació he estat sempre partidari del bou. Un bon filet de bou és una cosa que no té comparació possible. A Vic i a la carnisseria Model, a Barcelona, el tallaren, algun dia, admirablement. La vedella sempre m'ha semblat una carn per a criatures de bolquers i senyoretes pàl·lides. També he estat un gran afeccionat a la carn d'olla a la catalana, elaborada a la manera antiga, amb l'orella, la cua i el morro de porc —incloent-li la galta, que és la part de l'animal que justifica d'una manera més peremptòria la seva presència en aquesta terra. La carn d'olla catalana és un plat grandiós, sobretot al camp, a l'hivern, quan fa fred, al costat del foc.

El teatre

La característica del teatre del meu temps —em refereixo al teatre que agradava als anomenats intel·lectuals— fou una nota de tristesa autèntica, de gratuïta encara que profunda malenconia, de realisme subratllat, encara que fals, però tètric. Portar la tristesa personal al teatre —la tristesa no basada en un conflicte autèntic, sinó en els humors de l'autor— és cosa romàntica, pretensiosa i molt perillosa, perquè implica caure instantàniament en l'afectació. Simular sofriment és molt difícil, i els farsants del dolor es descobreixen amb gran facilitat. Compràvem una butaca per vuit o nou rals, ens assèiem a la platea i començàvem a patir... Arribava un moment en què semblava que les úniques persones del món que patien érem els congregats davant de la boca del l'escenari. Després sortíem, anàvem a prendre xocolata o a fer ressopó i tothom tan content! En el fenomen es donaven totes les característiques de la simulació i de la trampa, de la pedanteria i de la vanitat, típiques de la literatura romàntica.

He vist estrenar a Barcelona les obres d'Ibsen, de Maeterlinck, de Strindberg, de Suderman... "La Intrusa", de Maeterlinck, és una obra infinitament més tètrica que el cartell que per a la seva presentació dibuixà i acolorí Rusiñol. Les obres d'Ibsen són tan devastades i fúnebres que a força de veure-hi sofrir hom acaba per acostumar-se al sofriment dels altres sense que hom perdi la gana ni un moment. Personalment, aquest teatre no m'agradà mai, i en les interminables discussions que es produïen, després de les estrenes, a la Mallorquina, entre els partidaris d'aquests hipotètics grans autors i els que modestament defensaven el teatre de Sardou —que continua essent l'últim gran dramaturg que, en certa manera, s'ha produït a Europa—, jo vaig decantar-me sempre cap aquesta darrera opinió. En la vida de l'home, el teatre és un pretext, com qualsevol altre, per passar l'estona; la seva transcendència és ínfima; la seva influència, escassíssima. El menys que es pot demanar a un autor és que distregui —distreure és a l'abast, només, d'escassíssimes persones—, que demostri la seva intel·ligència i la seva agudesa dialèctica. Per això sempre vaig defensar el teatre agradable —amb trucs, naturalment—. Buscar en el teatre la producció d'estats d'esperit semblants als que hom travessa en el moment de pagar la contribució —per posar un exemple— sempre m'ha semblat un error complet.

A l'època en què fou empresari del Tívoli el famós Elies —un dels homes d'aquest país que ha tingut els peus més grossos—, vaig assistir reiterades vegades als assaigs d'un drama del senyor Miró i Folguera. Elies anà al darrera dels diners de la gent valent-se dels procediments més enginyosos. A ell es degué l'abaratiment de les localitats. Creà l'entrada única de cinquanta cèntims. En algunes funcions de tarda arribà a donar, a més de la butaca, el dret de prendre una xicra de xocolata. Si no hagués mort prematurament hauria fet —en sóc cert— una considerable carrera...

El drama del senyor Miró estava inspirat en les obres del Théâtre Libre de París, que dirigia Antoine, i tot en l'obra havia d'ésser natural. Tutau i la senyora Mena estaven amb

Miró —ho recordo perfectament— a l'escenari, Elies contemplava l'assaig des de la fila zero, amb les seves grans sabatasses, les cames posades en diagonal sobre el passadís. Els còmics actuaven.

—Res! —deia Miró, nerviós—. A veure si ens entenem, si vostès entenen l'esperit de l'obra. Aquesta obra s'ha d'interpretar com si vostès es trobessin en el seu propi domicili. Han de parlar baix, molt baix, com si es trobessin a casa seva...

—Però, senyor Miró! —deia Tutau—. Si hem de parlar tan baix com vostè pretén, ¿com serà possible que els espectadors ens sentin?

—Res... res... —feia Miró amb un gest d'una contundència despectiva—. Tot ha de semblar com si es trobessin en la intimitat del seu pis. Tot ha d'ésser íntim, natural, recollit. Per exemple: a l'escenari hi ha massa llum. Hi ha una llum impossible. Amb el quinqué que hi ha sobre aquesta taula n'hi hauria prou. Apaguin els altres llums. Tot ha d'ésser naturalíssim, comprenen?

—¿Però vostè creu, senyor Miró —digué llavors la senyora Mena—, que amb la sola llum del quinqué de petroli serà possible que el públic vegi el que succeeix a l'escenari?

—Res, res...! —insistí Miró, infatigablement displicent—. A l'escenari les coses s'han de produir com a casa seva mateix. S'han de moure, parlar, gesticular, com si es trobessin al menjador de casa seva... Vostè, Tutau, ha d'asseure's així, d'esquena al públic, exactament com si el públic no existís. Tot ha d'ésser natural, naturalíssim. Ha de fer-se càrrec que no es troba en el teatre, que es mou en la vida corrent. Ha de parlar com si es trobés en una casa particular conversant amb un amic.

—Però, senyor Miró! —replicava, esgotat, Tutau—, faci's càrrec, per Déu! Si he de representar d'esquena al públic i, a més, parlant amb la veu baixíssima, com vostè pretén, ¿com és possible que em sentin els espectadors de primera fila?

—Res, Tutau, res... —insistia Miró—. La naturalitat és l'únic important. Fora d'això no existeix res...

De cop i volta, el vell Elies interrompé el diàleg sense moure's de la butaca. Digué:

—Miró, el seu drama no em convé!

—Per...? —demanà Miró amb un somriure adorable.

—Doncs perquè de taquilla, res, comprèn?, res...

Vaig tenir la sensació que Elies tingué la por de perdre, amb aquell teatre tan natural, no solament els diners de la taquilla, sinó les xicres de xocolata que donava a la gent.

Uns mesos més tard, Elies morí i Llanas anà a l'enterrament. De retorn, vaig demanar-li:

—Com ha anat?

—Ha fet *lleno*! —em contestà ràpid i precís.

No crec que pugui existir un adjectiu més just per a calibrar l'enterrament d'un empresari.

El teatre! Quin vent de follia mou aquest delirant afer? El teatre és un món que ha estat per a mi, sempre, un misteri. Quan arribava a Barcelona la companyia Guerrero-Mendoza, es produïa una espècie d'esdeveniment. Don Fernando Mendoza prenia tot el primer pis de l'Hotel d'Anglaterra. Viatjava amb els seus fills —i amb un capellà que era el seu preceptor. L'actor tenia un secretari —o dos— permanent. Mendoza era fastuós i imponent. Es pot dir que tota la companyia vestia bé, però és un fet que els còmics, fins els més distingits, sempre produeixen la impressió de no portar calçotets.

A la sortida de Novetats, a la matinada, Mendoza prenia un cotxe i es feia dipositar, amb els seus amics, al Lyon d'Or, per sopar. Don Àngel Guimerà fou un comensal molt assidu d'aquests ressopons.

Mendoza era afeccionat a les barreges culinàries més absurdes i a inventar combinacions i plats inèdits. El seu paladar no devia pas ésser gaire fi. Un dia demanà a Guimerà que proposés un plat original i mai no vist, i a don Àngel se li ocorregué aquesta increïble procacitat: maduixes amb brou de gallina.

Mendoza volia pagar sempre i ho feia amb una real esplendidesa. De propina donava sempre la resta, vull dir que, si la nota pujava a vuitanta pessetes i havia donat un bitllet de vint duros, les vint pessetes sobrants eren per al servei.

A Guimerà, aquesta tendència de l'actor li pesava notòriament, i així, quan la nota era presentada, feia esforços sincers i considerables per arrabassar-la a Mendoza. Davant dels reiterats sentiments de Guimerà, el cambrer no sabia què fer. Un dia, finalment, pogué fer-se amb la nota. La pagà i donà una pesseta o dues de propina.

L'endemà, quan el cambrer arribà amb la nota, Guimerà es precipità per prendre-la-hi. El cambrer l'aturà amb un somriure que cobria a penes el mal gust de boca deixat per la propina anterior.

—Don Àngel, tingui calma! —li digué—. Ja sap el que diem aquí: muts i a la gàbia...

Quan penso que Guimerà ha estat una eminència del teatre, em sembla que somnio despert. Us contaré una cosa que sap molt poca gent. Fou convocat un concurs d'obres teatrals, a propòsit de no recordo quin pretext. Hom nomenà un jurat de què formaren part homes de tanta sensibilitat com Yxart i d'una serietat tan extrema com Francesc Matheu. Guimerá envià al concurs "Mar i Cel". Aquest drama no solament no fou premiat, sinó que el Jurat el judicà irrepresentable. El seu autor considerà que el veredicte era tan posat a la raó, que abandonà l'original del drama entre la paperassa que rebé el Jurat. Anys després, un empresari anà a veure don Àngel:

—No tindria pas una *nyinyeria* per representar, senyor Guimerà? —li digué.

Guimerà anà a veure Matheu i li digué que li semblava tenir una vaga idea d'haver escrit, anys enrera, un drama que més o menys es deia...

—Sí senyor! —digué Matheu—. Es deia exactament "Mar i Cel".

Els papers de "Mar i Cel" es trobaren en un racó del despatx de don Francesc. "Mar i Cel" ha estat l'èxit més gran, l'obra que ha donat més diners del teatre català.

He format part de *i duecenti. I duecenti* érem anomenats a Barcelona els afeccionats a la música, fa quaranta o quaranta-cinc anys. És clar que el nom era una locució per *modo di dire.* Els dos-cents no arribàrem a ésser més, en realitat, que cinquanta o seixanta. I el drama era aquest: tots plegats reaccionàvem en un sentit contrari a la música italiana, però ens penjaven un nom italià a l'esquena.

Les meves idees sobre la música són molt senzilles, però escassament populars. El piano, el violí, sols, m'agraden poc. El violoncel m'agrada molt més. L'orquestra com més nombrosa s'ha presentat més m'ha entusiasmat. L'orquestra amb masses de veus humanes ha estat per a mi la sublimitat. Els dos grans, enormes músics, són, al meu entendre, Beethoven i Wagner.

Tinc la petita vanitat de dir que he escoltat a Barcelona els millors concerts que s'hi han donat. Aquests foren dirigits per Vincent d'Indy, Lamoureux, Nikisch i Weingartner. Toscanini, com a director, el conec menys.

Jo no sé de solfa, però m'agrada sempre d'improvisar al piano, hores i hores, sobretot els dies ennuvolats o plujosos. Quin encant per a la sensualitat és la pluja! M'agrada de passar els dits sobre el piano al capvespre, lleugerament, veient passar els núvols, a través de la finestra, per la vaga lluminositat del crepuscle, amb la seva ombra reflectida en les fustes immediates, l'habitació plena de la fugacitat de les siluetes i de les ombres. El mestre Vives m'invità sovint a dedicar-me a la música. Però, per què? Tot ha estat, per a mi, un pas lleu, una simple digitació epidèrmica, el reflex de l'ombra d'una ombra.

La música a Barcelona fou una broma bastant arrilada, fins que arribà la Filharmònica de Berlín. L'audició d'aquesta orquestra produí una estupefacció inenarrable. La música semblà una altra cosa, quelcom inoït. I és que abans tot havia estat una improvisació d'una frivolitat ridícula.

He conegut alguns músics del pas: Nicolau, que probablement ha estat un dels més grans. Nicolau, el coneguí en un ambient diferent del que el públic podria suposar: a les sales de joc del *Círcol* del Liceu. Em semblà un home fred i llunyà, obsessionat pel seu ofici. Un capvespre li vaig veure guanyar a la ruleta setanta mil pessetes; les hi vaig veure perdre de seguida. Vaig veure'l sortir, després, impertorbable, sense pronunciar una sola paraula. Em semblà un gran tipus.

Don Lluís Millet és l'home que jo he conegut d'una oïda més fina. Era un literal prodigi de justesa auditiva.

En la meva joventut, sobretot al camp, es cantaven moltes cançons. Dir que eren cançons populars seria una irrisòria redundància; constituïen la mateixa arrel sentimental del país. En la meva finca de Corriol, a Collsacabra, vaig sentir les cançons de la gent, dels traginers, dels bosquerols, dels vagabunds. Jo no sé si el que ara us diré fou una coincidència o una transformació de la sensibilitat de la gent. El cert és que quan la gent deixà de cantar les cançons del país al carrer, al camp, a la muntanya, l'Orfeó Català sorgí espontàniament. En un moment determinat semblà que la gent es donava vergonya de cantar les meravelloses cançons de la terra. Encara som en aquest moment. Les cançons passaren a ésser —les nostres cançons— un objecte de vitrina; els erudits s'hi tiraren a sobre com col·leccionistes de papallones; les catalogaven i estudiaven; establiren les variants, les convertiren en aquesta cosa horrible anomenada folklore. Establiren una diferència entre l'art savi, exclusivament dedicat a la gent culta i rica —ha!, ha!— i l'art popular, que deixaren per a la classe mitja i els pobres. I ja heu vist el resultat: avui la gent no canta més que sarsueles, tangos i pures idioteses.

He conegut gairebé tots els pintors del meu temps. En la meva joventut, el moviment artístic, a Barcelona, era rrisori. Els col·leccionistes eren escassísims, però n'hi havia alguns. El senyor Muntades, de La España Industrial, que té la

La Pedrera de Gaudí segons una caricatura de Smith.

Barcelona era encara apacible i permetia admirar amb comoditat les seves belleses.

Els elegants s'exhibien per un Passeig de Gràcia en plena construcció.

L'encalmada circulació en el Passeig de Gràcia de l'any 1907.

Barrets forts, copaltes i les aparatoses mantellines de Setmana Santa a

bles.

Batalla de flors al Parc de la Ciutadella.

Una reunió d'elegàncies barcelonines a l'Hipòdrom.

A la pàgina següent: l'actriu Tina di Lorenzo, bellesa ideal del fi de segle.

millor col·lecció de retaules del país —si s'exceptua el museu—; Miquel i Badia, el marquès de Brusi, etc. Tots aquests senyors compraven gòtic —poc i per pocs diners— per influència de Santpere i Miquel. Pijoan produí en la nostra pintura vella una revolució indescriptible. La pintura mural catalana romànica té avui, en el món, un valor immens.

En el local inicial dels IV Gats, de Clarassó i Rusiñol, o sia en el Cau Ferrat del carrer de Muntaner, hi vaig conèixer molts artistes. Hi coneguí Simó Gómez i Isidre Nonell. Simó Gómez visqué enmig d'una indescriptible misèria. Nonell pogué pintar perquè la seva família el mantingué —rondinant sempre—. Nonell fou un tipus únic i graciós, tan artista, tan intel·ligent, que ja no semblava d'aquest món. Àdhuc quan anava vestit de fideuer o de tenidor de llibres es veia que era un gran artista.

Don Antoni Caba, que fou professor de Joaquim Mir, fou un gran pintor. Com a retratista el considero comparable a Vicente López i als germans Madrazo. Crec que aquesta afirmació podria ésser demostrada organitzant una gran exposició monogràfica de les seves obres. I si no, ja ho veurem...

Els artistes del meu temps foren, en general, pobríssims. Sempre ho foren, és clar. L'aparició de l'especulació frenètica sobre la pintura data de l'èxit pòstum dels impressionistes francesos. Roig i Soler venia els quadres per deu duros —teles que ara es paguen a dotze mil pessetes—. Del que tinc a casa, en vaig pagar quaranta duros; de primera mà, en pagaren deu escassament. ¿Serà possible que aquesta alça es produeixi en les obres de molts artistes d'avui? En els últims anys la pintura ha estat un carnaval. Després del carnaval ve la quaresma.

Les tertúlies dominicals dels artistes a la Sala Parés, carrer de Petritxol, foren molt notables. El pontífex de la casa fou don Modest Urgell. Urgell guanyà més d'un milió de pessetes, de pessetes bones, pintant un cementiri en sèrie. És un cas d'irrisorietat triomfal i sense precedents onsevulla. Si us hi heu fixat, els cementiris d'Urgell es troben ocupant un gran pany de paret en els locals on se celebren consells d'administració.

en les direccions de grans *tinglados* bancaris o tèxtils més o menys comanditaris o anònims. També hi ha cementiris d'aquest pintor —cementiris en el capvespre— en habitacions de l'Eixampla que no s'obren mai, plenes de mobles enfundats i retrats tràgics de família. Sospito que la burgesia utilitzà Urgell per a donar entenent que els seus gustos eren morigerats, mortuoris i tètrics. Quan es tenen aquests gustos, els Bancs us donen més crèdit.

Urgell fou un *poseur*. La seva tàctica consistia a demostrar que a cada moment venia de l'hort. Quan es produïa una crisi política i la notícia arribava a la Sala Parés, Urgell solia preguntar:

—Escolti, si li plau, qui és Sagasta?

Quan Picasso afirmà que el millor encara que hi ha per a treure la caspa d'una americana negra és un raspall, Urgell li demanà:

—Perdoni, Picasso, què és un raspall? ¿Vol fer el favor de dir-m'ho si no és molèstia?

Rusiñol i Casas no tingueren més que una lluita, que guanyaren fàcilment: desplaçar Urgell del gust de la burgesia. Els primers anys de la pintura de Rusiñol són molt bons. Casas fou el millor pintor del seu temps. L'aparició d'aquests artistes féu que la burgesia es trobés davant d'aquesta novetat: després de tants anys de malenconia, de capvespres tètrics i de cementirs, es trobà, de cop i volta, davant d'una pintura clara i alegre.

En literatura —i en tot— he estat sempre reticent davant de les coses aparatoses, davant de les maquinàries espectaculars. No he pogut mai llegir amb passió el que s'anomenen els grans mestres de la literatura. Els clàssics em solen omplir de tedi. Per mi els clàssics són uns altres. No els he poguts acabar mai —ni en una sessió ni en diverses—. La seva grandiositat em mareja, i arriba un moment que no hi comprenc res. M'agraden els papers sensibles, de to menor, amb detalls concrets, intencionats. Les "Memòries" de Saint-Simons formen una de les obres més impressionants que mai s'hagin publicat. Els escriptors que pretenen ésser originals en el sentit de prescindir del que s'ha escrit en els últims trenta o trenta-cinc mil anys, els considero dignes d'ésser penjats.

NOTES DE SOCIETAT

El primer marquès de Comillas comprà el palau de la marquesa de Moià, a la Rambla, per cent deu mil duros. Avui val copioses milionades. Amb aquest palau es produí un fet extraordinari. Fou ofert al vell Ateneu —a l'Ateneu que abans de comprar el palau Parellada del carrer de la Canuda estava installat a la plaça del Teatre—, i la Junta de la docta corporació es negà a comprar-lo perquè alguns socis allegaren que era massa lluny. Però no perquè fos massa lluny de l'Eixampla —sembla increïble!—, sinó massa lluny de la Barcelona vella.

El palau de la marquesa de Moià era saturat d'objectes de la més gran qualitat. Els tapissos que penjaven de les seves parets foren comprats, per pocs diners, pel rector de Sant Jaume. Dos dels tapissos de la casa, valuosíssims, foren adquirits, més tard, per cent duros cada un, per l'escultor Rossend Nobas.

Pel meu gust, els tres palaus particulars de Barcelona arquitectònicament més bells són el de Dalmases, al carrer de Montcada; la Virreina, construït a la Rambla de les Flors pel virrei Amat, i l'actual palau Comillas, a la Rambla dels Estudis.

L'estat deplorable del del carrer de Montcada és inexplicable, i això demostra, una vegada més, que hi ha un dèficit entre l'amor verbal per les nostres coses i l'amor real. La Virreina es troba en un estat impresentable, i les suades coloraines comercials que pengen de la seva façana i del seu interior, les barraquetes dels memorialistes, són un testimoni de deixadesa imperdonable. L'actual palau de Comillas és el que ha tingut més sort. L'afer que es produí, pocs anys enrera, amb el jardí de la casa fou, probablement, una desgràcia; però el palau, amb l'obertura dels arcs que donen a la Rambla, guanyà, al meu entendre, considerablement. Hi ha famílies sortoses i altres desgraciades. La sort que ha tingut aquest palau, absolutament digna d'ésser subratllada, em fa pensar sempre en el que un dia vaig sentir dir a don Miquel dels Sants Oliver parlant dels Comillas i de Verdaguer.

—Verdaguer —deia Oliver— és, al meu entendre, un gran poeta per haver poetitzat en la dedicatòria de "L'Atlàntida" una figura tan prosaica, d'una poetització tan difícil, com el primer marquès de Comillas. Poetitzar un heroi o una senyoreta, un atleta o un boxador constitueix un tema antiquíssim. Poetitzar un comerciant de les dimensions del senyor López requereix facultats imaginatives singularíssimes. Aquestes facultats, Verdaguer les tingué com ningú.

Una biografia de la família Comillas sobre el fons agitat, espasmòdic, del vuit-cents barceloní tindria un gran interès. Un dels capítols més extraordinaris seria, sens dubte, la presentació del segon marquès, don Claudi, com a elaborador de bisbes. Don Claudi López fou l'espanyol del seu temps que féu més bisbes i regalà més ametistes. Així com el seu pare, don Antoni, es dedicà a fer milions, el seu fill, don Claudi, es dedicà a la feina de proveir els bisbats i les seves vacants de personatges idonis. El primer s'immortalitzà en la Transatlàntica i en la història del port de Barcelona; el seu fill, en la història eclesiàstica i en un intent de ressuscitar el feudalisme canònic.

En el grup de l'alta burgesia del meu temps, don Domingo Sanllehy hi jugà un papel molt destacat. Don Domingo fou un home cultivadíssim: fou un excel·lent llatinista i coneixia el francès perfectament. El seu pas per l'alcaldia de Barcelona serà recordat agradablement. Quan, essent alcalde, anà a Tolosa de Llenguadoc representant Barcelona, féu un paper inoblidable, de primer ordre.

Una cosa puc positivament assegurar: en el meu temps he vist ennoblir molta de gent, he vist fer molts nobles. No crec que en la història d'aquest país s'hagi produït mai un moment tan fèrtil com el que m'ha tocat viure, en el despatx de títols i executòries de noblesa. El vell Continental fou quelcom més que la taula rodona dels cavallers; fou, així mateix, una veritable *table d'hôte*.

El meu gran amic don Pere Grau Maristany fou un home graciós, fresc com una rosa. No tingué mai un no per a ningú. La seva simpatia fou gairebé atabaladora. Si la seva constància a rematar un esforç hagués estat tan gran com la seva simpatia, hauria estat un exemplar humà absolutament superior. La seva cultura era vasta. Era doctor en ciències. Sabia concretament i perfectament moltes coses. Tenia un do envejable: quan presidia una taula destinada a l'exposició de parers diversos i contradictoris sabia resumir magistralment el que hom havia dit. En aquest aspecte fou únic. De tots els nobles fets en el meu temps, crec que Maristany fou el que tingué més mèrit per a ostentar el títol.

Canalejas el féu comte de Lavern després d'un suculent i exquisit dinar a Lhardy, al qual assistiren Cambó i Lerroux. A l'hora de pagar, el President del Consell digué:

—El comte que pagui serà el veritable comte...

Maristany pagà i fou fet comte de Lavern.

Pocs dies després d'aquest esdeveniment vaig acompanyar-lo a la finca que tenia al Masnou. En passar pel poble entràrem al casino. Hi passàrem una estona amb els seus amics, enmig d'una real i autèntica efusió. Vingué l'Ajuntament i molta gent del poble. En el moment de marxar, en prendre el cotxe, Maristany fou acomiadat amb visques i aplaudiments.

—Heu vist mai un comte més popular i més simpàtic? —em preguntà rient.

—Només en conec dos —vaig contestar-li—: tu i el comte de Luxemburg.

Puget em conta la conegudíssima anècdota entre Maristany i Forgas, quan aquest fou fet vescomte. Es trobaren al Continental. Forgas tenia un mal dia, feia mala cara.

—Què et passa? —li digué Maristany—. No tens gaire bon aspecte... Estàs malalt?

—Estic una mica *destemplat,* francament...

—No et preocupis. A mi em passa el mateix. És el canvi de sang...

Un dia el vell Vidal i Ribas arribà al Continental i demanà per Lavern. Era poc temps després d'haver estat ennoblit.

—Heu vist Maristany? —demanà al vell cambrer que ens solia servir.

—Heu sortit un moment. Ha anat al sastre a emprovar-se l'armadura... Tornarà de seguida —digué el cambrer.

El ciutadà a Barcelona més intrínsecament barceloní que jo he tractat fou don Josep Collaso. No es movia mai de la ciutat, ni els estius per anar a fora o a l'estranger, ni per anar a Madrid. Amb el seu germà Enric —tots dos eren concos— vivien en un pis grandiós del porxos d'En Xifré, al Pla de Palau. La seva fal·lera per Barcelona era fortíssima. Els Collaso eren polítics. En realitat, eren els veritables directors del liberalisme dinàstic barceloní, car el senyor Comas i Masferrer no en fou més que la personalitat decorativa. Foren bones persones modestes, sense pretensions, sense vanitat, intel·ligents.

Quan don Albert Llanas es posà malalt i entrà en una situació econòmica extremament dramàtica, vaig organitzar-li una subscripció. Vaig anar a trobar don Josep Collaso i no vaig pas haver de parlar.

—A Llanas, se li han de donar cent duros el mes —digué—. Vostè reculli el que pugui. Jo hi posaré el que falti.

Entre els amics vaig poder arribar a fer-li quaranta duros cada mes. Collaso hi posà els seixanta restants. La subcripció durà molt de temps.

Quan Enric Collaso morí, els seus amics Maristany, Balcells i Fàbregues es personaren a la casa perquè, no havent-hi família, calgué, en certa manera, inventar-la. Maristany es posà al davant per rebre els testimonis de condol. S'acostà amb això una vella pagesa de Vilafranca, parenta molt llunyana dels difunt.

—Quina desgràcia, pobre Enric, valga'm Déu, quina desgràcia!... —digué la bona senyora somiquejant—. Conti'm, conti'm com ha anat...

Maristany li relatà el curs de la malaltia i les circumstàncies de la mort amb tot detall. La pagesa l'escoltà amb una atenció inquisitiva. Tot d'una l'interrompé i, mirant-lo fixament, li preguntà:

—Però, perdoni... vostè qui és? La seva cara no m'és pas totalment desconeguda... És clar! Vostè és el cotxer vell de don Enric! Naturalment... Ja ho deia, jo! Vostè és el cotxer!

El comte de Lavern contava l'anècdota amb una admirable bonhomia, candorosament. Mai no fou un pedant, com tanta gent del nostre braç, sinó un home planer, senzill, humà.

Don Ròmul Bosch tingué l'hàbit singular de portar —tant si vestia d'americana com de levita— les cerilles a grapats per les butxaques. I a més a més tenia per costum d'encendre-les a la sola de la sabata del seu peu dret amb la rascada apropiada i característica. Per encendre les seves cerilles conservant l'equilibri don Ròmul es recolzava a la primera paret que tenia a mà o a l'espatlla de la persona més directament assequible.

Una nit d'hivern, tornàvem de Madrid, en el tren, don Ròmul, Moles i altres diputats i senadors de l'època. Per passar l'estona armàrem un tresillo sobre una manta de viatge sostinguda sobre els genolls dels jugadors. Cada vegada que el senyor Bosch rascava un llumí a la sola de la seva sabata, l'ondulada taula de joc es descomponia i la confusió era completa. Feia fred.

—Don Ròmul! —li digué tot d'una Moles, nerviós—. Si el que pretén és escalfar-se els peus encenent cerilles, tindrà molta feina.

Però el senyor Bosch, que fou un català de caràcter, continuà encenent cerilles fins a Reus.

A la Barcelona d'aquella època es fumava meravellosament. Les porres de *caruncho* constituïen un gran cigar magnífic, d'un perfum exquisit. Costaven noranta cèntims. Els germans Collaso tenien fama d'ésser les persones que fumaven millor de Barcelona. Rebien uns cigars *ex professo*, grans, negres, amb uns pelets —un borrissol— que els donaven al tacte una qualitat de vellut. Un Collaso costava dotze rals. Aquells dos germans gastaven a l'any, per fumar, de set a vuit mil duros. Eren rics, però la seva generositat era magnífica.

Una de les coses més agradables que en aquell temps podia fer-se era pasar una tarda al *Círcol* del Liceu. Al *Círcol* tot era servit a preu de cost. El cafè hi era riquíssim. El tabac, superb. Els licors eren de la més rígida i autèntica procedència. Les tertúlies eren diverses i de duració permanent. Si hom volia divertir-se una estona, pujava simplement a dalt a fer una aposta al bacarà o al trenta-quaranta. Era impossible no trobar, al voltant de la taula, algun amic. En la Barcelona de llavors existia una veritable passió pel joc. El joc dóna molta vida i si fos possible de limitar-lo a les persones adinerades faria bé, perquè el joc anivella les fortunes, com tot el que és luxe i caprici. El *Círcol* del Liceu antic tenia amb el que després fou l'Eqüestre la mateixa relació que pot tenir una vella casa de senyors amb un frigorífic.

A l'estiu, al Liceu les hores passaven imperceptiblement. La vida a la ciutat era plàcida i tranquil·la. Els maldecaps de la gent eren perfectament suportables. Tot era sòlid. La gent era coneguda. Havent dinat, hom entrava a la casa i en un saló estava Collaso, que llavors era alcalde, fent la sesta; en el del costat s'hi endormiscava beatíficament el President de la Diputació, dins d'un vestit d'alpaca, negre i brillant. En un altre local, don Emili Junoy, revolucionari considerable, amb un cigar a la boca feia una becaina. Els cambrers passaven caminant de puntetes. Hi havia un agradable sopor. Un perfum deliciós de cafè i de tabac flotava en l'aire. Des del fons del corredor es veia la llum de la Rambla, verda i suau, trèmula, sota les frondes dels plàtans. Les finestres eren ajustades. La penombra, suavíssima. De vegades entrava un borinot que donava la volta a la casa, rondinant amb una discreció lleugera. Aquesta vaga remor col·locava les coses en una còmoda i incerta llunyania que augmentava els plaers de l'hora xafogosa.

Una de les persones que es prengueren més a la valenta

el seu ennobliment i en quedaren més afectades fou el senyor Robert. Veritat és que fou ennoblit copiosament. El seu primer títol fou pontifici. Després, es concentraren a la seva biblioteca diverses executòries reals, amb la grandesa d'Espanya inclosa. Per arribar-les a obtenir, Robert hagué de lluitar en el camp de l'administració gairebé tant com en el camp de batalla un noble del feudalisme. Un pamflet de Junoy escrit per encàrrec del senyor Coll i relacionat amb el cultiu de l'arròs a Pals (el senyor Robert fou un aferrissat enemic d'aquest cultiu), pamflet que el rei llegí ple de curiositat, estigué a punt de tirar aigua avall la transmutació de valors sanguinis que s'estaven gestionant per la via administrativa.

Mentrestant, fou ofert a Lavern un lot de quadres ennegrits dins del quals s'entreveien, amb prou feines, uns vagues cavallers vestits d'època. Del lot, en demanaven sis mil pessetes. El preu fou considerat excessiu, i Maristany deixà caure l'oferta.

Amb això, el lot fou ofert a Robert, i aquest el comprà. Féu netejar les teles i les penjà a les parets del seu domicili. Pocs dies després, el comte de Lavern visitava els salons del marquès de Robert, comte de Serra i Sant Iscle, comte de Torroella de Montgrí, gran d'Espanya.

—Aquí tens —li digué el marquès assenyalant-li amb un gest de displicència els quadres penjats a les parets—, aquí tens alguns dels meus avantpassats...

Maristany examinà les teles amb una certa detenció i descobrí, astorat, que formaven part del lot que li havia estat ofert.

—Realment són els teus avantpassats? —li preguntà.

—Perfectament.

—De tota manera, em sembla que aquests teus avantpassats també haurien pogut ésser els meus.

—Què vols dir?

—Vull dir simplement que ha vingut de sis mil pessetes...

Robert fou un home de gran fortuna. Era un senyor petit, molt ben posat, d'una posa considerable, amb un color de pell terrós i grogenc (com si patís del fetge) sobre una barba quadrada i maurina. Anava a Carlsbad a prendre les aigües. Viatjava per Europa amb un gran passaport diplomàtic, però en segona classe; per Espanya viatjava en primera.

Maristany sabia apreciar els aspectes tragicòmics de la vida i era un degustador impenitent dels fenòmens d'adulació i del donar per la banda, tan divertits. Aquests fenòmens que constitueixen gairebé tota la substància del que se sol representar quan es parla de la vida sociable de la gent, tenen sovint una comicitat irresistible. Un dia que dinava a casa seva, trobant-se també a taula dues o tres autoritats del Masnou, fou presentada una gran plata de faves i pèsols que irradiava un impressionant perfum de primavera. El plat, però, no fou del gust de l'amfitrió, i així ho digué al criat:

—Ho he dit mil vegades al cuiner i veig que reincideix. No vull barreges! O pèsols o faves; o faves o pèsols!

Davant d'aquestes afirmacions, que Maristany formulà amb un aire contundent, les autoritats del Masnou, que s'havien servit uns plats copiosíssims, declararen a l'unísón:

—A casa diem el mateix. Sí senyor! Res de barreges. O pèsols o faves; o faves o pèsols.

Maristany em mirà; jo vaig mirar Maristany, i la riallada fou espontània i fresca.

Lavern vivia al Passeig de Gràcia i el seu pis tenia escala pròpia. Quan fou ennoblit, comprà una armadura antiga, la féu netejar i brunyir i la col·locà al replà de l'escala. Una vella parenta del seu poble, que li féu una visita, li preguntà, mirant l'armadura, en veu baixa, confidencialment:

—Però escolta, ¿per què has posat aquesta mena de bus al replà de l'escala?

Aquestes observacions el divertien. I és que era un home fresc com una rosa. Li tocà de presidir la manifestació de modernisme espontània més característica que es produí llavors a Barcelona. Fou quan pagà un misteri per al Via Crucis de Montserrat. Hom li oferí un banquet. En el menú hi havia un plat anomenat *entrecôte à la venetienne*. Quan arribà l'hora del plat, els cambrers penetraren al menjador transportant les plates. Cada plata anava unida a un fanalet de formes cargolades i làcies. Amb això, foren apagats els llums del menjador, i de la foscor sorgiren les llumetes dels fanalets de colors diversos. Com que, per a menjar, les llumetes foren insuficients, foren portats més fanalets, que hom col·locà entre els comensals. I això fou *l'entrecôte à la venetienne.*

—Quina manera més estranya de menjar l'*entrecôte* tenen les persones sensibles del país! —solía dir Maristany, entre atabalat i sarcàstic—. Jo us asseguro que se les pensen totes. A veure si resultarà que som un poble d'artistes?

El meu amic Farguell de Magarola —d'una vella família del país— tingué celebritat no solament per la seva actuació política, sinó per l'existència del seu fill, que fou conegut per mig Barcelona pel Nen d'En Farguell. Aquest nen era un xicot gras, el que ara se'n diu un *fatty*, molt criatura, aturat, amb una cara de Buda adormida i badoca.

Un dia que passàvem pel carrer de Ferran, Farguell, el nen i jo, la criatura, que era ja grandassa, veié en un aparador dos objectes d'escaiola que representaven dos gatets, un de blanc i l'altre negre.

—Jo vull el negre, jo vull el negre! —cridà de sobte el nen, fent uns xisclets com si estigués dominat per algun dolor sobtat i agut—. Jo vull el negre!

La gent que passava ens voltà ràpidament, pensant que havia succeït una desgràcia. Un guàrdia s'acostà amatent:

—És que hi ha alguna novetat, senyor Farguell?

No tinguérem més remei que entrar a la botiga. Resultà que el gat negre era venut, i així ho digueren a Farguell. Però el nen es mantingué tossut i continuà xisclant ininterrompudament. La cosa esdevingué pesada. Farguell cridà el botiguer a part, li donà una propina, li suggerí de comunicar al comprador que l'objecte s'havia romput, i així, després de mitja hora de laborioses negociacions, hom pogué posar el gat negre a les mans de la criatura.

—Vaja! —li digué son pare—. Estaràs content. Ja tens el gatet!

—Vull l'altre...! Els vull tots dos, els vull tots dos...! —contestà el nen fent uns xisclets histèrics, molt més aguts que els d'un moment abans.

Calgué comprar-li l'altre gat, i així poguérem finalment sortir de la botiga.

El Nen d'En Farguell era fet d'aquesta manera.

Una vegada un poca-solta li explicà que els mossos de l'esquadra porten el barret amb una ala plana i l'altra dreta perquè quan van pels boscos i se senten fatigats poden, si els convé, recolzar-se en un arbre o dormir a terra sense treure's el barret.

La història féu a la criatura una gràcia extraordinària, perquè durant una llarga temporada corregué per Barcelona interpel·lant amics, enemics, coneguts, familiars i parents sobre el barret dels mossos de l'esquadra.

—No diries mai per què els mossos de l'esquadra —preguntava el nen amb la seva veu atiplada— porten el barret amb una ala plana i l'altra alçada... Doncs veuràs... És perquè quan van pel bosc i estan cansats poden recolzar-se en un arbre sense treure's el barret...

Farguell —cosa humana— tenia una debilitat pel seu fill, i quan anava a Madrid se l'emportava, per veure, potser, si un clima d'altura l'estilitzava un xic. I, atès que el meu amic tingué una certa debilitat per les *coulisses* dels teatrets, no fou pas rar de veure el seu Nen perdut en el món de la tramoia de l'Apol·lo o de qualsevol altre teatre frívol de l'època. Les coristes d'un d'aquests espectacles es fixaren en el seu curiós aspecte i una d'elles, desvergonyida, posà uns perdigons en el fons dels dits d'uns guants que portava solts, i en el moment de passar per davant de la criatura embadalida li donà un cop amb els guants a la cara mentre li dedicava una frase inequívoca. El cop li féu mal malgrat la frase engrescadora. Així fou com Farguell trobà el seu fill ploriquejant entre bastidors.

—Però què et pasa, fill meu? —li digué—. ¿És que no et trobes bé?

—Sí, papà, em trobo bé...

—Llavors, ¿és que et sembla que aquest és un lloc per plorar com ho estàs fent?

—És que aquella senyoreta...

—I què t'ha fet aquella senyoreta?

—M'ha donat un cop amb els guants a la cara...

Es produí una pausa durant la qual Farguell adoptà l'aire somniador dels afeccionats recalcitrants a admirar les senyoretes. Després digué:

—Ai, fill meu, si sabessis com li agradava, al teu papà, quan era jove, que les senyoretes li clavessin cops de guants a la cara...

Qüestions electorals

La meva finca de Corriol, a Collsacabra, em donà ocasió, sense que jo ho desitgés i sempre, és clar, dins de la meva modesta esfera, d'entrar en qüestions electorals. El districte de Vic fou sempre un districte molt equilibrat entre liberals i catòlics, i en definitiva el que féu caure la balança foren els vots de Collsacabra. Aquesta comarca està formada per tres termes municipals: Pruit és un ajuntament de masoveries disperses; Rupit és un poble concentrat, en gran part, en un nucli; Tavertet és un ajuntament remot i inassequible. En els moments presents pugen de tant en tant al centre del poble l'alcalde, el secretari i el metge de Rupit, i administren Tavertet. Hi ha un sol metge per a tots dos pobles, allunyats però veïns. Mengen a l'hostal una carn d'olla suculenta i firmen els papers.

Així, doncs, les circumstàncies feren que durant molts anys pogués disposar dels censos electorals de Collsacabra, és a dir, dels vots de Pruit, Rupit i Tavertet.

—Pagant és clar... —m'atreveixo a aclarir.

—Pagant, pagant... és clar! Però ens hem d'entendre. En primer lloc, tinc la satisfacció de poder dir que els tractes foren sempre decents; en igualtat de preu, els censos sempre foren per a mi. Quan em donaren paraula la compliren, i, això, és agradable en tot moment de proclamar-ho. Afegiré que mai no vaig comprar un vot individual. O el cens enter o res, per un tant alçat i amb l'obligació de destinar els diners al millorament del poble.

Puget, que parla d'aquestes coses amb voluptuositat lleugerament cínica, prossegueix:

—El preu màxim pagat pel cens de Rupit o pel de Tavertet foren mil pessetes. A Pruit no existí mai el problema dels diners. No calgué pagar ni un cèntim, perquè un poble format per seixanta masoveries disperses no té problemes d'urbanització ni comissió de Foment i és un poble feliç. A Pruit, la gent votava, i sempre coincidírem.

El cens de Rupit es componia de cent cinquanta vots. Les meves matemàtiques eren aquestes: em quedava cent vint vots per a mi; en donava vint al contrincant i deu als absents. Resultava un guany net de cent vots. A Tavertet el poble és una mica més petit, però el càlcul era parallel a aquest.

La primera vegada que vaig ocupar-me d'eleccions vaig cometre l'error de no precisar els conceptes. En el moment de liquidar sortiren comptes suspectes: la mesa, el dinar, els interventors, la beguda electoral. Vaig protestar. Després, la meva posició fou clara: o un tant alçat o res. Si els qui actuaven feien alguna despesa, s'entenia que s'havia de restar de les mil pessetes. Eren mil tot comprès. S'entenia, així mateix, com us deia fa un moment, que els diners s'havien de despendre en el poble: en la portada d'aigües, en les escoles, en un o altre servei urgent.

—Vostè, Puget, qui ajudava? ¿És que tenia algun programa polític preferit?

—No senyor. Vaig ajudar sempre el candidat que havia de guanyar. Aquest fou sempre el meu principi. Ja comprendrà que en aquestes coses tan insignificants, tan superficials, no es pot perdre el temps perdent.

—I com ho sabia, que havia de guanyar?

—Ah! Això es coneix amb el tacte, com la qualitat de les

robes. De vegades, és clar, la cosa anà fina com un cabell. Quan això es produïa, jo arribava llavors amb els papers de Collsacabra i donava a la balança el toc decisiu. Aquest fet es produí reiteradament.

El problema electoral, que fins al moment de redactar les actes era simplement divertit, esdevenia de grans dificultats en el moment de fer arribar els plecs a la Junta del Cens: de vegades eren robades pel camí, i llavors hom quedava amb la cua entre cames. Calia conèixer el país a fons, perfectament.

En aquesta classe de qüestions he vist coses divertides. Un dia, trobant-me al costat de don Narcís Verdaguer i Callís, es presentà un home que desitjava veure'l amb gran insistència.

—Què se li ofereix? —li preguntà don Narcís.

—Sóc —digué el ciutadà, traient-se la gorra—, sóc el centurió dels armats de Manlleu i vinc a oferir-li cinquanta vots d'aquests armats a vint-i-cinc pessetes cada un. Li convenen?

Quan don Ròmul Bosch es presentà candidat liberal per Vic, vaig ajudar-lo i li vaig fer costat en molts pobles del districte. En el curs d'aquests viatges vaig convèncer-me de fins a quin punt don Ròmul era morós i tossut en l'administració de la seva generositat. No oferia mai res, literalment res: ni un cigar, ni un cigarret, ni un vas de vi, ni un glop de cervesa. Anant pel món amb aquell singular candidat només hi havia una solució: refugiar-se en la dolça grandiositat del seu programa polític. Era proteccionista i riquíssim.

En un poble, vaig portar-lo a l'Ajuntament i el vaig presentar, a través d'un discurset, a les forces vives. Era a l'època de Canalejas i de la llei anomenada *del candado*. L'eferverscència liberal era extremadament viva. A la Plana de Vic, els capellans fugien de nosaltres com el dimoni de la creu. Els vaig presentar don Ròmul dient:

—Senyors, no facin cas de res si els diuen que don Ròmul, aquí present, és anticlerical, perquè no ho és. No facin cas si els diuen que és liberal, perquè encara ho és menys. No creguin que sigui un home demolidor i anarquista, perquè en realitat té molts milions de pessetes... El que jo puc, en canvi, assegurar-los és que don Ròmul és un candidat econòmic, un candidat profundament econòmic, un candidat que porta l'economia a la massa de la sang i fins als últims extrems...

El senyor Bosch s'enfadà. Cregué que el meu discurs havia estat una presa de pèl. El cert és que tot quedà igual. Ni renyírem ni canvià de procediments. Però la meva gran sorpresa fou quan vaig descobrir que les factures de les seves vel·leïtats polítiques i electorals tenien un reflex en la tenidoria general dels seus negocis. Un dia m'ensenyà uns *asientos*. Vaig llegir: "*Santa María de Corcó a Caja: 94 pesetas*". Era un gran àpat electoral perpetrat amb els elements favorables del dit poble. Vaig llegir-ne un altre: "*Electoreros de Tavertet a Efectos a Cobrar: 145 pesetas*". Era un avenç fet per don Ròmul als ciutadans de Tavertet per arreglar un camí.

Quan Verdaguer i Callís sortí diputat provincial per Vic, l'alcalde de Manlleu, que era carnisser, obsequià, a casa seva, amb ùn gran dinar, el diputat electe i les persones que l'havien ajudat. Era a l'estiu, per la festa major, i quan entràrem a la casa haguérem de travessar, per arribar al menjador, un baf de carnassa i de vísceres que semblava sòlid. El menjador era petit i reduït i en asseure'ns, en l'atmosfera irrespirable, veiérem que sobre la paret del fons, enquadrant el lloc on el diputat havia de prendre seient, hi havia un espai enquadrat amb garlandes de boix dins del qual figurava una inscripció feta amb ronyonets de xai de llet que deia: "A don Narcís Verdaguer i Callís: loor, loor, loor". Al cap d'un any, l'obsessió de l'olor de la carnisseria encara ens perseguia, però en qüestions electorals no es poden tenir gaires manies.

GALDÓS I PEREDA

Fou don Narcís Oller que em presentà Pérez Galdós. Galdós i Oller s'admiraven. Situats en el seu temps aquests dos homes foren dos grans novel·listes. A tots dos els ha passat igual: han estat més cèlebres que llegits.

En una ocasió, amb un grup de "La Vanguardia" antiga, del qual formaven una part preponderant Rusiñol i Sánchez Ortiz, obsequiàrem Galdós, que es trobava a Barcelona, amb una visita a Sant Cugat. El punt de reunió fou fixat davant del diari, a les cinc del matí.

Llavors hom anava a Sant Cugat en cotxe de cavalls i el viatge era llarg i pesat. A l'hora indicada ens trobàrem tots reunits en el lloc indicat, però Galdós no arribava. Passà un quart, vint minuts, mitja hora... Algú, impacient, sortí a donar un tomb pel carrer. Galdós fou descobert assegut a l'angle del marxapeu, davant de la redacció. Contemplava, amb el nas a l'aire, els ulls miops, un mocador de seda blanc al coll, el naixement del dia.

En el tracte, em semblà un senyor insignificant. Probablement, tot el que mentalment elaborava, ho destinava als seus drames i novel·les. El que li sobrava era insignificant. Aquest fenomen és molt corrent entre els artistes; n'hi ha que s'ho guarden tot per a ells, per a la seva obra, i es passen la vida fent el mussol, sense dir res; altres són com una font que raja davant dels seus coneguts i amics. Galdós era dels primers. Com a escriptor, dintre d'una línia general d'amenitat i fluïdesa, sempre em semblà molt desigual. Dos dels seus llibres són, al meu entendre excel·lents, "Fortunata y Jacinta". per la descripció de l'ambient de Madrid, i "De Oñate a la Granja", com a novel·la històrica. Aquest últim llibre és literalment ple de vida i de gràcia i la descripció que Galdós hi fa de la vida en una casa pairal és superba. El retrat de don Beltrán de Urdaneta, gran senyor de pagès, és acabat. Així i tot, hi ha una pila d'Episodis Nacionals mediocríssims.

En la novel·la històrica, crec que Baroja és infinitament superior a Galdós. Baroja és un paisatgista finíssim, a la manera del realisme dels impressionistes i un retratista fascinador, viu, animadíssim.

Quan Galdós estrenà el seu cèlebre drama "Electra", alguns sectors del país inflaren l'esdeveniment en termes apoteòsics. A la sortida del teatre, la nit de l'estrena, Galdós fou dipositat en una victòria descoberta; a banda i banda del cotxe es col·locaren uns individus amb atxes enceses; darrera del vehicle, s'hi agombolà un grup nombrosíssim de correligionaris i admiradors disposats a acompanyar l'autor de l'obra fins a casa seva. Galdós vivia molt lluny, a l'extraradi de Madrid.

La comitiva inicià la marxa entre entusiastes aclamacions:

—Que visqui el gran dramaturg espanyol!

—Que visqui el gran novel·lista!

—Que visqui l'home honrat!

Gairebé no hi havia temps de contestar els visques. Era una crepitació continuada i incessant, desfermada. Sorpresa per l'espectacle inusitat, la ciutadania, més o menys somnolenta, sortia als balcons: les senyores, en *chambre*; els homes amb estrenyecaps.

Vint minuts després d'haver emprès la marxa, els visques continuaven erectes.

—Que visqui l'autor insigne dels "Episodios Nacionales"!

—Que visqui l'integèrrim repúblic!

—Que visqui l'autor d'"Electra"!

De cop i volta i sense solució de continuïtat s'alçà del grup un crit:

—*¡Que viva más cerca!*

Es produí un moment de confusió general, però no passà res. Era un admirador de Galdós que tractà de fer compatibles els seus sentiments amb l'excentricitat del domicili de l'homenatjat. El crit acabà, però, fent tanta gràcia, que fou la solució de tot: la manifestació es dissolgué, s'apagaren les atxes i Galdós pogué arribar a casa seva tranquil·lament.

Galdós i Pereda visqueren barallats durant molts anys. Pereda fou diputat carlista a les Constituents de la primera República, Galdós es mantingué republicà tota la vida. Fou Domènech i Montaner, a través del seu germà l'editor Domènech de "Arte y Letras", el que els portà a fer les paus. Foren, a partir d'aquest acostament, entranyables amics.

Don José María de Pereda, vaig conèixer-lo més que no vaig conèixer Galdós. Pereda i Galdós tingueren un denominador comú: la seva incapacitat per a comprendre el paisatge d'una manera directa i sensible.

Pereda tingué un fill quec. Aquest jove entrà en una crisi mortal, perquè es pensà que les senyoretes es reien d'ell. Arribà a sentir el ridícul d'una manera tràgica. Desesperat, col·locà un dia una escopeta de dos canons sota la seva mandíbula i disparà. El seu cap saltà a miques i bocins.

Pereda envià la sinistra escopeta als seus amics de Barcelona Francesc Matheu i Narcís Oller, i aquests portaren la ferralla dels canons al taller de la foneria de Masriera. El metall fos fou convertit en un crucifix que Pereda col·locà al capçal del seu llit, i el conservà en aquest lloc fins que morí.

Pompeu Gener i "Joventut"

Encara em sembla que veig entrar per la porta del vell Continental don Pompeu Gener. Era un home alt i apoplèctic, de caminar somnambúlic, vestit de gris fosc, de color de castanyer a la tardor, el barret Rubens immens, les guies del bigoti dretes, la pell de la cara color de rajol, els ulls molt sortits, nedant en una limfa groguenca. En passar, deixava un rastre de làudanum. Impressionava i repugnava tot alhora. Prenia seient en una taula qualsevol. El cambrer se li acostava:

—Què se li ofereix, don Pompeu?

—No tinc gana... —deia en un català amb accent francès, una mica enfangat—. Res. No em porti res... Porti'm una ensalada lleugera.

—Res més?

—Res mes.

El cambrer feia quatre passes i Gener el tornava a cridar.

—Escolti! —li deia—. Amb l'ensalada, faci'm el favor de fer-m'hi posar dos ous passats per aigua.

—Molt bé. Res més?

—Res més!

Mentre el cambrer iniciava el seu retorn al taulell, Gener entrava en un aire pensarós. Tot d'una feia un gest amb la mà que el cambrer, situat a la seva esquena, veia en el mirall que tenia al davant. Els vells cafès tenien miralls a tot arreu. Això feia que a la vista oferissin sorpreses permanents. El cambrer tornava a la taula del senyor Gener.

—Amb l'ensalada i els ous durs —deia—, posi-hi també una mica de pollastre. Que estigui bé. Ho digui al senyor Ribas... —feia insinuant i rioler.

—Perfectament... Alguna cosa més?

—...Sí... Després, faci marxar, si li plau, un filet amb patates.

El diàleg es produïa, generalment, a les sis de la tarda.

Un home com Gener, que anà sempre pelat com una rata, pogué fer aquesta vida enmig de l'admiració general. Però llavors tothom trobava que l'època era insuportable i sinistra, i el primer que ho trobava era Gener.

Un dia de primavera, de molt bon temps, em vaig escaure passar davant de la seva taula a l'hora que encenia el cigar que rematava l'enorme *piscolabis* que acabava de fer. Li vaig dir:

—Per què no anem a donar un tomb? Prendrem una mica el sol.

—Jo, Puget —em contestà enravenat i fantasmal—, ho prenc tot menys el sol. Que quedi ben entès! El sol, el deixo per als burgesos...

En aquella època Gener vivia enmig d'una misèria inenarrable. Tenia una habitació llogada a la Fonda de Catalunya, plaça del Pi, que era un establiment freqüentat per les quadrilles dels toreros. No podia entrar ningú en la seva habitació. Un dia, però, tingué una intoxicació i es quedà més mort que viu, al llit. L'amo de la fonda i alguns amics, alarmats, forçaren la porta.

En l'habitació, penjant en diagonal, hi havia un fil sobre el qual el filòsof feia assecar els mitjons i els mocadors, que es rentava a la palangana. Sota el llit hi havia un munt considerable de cloves d'ou. Gener tenia un petit fogó d'esperit de vi, en el qual es feia els ous passats per aigua. Després, tirava les cloves a sota el llit.

Físicament, aquell home era una barreja curiosa de tenor d'òpera, de domador de lleons i de perruquer, amb un dibuix general de formes que semblava la caiguda d'una flor de magnòlia. Vist en conjunt semblava un *boulevardier* elegant. Però per a veure'l en conjunt calia oblidar sistemàticament els detalls. Portava les ungles amb una ratlla negra. Quan l'invitaven a una casa i apareixien les plates a taula, examinava el panorama, allargava un dit, tocava amb el dit una cuixa de pollastre i deia:

—Jo vull això!

És clar: li ho donaven, corrents, de seguida.

Ara, jo crec que Gener fau un gran humorista. Don Leopoldo Alas, "Clarín", del qual vaig llegir, de jove amb tant de gust, els "Paliques" i els articles del "Madrid Cómico", em sembla avui, vist en perspectiva, un escriptor de poc discerniment. Odiava Cánovas —que dins de la relativitat de les coses tingué un cert valor— i elogià incessantment personatges de tercer o quart ordre, com Echegaray, Núñez de Arce, Campoamor... Quin fonament tenia el famós esperit crític de "Clarín"?

Aquest senyor fou, sens dubte, un escriptor graciós, i un dels autors que li excitaren més la gràcia fou don Pompeu Gener. Gener s'encoleritzà, adoptà una posició violenta i publicà un opuscle titulat "El caso Clarín", en el qual demostrà —o almenys aquesta fou la seva pretensió— que Clarín era boig. Després de la publicació d'aquest paper —que produí un cert soroll— vaig trobar un dia Gener a La Mallorquina. Vaig dir-li:

—Ja sap, don Pompeu, que Clarín és a Barcelona?

Pàllid, descompost, trèmul, preguntà:

—I on és?

—Ha anat a la redacció de "La Publicidad" i ha preguntat per vostè.

—Ja ho veig, ja ho veig! —digué sarcàsticament, la boca torta, el somriure sardònic—. Ha vingut a desafiar-me.

—Home! No vagi tan cremat!...

—Sí, senyor, sí. Ha vingut a desafiar-me. Ara, tingui present una cosa: com que jo, en aquest cas, sóc l'ofès, tinc dret a escollir les armes. El codi de l'honor m'hi autoritza, i les escolliré...

—Però, don Pompeu, valga'm Déu, no es posi així! També podria ésser que hagués vingut a Barcelona per algun negoci particular o de família...

—Ca, home, ca! Ha vingut a desafiar-me. Però escolti bé: tinc dret a escollir les armes, i des d'aquest moment escullo l'espasa flamígera, que és una espasa que quan ha penetrat no es pot treure així com així, perquè té rosques...

Ni Clarín, és clar, era a Barcelona, ni pensà mai de desafiar don Pompeu. Però l'anècdota és típica, en els seus matisos, per a comprendre el caràcter de Gener. Llavors, en el París del *boulevard*, es parlava constantment de desafiaments, i Gener responia a la realitat del *boulevard*. Després, l'anècdota demostra amb quina facilitat passava de la realitat a la fantasia i de la fantasia... a l'humorisme més grotesc. Aquestes rosques del'espasa apareixien en el seu esperit en virtut d'un moviment inconscient.

Quan s'implantà el *jiujitsu*, els japonesos se posaren de moda, i Gener deia:

—Els japonesos són extraordinaris. Tenen als peus una virtut que els nostres peus europeus no posseixen: tenen els peus aprehensibles. Una vegada, trobant-me a Tòquio, vaig veure un policia que portava un pres. El tenia agafat del braç amb el peu i se l'emportava tranquil·lament.

A l'Ateneu donà un vegada una conferència sobre l'evolució de l'espasa a través del temps. Demanà al col·leccionista Estruc, amb qui tenia amistat, que col·loqués darrera de la taula presidencial del saló de conferències unes panòplies amb les armes corresponents per tal d'utilitzar-les, com a exemples pràctics, en el curs de la peroració.

Relatà que, trobant-se una vegada a Palestina, i mentre passejava exactament per un oasi, descobrí sota unes pedres un alfange que li semblà de l'època de l'expedició dels catalans a Orient.

—Això és català —digué Gener, estupefacte davant de la troballa.

Féu netejar l'alfange del rovell que el cobria i sobre la fulla aparegué una inscripció que li aclarí tots els dubtes. La inscripció deia: "Fot-l'hi!, fot-l'hi!, fot-l'hi!"

—Era un alfange d'almogàver autèntic! —digué l'orador amb una impressionant serietat, mentre la sala de l'Ateneu tremolava de les riallades i de la gatzara de la gent.

Era modern, però amb una preocupació aristocràtica; afrancesat, però carregat de detalls medievals i gòtics. Estimava els ferros, els pergamins i els mobles de castell feudal. Però en ell la fantasia esdevenia humorisme de manera automàtica.

Tenia una gran admiració per Girona; en parlava amb gran entusiasme. Solia contar que una vegada s'hi trobà per Sant Jaume i que es trobà, passant pels vells carrers, que en un racó havien construït un altar en honor i glòria del sant. Era un altaret molt prim, amb unes llumetes, uns fanalets de paper, unes fustetes cobertes de paper fi i arrissat, tot irrisori i fràgil. Gener entrà en una tenda, comprà un tall de paper imitant el pergamí i hi escriví uns versos amb una cal·ligrafia gòtica de gran severitat. El paper, el col·locà davant d'un sant Jaume muntat a cavall, matant un moro, que presidia l'altar. Els versos deien:

Sant Jaume, patró d'Espanya
us han ben ennavegat,
puix que el que ací us ha posat
ha exercit de patró aranya.
Si bufa vent de llevant
i fa moure les fustetes,
anireu a fer punyetes
el moro, el cavall i el sant.

És molt possible que Gener esgotés totes les formes de l'humorisme del país en el seu temps. En certa manera, és superior a Aulés i a Llanas. Rusiñol trobà en el tracte amb Gener una pedrera inesgotable d'anècdotes, d'observacions i de frases. Ho esgotà tot, i després de Gener el més humorístic consistí aparentar una incommovible serietat. De Gener i Rusiñol s'ha de saltar a Ramon Raventós i Francesc Pujols. En l'entremig no hi ha més que plagi o variants mínimes. Encara avui, una gran part de l'humorisme del país ve de Gener.

És un humorisme que prové de la vena més autèntica del país i generalment es produeix subratllant l'obvietat del seny, del sentit comú. És un humorisme que no és mai sarcàstic, però que tampoc no és cursi. Raja com una font. En Llanas, l'humorisme neix del pur bon sentit. Gener és més fantasiós. Quan diu:

No tothom que porta ulleres
ha nascut a Llavaneres...

la bufonada és irrisòria, però de ressort indefectible. És el bon sentit convertit en fantasia voleiant amb un punt de grotesc. És una vena que prové de la nostra manera d'ésser més antiga i més profunda. En Gener, aquesta vena no degenera mai en xaronisme.

L'obra de Gener que podríem anomenar seriosa, per fer-ne via, no tingué mai la mínima importància. Fou el producte d'uns successius encàrrecs editorials, generalment equívocs. És en la conversació on cal cercar l'esperit de Gener, en les seves reaccions sobtades.

—Viuen en un pis tan petit tan petit —digué una vegada— que quan hi entra el sol han de marxar corrents...

És una frase tan graciosa que conté condensat l'humorisme més humà de Rusiñol. És la quinta essència de l'humor de Gener.

A una senyora que li oferia unes croquetes, Gener li digué:

—Senyora, molt agraït, però el seu marit ja sap que sóc contrari a tots els dogmes i especialment contrari al de la resurrecció de la carn...

El grup de "Joventut" installà les seves oficines en un pis

de la Rambla i Arc del Teatre. La redacció estigué formada per Oriol Martí, home ric i encara solter, mecenas i empresari del paper; Trinitat Monegal, Emili Tintorer, Jeroni Zanné, Joan i Josep Vergés, Joaquim Pena, Pujolà i Vallès, Lluís Via, etc. Aquest grup de joves intel·lectuals consideraven Gener com un grandiós i sensacional espectacle, com una mena d'emperador, encara que de fet no arribés ni a semblar un general d'una opereta d'Offenbach. Quan es deia, llavors, parodiant els versos de "Cyrano de Bergerac"

Són els cadets de la Gasconya
que a Peius tenen per capità...

s'entenia que els cadets eren els redactors de la curiosa revista.

En aquella redacció es jugava principalment al tresillo. Era l'ocupació principal dels seus elements. La seva proximitat al Suís feia que la revista estigués admirablement situada. Hom aprofitava qualsevol pretext per a reunir-se a sopar al magnífic restaurant. Gener s'asseia a la presidència de la taula en el moment d'arribar les ostres de Marennes. Oriol Martí i Joan i Josep Vergés tingueren una especial receptibilitat per als paràsits instruïts i foren d'una hospitalitat fabulosa i discreta.

El grup de "Joventut" féu moltes coses bones. Si no hagués fet més que editar Joaquim Ruyra i Víctor Català, mereixeria tot el nostre agraïment. Com a wagnerià —sense que es pugui dir que el grup ho fos—, Joaquim Pena féu una labor immensa. En la història de la ciutat quedarà aquest grup, a més, per una raó important: si no vaig errat, el primer còctel que hom ingerí a Barcelona s'elaborà en la redacció de la revista. Fou un còctel de xampany francès de la més alta qualitat —any i collita insuperables— portat de Palafrugell pels germans Vergés. Aquest petit, transcendental fet —dic transcendental per la gran quantitat d'amics meus que els còctels contribuïren després a matar de cirrosi hepàtica— donà al grup un prestigi llegendari d'autèntic dandisme.

És molt possible que "Joventut" hagi representat en aquest

país el punt culminant de l'afrancesament. Rusiñol i Casas l'iniciaren des de Montmartre. Els de "Joventut" foren ja del *boulevard*. El gran èxit del *boulevard* de l'època, el "Cyrano de Bergerac" de Rostand, fou traduït per quatre redactors de la casa: per Martí, Tintorer, Via i Monegal. L'obra tingué un èxit immens. A aquells xicots, de França els agradava tot, fins i tot el que alguns troben antipàtic: la nasalitat, per exemple. La nasalitat és l'essència de França; però, com que això no agrada, s'ha posat de moda de dir que hi ha dues Frances, com dues Alemanyes —una de bona i una de dolenta—. Això, el meu pare no ho hauria comprès —i jo ho comprenc a penes.

De tots els del grup, Trinitat Monegal fou el que mantingué d'una manera més persistent i inequívoca el seu esperit. Fou un senyor d'una *prestancia* deliciosa, una mica pueril. Quan volia donar entenent que una persona era un zero a l'esquerra, solia dir —ell, que tenia una fama de presència a les terrasses dels cafès i de noctàmbul tan acreditada:

—Pobret! No sap anar de nit! Què voleu que sigui una persona que no sap anar de nit!

No conec pas l'obra de Gener. El que sol anomenar-se la seva obra seriosa és una improvisació fantasmagòrica que s'ha de posar en el compte, com us deia, d'alguns editors. El seu humorisme, en canvi, em sembla magnífic. El que en realitat no té dubte és que Gener, com a pensador, ha tingut una certa influència a l'Amèrica del Sud. Una vegada el meu germà Jacint, que viu a l'Argentina, feia un viatge a Patagònia i en el vaixell es trobà amb un senyor que en saber que el seu company de viatge coneixia Pompeu Gener demostrà una tal curiositat, un interès i un fervor tan manifestos, que el meu germà quedà astorat.

Al Continental, on venia de vegades pobrament vestit a prendre una cervesa, coneguí Dalfau. M'hi vaig fer amic. Era un residu naufragat de la segona guerra civil. Dalfau havia estat casat amb una neboda del cardenal Lluc.

Era de Llagostera, de la Selva, on havia tingut una considerable propietat i una posició econòmica important. Quan s'inicià la segona guerra, Dalfau es disposà a veure venir. En cap moment no pensà de barrejar-s'hi. En realitat no era ni carlista. Però en la seva família se li produí un gran embat, mantingut sobretot per les senyores —la dona, la soga, les ties.

—¿Però com és possible que ens facis quedar d'aquesta manera? —li digueren dia darrera dia—. Tots els teus amics són a la guerra, i tu aquí, fent el panxacontent. Has de saber que cada dia anem pitjor i que les coses que es discuteixen són decisives. La religió és escarnida constantment, no podem disposar ara mateix de res, perillen la propietat i la família... ¿Com és possible que no pensis més que a menjar i beure?

Pequè no el maregessin més se n'anà a la guerra. Es presentà a Savalls, amb una suma conspícua de diner. Amb el seu amic, l'hereu Manresa de Girona, que era casat amb una senyora francesa, entrà d'ajudant del famós general de la Pera.

L'Estat Major de Savalls, format per nobles i grans propietaris, fou bastant fastuós. Al voltant del general hi hagué els infants Francesc Albert Borbó-Castellví, el comte de Bonald, els Vayreda i altres persones de gran posició. Aquells homes portaven sumptuosos uniformes, grans boines de seda, capes amb colls de pell, botes franceses magnífiques, sabres rutilants. Tot plegat era una mica d'opereta.

En aquell Estat Major, a més a més, s'hi menjava i bevia esplèndidament. Es mataven porcs constantment; les llebres i perdius no faltaven mai en l'ambulant rebost. Savalls fou gran caçador de guatlles amb reclam, i quan arribava el temps dedicava dies enters a equest exercici.

La despesa que tot això originava potser no hauria arruïnat Dalfau. Les seves hisendes, però, faltades de tota direcció, pràcticament abandonades, sotmeses a les calamitats del desordre general, decaigueren i la casa entrà en el procés que porta a la misèria.

Acabada la guerra, Dalfau passà a ésser ajudant d'ordres del Pretendent al castell de Frosdorff i continuà portant un o altre uniforme. Però quan el comte de Chambord tancà l'aixeta de la generositat econòmica —generositat que en certs moments fou considerable—, els interessos del Pretendent se'n ressentiren i calgué limitar les despeses a l'estricte. Dalfau es trobà sense hisendes, sense finques, sense casa i en una situació de franca ruïna.

—Vols fer el favor de dir-nos per què anares a la guerra? —li digueren les senyores de la casa en veure'l arribar—. ¿Com has pogut tenir el patrimoni abandonat durant tants anys? Quina inconsciència! Quina insensatesa!

Dalfau fou repudiat per la mateixa família que el forçà a anar a la guerra.

A Barcelona llogà un *quartet* al carrer dels Tallers. Hi visqué una pila d'anys en un estat de pobresa completa. Collaso li féu donar una credencial mísera a l'Ajuntament. De vegades venia al cafè a prendre un vas de cervesa.

Dalfau, abans de la seva caiguda en la misèria feia de procurador dels Tribunals; de mantenir-se en aquesta activitat potser no hauria arribat al grau de *raté* on va arribar: hi contribuïren, sens dubte, les vel·leïtats polítiques que es despertaven en la forma democràtica; acudí a les eleccions municipals de Barcelona de l'any 1909, en les quals es presentà candidat: no era del tot carlí, ja que els cartells electorals deien: "*Votad al antisolidario Dalfau Menacho*", frase a la qual els lerrouxistes respongueren amb aquesta altra: "*Si queréis que revivan las glorias de Savalls y otros héroes, votad la candidatura carlista de Carlos Dalfau...*".

Un dia, a l'hora de l'aperitiu ens arribà la notícia de la seva mort. Uns quants amics anàrem a l'enterrament. Vaig negar-me a allargar la mà a una família que l'havia tractat tan cruelment.

Coincidint amb la mort de Dalfau, es produí l'última *intentona* carlista, ja entrat el segle.

Fou dirigida per diversos elements; per Solives, que era empleat dels vagons-llits; per Mora, que havia estat amb Savalls a Alpens, i per un coronel de Savalls anomenat en Manel de Calella i encara més conegut amb el motiu de Soques. Soques tenia un cafè al seu poble —Calella de la Costa— i conspirava amb més o menys misteri. L'intent es produí en el Maresme.

L'aventura —una pura follia— no tingué èxit, però els diaris feren, amb el seu pretext, un gran soroll. Es posaren a parlar de Soques copiosament. El nom de Soques esdevingué popularíssim "*¡Se está buscando a Soques con gran deligencia!*" —deien els papers en grans titulars—. "*Prosigue la persecución de Soques*", "*¿Dónde está Soques?*", "*Es indispensable detener a Soques*" —escrivia "La Publicidad" davant del resultat infructuós de la persecució.

En el moment culminant de la popularitat de Soques es passejava un matí per l'andana de l'estació de Canet de Mar don Ricard de Campmany, que encara no era comte de la Vall de Canet. Don Ricard vestia de la manera que féu tan coneguda la seva figura: ample xamberg, americana de vellut negre fi, ribetejada; pantalons de muntar, botes altes i esperons. La seva figura alta i corpulenta, de mosqueter, li arrodonia el tipus.

Don Ricard es passejava amunt i avall de l'estació. Arribà, en això, un tren de viatgers. Al moment en què don Ricard deambulava per davant d'un vagó de tercera, s'abaixà una de les finestres i un home tragué el cap enfora. Interpel·là don Ricard:

—Escolti... ¿No seria pas per ventura el cèlebre Soques, de qui es parla tant en aquests moments? —preguntà el viatger amb una gran serietat.

De la tertúlia matutina (destinada a fer l'aperitiu) del Continental nasqué la Colla dels Vuit, que tingué una finalitat estrictament culinària. Aquesta colla estigué formada —i això és el que li donà el nom— per vuit amics, que foren: Miquel dels Sants Oliver; Pere Grau Maristany, comte de Lavern; Bonaventura Bassegoda, Amargós, Lluís Ferrer Barberà, Josep Boada, Josep Ribas —propietari del restaurant— i jo. De vegades ens acompanyaren a taula Pompeu Gener, Artigas, el pintor Galofre, el doctor Secanella i Trinitat Monegal.

Don Josep Ribas organitzà, per a la colla expressament, un menjador en els soterranis del seu inoblidable establiment —un local recollit i deliciós. Els dinars foren setmanals i duraren molts anys: fins que morí el nostre noble i inoblidable Maristany.

Crec que don Josep Ribas fou en el meu temps, en aquest país, el Talleyrand de la cuina. Crec —i, això, us ho diu un home que es troba a les acaballes de la vida— que haver-se assegut en una taula servida per Ribas ha estat un honor insigne. De vegades apareixien en el taulell del Continental unes grans tortugues. Mai no sabérem exactament d'on les treia Ribas. La persona que no ha menjat mai la sopa de tortuga que don Josep presentava no podrà saber mai fins a quin extrem d'intensitat poden arribar, en una persona, elc seus sentiments d'amor al proïsme. Era una pura, indescriptible delícia. Quan vingué a Barcelona l'enorme i distingit equip de Mr. Pearson de la Canadenca, vaig sentir declarar reiteradament i unànimement que la sopa de tortuga del Continental batia, en tots els terrenys, la que presentava, a Londres, el cèlebre restaurant Simpson.

Els sentiments que produeix una bona cuina, un dinar excel·lent, no poden descriure's perquè, com tot el que és poesia, forma part del món de l'inefable, i això, si no és utilitzant interjeccions —que en un llibre serien desplaçades—, no pot formular-se escolarment. La colla menjà divinament i per preus irrisoris: tres plats cuinats de la més alta qualitat; vins francesos; postres i gelats; xampany francès; cafè i licors de les més indiscutibles marques europees, cigars de l'Havana... El preu oscil·là sempre entre vint-i-sis i vint-i-vuit pessetes.

Els nostres simposis arribaren a tenir una certa fama i fins en determinats moments els envoltà un punt de misteri. Un dia el senyor Moret, que era president del Consell de Ministres, digué a Maristany:

—No oblidi la penya del Continental, Maristany! En tingui cura! És importantíssima.

Les frases de Moret ens feren molta gràcia. L'únic misteri dels nostres dinars fou la cuina de don Josep Ribas.

Quan Ossorio i Gallardo, l'any 1907, fou nomenat, per Maura, governador civil, demostrà un tal interès a assistir als nostres dinars que l'haguérem d'admetre de seguida per evitar el risc de topar amb les autoritats constituïdes. En una bona taula, Ossorio féu sempre un gran paper. Més tard, jugà la carta de la revolució, sense prudència. La gent es cansa d'estar bé.

Passaren per la nostra taula invitats il·lustres. Tinguérem el gust d'asseure'ns-hi al costat del general Roca, que venia d'acabar la seva comesa de President de la República Argentina. El senyor Roca havia obert la Pampa a la civilització i havia coronat les seves campanyes entrant a Buenos Aires davant d'un exèrcit que arrossegava vint carretes tirades per bous, plenes de cranis d'indígenes.

El dia del dinar en honor del general Roca, Maristany invità Roig i Bergadà, que en aquells moments era alcalde de Barcelona. Maristany elaborà en honor del nostre important hoste un menú considerablement intel·ligent en el qual la tisana de xampany francès fou oferta com a beguda de taula.

Ja assegut a taula, Roig i Bergadà inicià la lectura del menú amb cara visiblement satisfeta.

—Punyeta, Maristany, tisana! —sentírem que deia tot d'una, fent petar els dits en el moment de llegir la carta dels vins.

Roig fou un gran advocat. Fou alcalde. Fou ministre. I el pobre senyor no arribà ni a les beceroles de la mesocràcia més corrent.

Gràcies a Miquel dels Sants Oliver, ens acompanyà un dia a taula don Marcelino Menéndez y Pelayo. El gran crític em semblà un home virtuós, una mica fatigat, taciturn i silenciós, girat sobre els seus pensaments, desproveït de tota vanitat, modestíssim. Un introvertit —per dir-ho en el lèxic d'avui. Menjà poc, però begué —potser per vèncer la timidesa. Arribada la sobretaula, entrà en un sopor tocat de misantropia. Oliver, pel qual Menéndez y Pelayo sentia un afecte molt intens, tractà de desplaçar-lo de la seva flotant morositat recitant-li trossos de la famosa Bíblia en vers de Carulla. Allò de:

Jeroboam prepotente
engendró a Eliezer alegremente...

el transportà a un món d'imatges més acolorides.

—Carulla, Carulla! —deia Menéndez—. El nom em sona, vagament.

Des del punt de vista humà —que és un punt que implica el reconeixement de totes les febleses humanes—, don Marcelino feia en el tracte el mateix excel·lent bon efecte que quan escrivia.

Rebérem també els germans Quintero, que llavors iniciaven la seva ascensió. He de dir-vos, de tota manera, que, en les persones que escrivien per al teatre, hi he observat una cosa: són persones que no diuen mai res que tingui interès, segurament perquè, tot el que elaboren i consideren vendible, ho reserven sigil·losament per posar-ho en les obres que escriuen. Aquest tipus d'invitat és una mica dur de pelar. Amb el seu mutisme, semblen tenir la força d'aturar el temps.

Quan l'actor Ermette Zaconni venia a Barcelona, era el nostre hoste indefectible. Enraonava sense parar, perquè amb els còmics passa el contrari que amb els dramaturgs, i, si aquests

Antonio Maura, cap del Partit Conservador.

L'escriptor i periodista
Miquel dels Sants Oliver.

Emili Junoy,
diputat a Corts.

Alejandro Lerroux,
a l'època dels
"jóvenes bárbaros".

L'últim retrat
de José Canalejas.

El Doctor
Font Torner.
Dibuix de
Ramon Casas.

no diuen mai res que tingui interès, els còmics enraonen sempre; però, com que només parlen d'ells, hom arriba per camins diferents al mateix resultat.

El cirurgià Emili Secanella, que fou el més cèlebre uròleg del meu temps, era un dels contertulians més amables de la colla. Solia contar que la setmana que operà Ròmul Bosch i Borés, de la pròstata, el seu xofer li digué:

—Vaja, doctor, molt bé! Aquesta setmana, dos Rolls.

El dia que Secanella ens digué que havia intervingut la pròstata número mil, la colla considerà que havia de celebrar l'efemèride dignament. En realitat, tot servia, en aquella època, per a fer un bon dinar. De tota manera, la celebració d'un mil·lenari que amb una mica de llibertat podríem anomenar prostàtic és un fet molt singular i molt típic d'aquella època de benestar.

Del grup, el més *gourmet* fou l'arquitecte Amargós. Degustava un plat —sovint només l'olorava— i el seu diagnòstic era infal·lible. Davant del que li agradava, Oliver menjava ronronejant; Maristany, amb un optimisme exultant i expansiu.

L'Ateneu Barcelonès. Font Torner

L'Ateneu de Barcelona hauria pogut instal·lar-se, com ja vaig dir-li, en el palau dels marquesos de Moià, a la Rambla, actual palau de Comillas. Els socis de la docta corporació, però, cregueren que l'edifici que se'ls proposava era massa lluny del centre de Barcelona.

Fou Ildefons Sunyol, qui em portà a l'Ateneu —i concretament a la gran tertúlia del segon pis, en els salons que donen al carrer de la Canuda. M'és agradable recordar, fins on m'és possible alguns contertulians: Domènech i Montaner; Vicenç Artigas; Pere Coromines; Josep Maria Roca; Font Torner; Cristòfol Fraginals; Josep Tutau; Soler i Palet; Pin i Soler; Font de Boter (que tenia idees carlistes) Josep Pellicer; Roca i Roca;

Serra i Pagès; Jaumandreu; Lluís Llagostera; el pintor Cusí; Oriol Martorell; Lluís Labarta, el vell; Moliné i Brasés; Emili i Joan Vilanova; Martínez Serinyà; Lluís Viada; Delmàs; Joan Maragall; Llobatera; Ildefons Sunyol; Jaume Carner; Joaquim Morelló; Font i Gumà; Casades i Gramatxes; Josep Fluvià; Lluhí Rissech; Alexandre Cortada; Frederic Rahola; Blanch; Emili Secanella; Moles; Ezequiel Boixet (el "Busca buscando" del diari dels Godó); Sánchez Ortiz; Cruells; Francesc Permanyer; Pujol (del Forn de Sant Jaume); el dibuixant Pascó; el coronel Ristol; Secundí Coderc; Gomis; Rafael Calvet; el músic Alió; Roig i Buxeres...

La tertúlia durava una gran part de la tarda. Hi havia, és clar, uns elements fixos i permanents, però a més a més hi havia els que podien aparèixer a qualsevol hora; aquestes entrades i sortides donaven a la reunió una renovació continuada. Els contertulians teñien tots, en el seu ram o professió, un valor cert. Tothom pensava a la seva manera, segons els seus gustos, temperament o idees. Hi havia criteris diametralment oposats, però no recordo que mai s'hi produís una escena desagradable per intolerància o tossuderia. L'ambient era d'una gran simpatia, la plaça pública, la gran àgora, no m'ha entusiasmat mai; les àgores petites, concentrades, homeopàtiques, han tingut, sempre, per mi, en canvi, un gran encant.

Un dels meus millors amics de la tertúlia de l'Ateneu fou el doctor Font Torner, que els amics anomenaren Font Nano, a causa de la seva escassa estatura. Font ha estat un dels esperits més cultivats, més aguts i més sarcàstics que en la vida hagi tractat.

Era metge i amplià els seus estudis a la Sorbona. Crec que fou un dels primers metges d'aquest país, a la nostra època, que passà per la Facultat de Medicina i els hospitals de París. A la capital de França perdé un ull i li'n posaren un de recanvi, de cristall. No comunicà a ningú aquesta desgràcia. La seva família quedà veient visions quan, la nit del seu retorn de París, a l'hora de sopar, fent broma, col·locà el seu ull de vidre sobre les estovalles familiars, sota del llum. Es produí una escena d'una inenarrable confusió. Mai no s'havia vist, abans, en aquesta ciutat, una cosa semblant.

En la seva joventut, i representant no sé quin organisme professional, assistí a un congrés de metges a Moscou. Contava coses de Rússia. En aquell congrés, els assistents hi foren copiosament obsequiats. Quan Font descrivia les qualitats del caviar, de la mantega, de les perdius confitades, de la cervesa fresca que els donaren en el Kremlin —seu del Congrés— se us feia aigua a la boca. El *buffet* fou molt més important que les discussions científiques del Congrés —si és que se'n celebraren. Font no creia en la Medicina intuïtiva; una mica més, poc, en la d'observació; en realitat no creia més que en la naturalesa, en la força de la il·lusió i en l'atzar.

En el viatge de retorn de Moscou, alguns congressistes, entre ells els de Barcelona, passaren per Constantinoble. Fou a la capital de Turquia on Font formulà una de les seves més conegudes agudeses, o almenys la que fou repetida més copiosament. En el moment d'abandonar l'hotel on s'hostatjaven, els metges foren obligats a sortir en fila índia i travessar una murada de persones col·locades per rebre la propina. Aquests individus, mentre desitjaven als viatgers un bon viatge en la llengua suposadament més intel·ligible, feien unes reverències tan exagerades i tan servils, que indignaren Font. El meu amic passà darrera d'un grup d'italians i fou acomiadat en aquesta llengua: —*Buon viaggio, buona sera, signore...!* sentí que li auguraven d'entrada amb una entonació servilíssima.

—Aquí no hi ha més cera que la que crema! —contestà Font amb un aire altiu, displicent, amb un punt, però, d'humana xaroneria.

Font era un home cultivat. Posseïa coneixements astronòmics i literaris. Crec que fou l'home d'aquest país que en el seu temps conegué millor la lluna. Un dia vaig acompanyar-lo a Vic, on donà una conferència sobre el satèl·lit. Quedà com un astrònom de primera força, amb l'avantatge, a més a més, que parlà clarament i senzillament. Fou també molt fort en història, art, mitologia i clàssics. La seva conversació era divertida i càustica. En les tertúlies, el seu paper fou preponderant. Quan entrava en una discussió, la seguretat dels seus coneixements era molt visible.

Font fou un home petit. Tant a l'hivern, quan portava l'abric, com a l'estiu, vestit d'americana (tant si era llarga com curta), tot semblava conjurat a reduir el seu físic. Quan es posà de moda el macfarlan amb les valones sobre les espatlles, la seva irrisorietat augmentà. Afirmava que les seves escasses dimensions havien frustrat la seva carrera de metge i que, per a fer quelcom en la vida, s'ha de posseir un mínim de presència. Tenir un tipus era, segons ell, molt important.

Un dia visitava una malalta del cor. El cas era greu. S'inflava. Font li receptava tota mena d'estimulants, però el cor no responia. Arribà un moment, en què la malalta no resistí el llit. Vivia asseguda en una butaca. Els seus familiars comunicaren un dia al metge que estava a punt d'arribar un parent de Bilbao per determinar el que calia fer.

—Demà t'acomiadaran... —pensà Font, amoïnat.

Arribà el parent i interpel·là Font. Aquest explicà la situació amb tot detall, demostrant la incapacitat del cor per a reaccionar. Després de la llarga explicació es produí aquella pausa tràgica que sembla flotar en les sales de les alcoves on hi ha un desengany.

—I què més...? —semblava dir, amb els ulls implorants, el familiar.

Font digué amb un aire abatut que contrastava amb la lluentor del seu ull de vidre:

—Jo posaria, és un dir-li-ho a vostè, la malalta al llit i la travaria amb els llençols, fort. Tinc molta por que no se'n vagi al cel amb cos i ànima...

He conegut moltes parelles d'homes incompatibles, però no crec que hagin existit dos homes d'una incompatibilitat temperamental més profunda que la que existí entre Font i Torner i Lluhí Rissech.

Lluhí, que era regidor, a Font:

—Ara farem una cosa com a Suècia...

—No us precipiteu! Fet i fet, serà un desastre. Per aquest país són massa rossos...

En una altra ocasió es parlava del mètode Montessori i de les seves excel·lències pedagògiques.

—És un gran mètode! —deia Lluhí—. A les escoles, les criatures han de tenir plena llibertat. Han de poder fer tot el que directament dimani de la psique infantil. Han d'educar-se a base del cultiu del seus gustos individuals. Les criatures s'han de respectar. Són l'esdevenidor. Les nenes i els nens, hem d'envoltar-los d'un ambient d'ocells i de fullatge. La pedagogia ha de bandejar dels seus mètodes les llàgrimes, el dolor, els sacrificis...

—... I d'aquesta manera —interrompé Font—, quan surtin d'estudi, els guàrdies municipals els hauran de caçar amb llaç...

Lluhí parlava un dia de la seva carrera universitària com el que fou: com un model de carreres d'aquesta classe.

—A la Universitat —deia— no vaig deixar d'anar ni un sol dia a classe. Si hi vaig faltar alguna, rara, vegada, fou per un cas de força major...

—Doncs jo —contestà Font—, sempre que vaig disposar d'una força menor suficient per a justificar la meva presència al Parallel, és al Parallel on vaig anar... Jo vaig ésser un mal estudiant; tu, un estudiant perfecte, acabat. Ja et vaig dir anys enrera que si no hagués estat la migranya hauries pogut ésser un segon Pi i Margall...

Un dia passejàvem per la Rambla de Catalunya i ens aturàrem un moment a escoltar un dels més cèlebres cors de Clavé: "L'Euterpe". L'agrupació tenia molta fama.

—Tinc la impressió que desafinen constantment... —diguí a Font.

—En efecte, desafinen. Fan la impressió que aquest infeliç de Clavé els va treure de la taverna i que ara no saben què fer...

I, després d'una pausa petita:

—Potser, ben mirat, el millor seria tornar-los a la taverna.

Font era sarcàstic. Algú féu remarcar que havia parlat malament de tot Barcelona. Però això no és exacte. Tingué per Ildefons Sunyol, per Oliver, per Collell i —així ho vull creure almenys— per mi un respecte i una discreció que, pel que personalment m'afecta, fou potser excessiva. Era evidentment el que per comoditat s'anomena un voltairià. Però una semblant característica sempre m'agradà. Una certa llibertat de pensament i d'expressió em sembla la sal de la vida, el pebre i les espècies d'aquesta vall de llàgrimes. Si això no existeix, la vida no té cap sabor, és d'una total insipiditat. I, ara que parlem d'aquestes coses, observi la paradoxa: en el meu temps la vida era plàcida, còmoda, amable i els observadors i crítics tenien una gran ferocitat; ara la vida és dura, despietada, terrible, cruel, i els crítics són d'una mansuetud d'animals de llana o vacuna, si no ho troba prou exacte.

Una tarda, Font arribà a la tertúlia i li fou comunicat que Gomis s'havia casat. Gomis era considerat el ciutadà de Barcelona de llengua més viperina i verinosa.

—Sí, ja ho sé! —digué Font, servint-se el sucre—. I, a més a més, puc afegir que després de la cerimònia Gomis féu un petó a la boca de la seva senyora i aquesta quedà morta a l'acte. És un final trist, però era ineluctable.

El senyor Pepito, del Forn de Sant Jaume, era un senyor que estava alegre gairebé tot l'any. Fou observat, però, que a primers de gener s'entristia. Feia una cara llarga, les faccions se li enfosquien, semblava preocupat.

Font l'interrogà:

—Estàs trist, Pepito?

—No...! —contestà ràpid.

—Què et passa?

—Res... Què vols que em passi?

—De tota manera, fas cara de trist...

Li costà un cert esforç, però al final ho confessà.

—És que tinc —digué— seixanta mil duros per col·locar i no sé com fer-ho.

—Ric-pobre! —digué Font, sec, amb menyspreu.

—Rigo-letto! —contestà després d'una estona el senyor Pepito, amb l'aclaparament de l'home que ha hagut de fer un gran esforç per reaccionar.

Font tenia dues cases a la Garriga. En una d'elles, ens hi reunírem sovint els seus millors amics, amb Collell i Oliver. Quines bones estones hi passàrem! Quan Oliver tingué el seu terrible atac de paràlisi, Font es presentà a la casa i a través d'un constrenyment i una emoció reals tractà que la seva ajuda fos acceptada.

—Jo ja sé —digué— que els periodistes seran sempre pobres... Accepteu, si us plau, aquesta mostra insignificant de simpatia i d'amistat...

El generós oferiment, però, no fou pas acceptat.

Font col·laborà anònimament en una gran part de la premsa satírica del temps. Una antologia del que escriví constituiria probablement un llibre graciós i divertit. Solia dir, resumint la seva experiència literària amb una frase un poc amarga:

—Tots tenim la nostra manera particular i original de fer el ximple... És fatal!

Conservo un gratíssim record de don Emili Vilanova, el gran escriptor de costums barcelonines. Tenia un negoci d'envelats i corria les festes majors muntant i desmuntant baluernes d'aquesta classe. Els seus escrits són exquisits, tenen l'aroma de la cosa autènticament popular i l'encant d'una mena d'incapacitat total per a la retòrica —cosa rara i admirable.

Un dia, Artur Masriera, que havia estudiat per jesuïta i era joier amb obrador a la Plateria, tingué un atac de neurastènia i digué a Vilanova que volia morir-se. Llavors hi havia molts neurastènics; ara no n'hi ha cap. Masriera era un home alt, flac, lineal, transparent, trencadís, amb molta facilitat per a enamorar-se.

—Vull morir-me! —deia a Vilanova—. La vida és insuportable! No puc més! Vull acabar d'una vegada!

—Vols morir-te? —li respongué Vilanova amb la seva calma habitual—. ¿Però no comprens que si et mors semblarà, quan et portin a Montjuïc en el bagul, que hi transporten una ullera de llarga vista?

—Els neurastènics —deia Vilanova— són de vegades molt sensibles al sentit de l'humor i altres vegades al sentit del ridícul. Després de la meva observació, Masriera no ha volgut morir-se mai més.

Vilanova tenia un germà, Joan, persona molt culta, erudita, creador d'una gran biblioteca, cercador constant de llibres i papers. Tots dos germans foren d'un tracte delicat, exquisit. ..

Quan Alexandre Cortada era pobre, es manifestava com un anticlerical frenètic. En una ocasió que pujàvem Passeig de Gràcia amunt, ens creuàrem amb un capellà. Cortada em digué:

—Fins que no netegem el país de tot això...

—Home, Cortada! —vaig dir-li—. No exageres? ¿Creus que es pot parlar tan lleugerament?

—Mira, Puget! —em contestà enravenat, gairebé violent—. Si em véns amb *remilgos* no farem res...

Pocs anys després, heretà, i el primer que féu fou subscriure's al "Brusi". Després se n'anà a París. Des d'allí escriví unes cartes als seus íntims fent elogis ditiràmbics de Taine. Amb això circulà la notícia que es casava.

—En efecte! —digué Font—. Fa un matrimoni excel·lent. Es casa amb una criada de Taine, molt difícil i intel·ligent, amb unes idees molt més de pedra picada que les d'ell.

Quan tornà de París aparegué amb uns grans vidres de carei. Fou el primer que els usà a Barcelona. L'efecte fou d'una extravagància enorme, que avui ja no pot comprendre's, atesa la universal acceptació que ha tingut. Retorn, a més a més, tan grotescament conservador, que esdevingué d'un tracte insuportable, pesadíssim. Una vegada que li vaig fer una observació sobre l'honorabilitat d'un banquer, es posà rígid:

—Puget —digué—, no em vingueu amb *remilgos*!

Una de les coses que no vaig poder mai comprende fou aquesta: el teòric del modernisme fou Raimon Casellas, malgrat que, segons confessió que li vaig sentir reiteradament, el que realment entenia era la pintura medieval. És probablement a causa d'això que elaborà, escrivint d'art, un autèntic galimatias. —galimatias que contribuí directament al mal gust general de l'època. Casellas aportà al modernisme una concepció gremialista de la vida medieval, sense cavallers ni cavalls, sense dureses ni obscurantismes; una edat mitjana de princeses pàllides i allargades, d'artesans modestos, d'estilitzacions beatífiques, de mòrbides llums de vidriera. Una escenografia una mica belga.

Casellas fou tintorer d'ofici i liquidà la botiga que heretà de la seva família a Barcelona per dedicar-se a la vaga i amena literatura. Casellas i Font Torner foren grans amics. Si el primer fou fill de tintorers, el segon nasqué en una fleca. Aquests dos homes foren els animadors més actius del moviment que col·locà Rusiñol i Casas en el camí de les seves rutilants carreres. Casellas fou l'escriba del moviment; Font, l'orador oficial —un orador oficial carregat d'humor sarcàstic. En aquest sentit, fou l'home que calia. No hi hagué festa ni festeta, ni banquet, ni *vernissage*, ni fontada, ni esdeveniment celebrat per la jove generació en el qual Font no aportés el seu concurs, els seus versos. Amb el seu ull de vidre, la seva alçada irrisòria, el seu barret minúscul i l'ànim actiu que solen tenir els homes menuts, fou la cèl·lula activa del grup, en els seus començaments. Però no es féu pas gaires il·lusions. Solia dir a Casellas:

—Ens hem equivocat, estimat amic. Tu t'has equivocat abandonant la tintoreria com jo m'he equivocat deixant apagar el forn familiar. D'altra manera ens veuríem si haguéssim endevinat on eren els nostres interesos.

En els "Consells pràctics", llegits per Font en el sopar "fi de segle" amb motiu d'una conferència de Casellas a l'Ateneu sobre "La pintura gòtica catalana", s'hi troben aquests versos:

...Aquelles hores gastades
rentant i embrutint vidrets
i altres eines delicades
hagueren dat més fent llonguets
o bé coques ensucrades...
O fent-les fer i descansant...
que els diners —ei, no estafant!,

i dit sia entre nosaltres—
no es guanyen pas treballant,
sinó fent treballar els altres...
Tindríem una torreta
molt ben guarnida de pisa
per passar-hi l'estoneta.
El que somnia el poeta
i l'adroguer realitza!

En aquests consells de Font hi ha una vaga intuïció del final tràgic de Casellas. Però, és clar: Casellas seguí el seu camí i fins i tot esdevingué crític teatral. Fou tingut per un crític indiscutible, fins que aparegué Emili Tintorer. Aquest fet produí una gran polèmica. Les opinions es dividiren. Al "Continental", Alexandre Riera formulà l'agudesa obligada.

—Tintorer per tintorer —digué— prefereixo Casellas.

Fatigat, esgotat, devastat, Casellas entrà en un laberint depressiu i se suïcidà a la via del tren prop de l'estació de Sant Joan de les Abadesses.

Font tenia, a la Garriga, un panteonet on en morir fou enterrat. Alguns anys després la tomba fou oberta i hom constatà que una gran part de les despulles havien desaparegut. Sembla que foren absorbides per un pebrer de fruit coent que creixia molt a prop del petit, funerari monument.

Collsacabra. Els ocells i els arbres. Records

A Corriol, a Collsacabra, hi he passat hores molt agradables. En vida de la meva muller, vaig arribar a passar a la finca set mesos de l'any. Fins a l'any 36, la meva existència transcorregué alternada entre Barcelona, Manlleu i Corriol.

Quan la meva mare la comprà, pujàvem a Collsacabra en *matxo,* des de Manlleu. Sortíem a punta de dia i desenganxàvem a l'hora de berenar. Ja parlàrem de com s'anava llavors de Vic a Olot i de les amenitats del lent i llarguíssim viatge que tant ens divertia. Si se suprimeix d'aquella narració el quart final, es pot tenir la descripció verídica de l'esdeveniment.

Després, es féu la carretera, i, com que vaig intervenir en la seva tramitació, contaré alguna cosa sobre el fet. Si he parlat tant dels meus ocis, és natural que expliqui el que he fet. Haver intervingut en la construcció d'una carretera que ha obert a tothom una de les comarques més belles del país constitueix una petita vanitat fins a cert punt comprensible.

Els Bach, grans propietaris de Collsacabra, són molt rics. En la família es produí un plet. El plet arribà al Suprem. Els Bach nomenaren advocat a Madrid l'ex-ministre conservador senyor Linares Rivas. El senyor Linares Rivas fou invitat pels seus clients a pasar uns dies a la seva finca. Era a l'estiu. Hom organitzà l'ascensió a Collsacabra. Els animals, però, no solen ésser un procediment còmode de viatge per a un ex-ministre. Aquell bon senyor sofrí moltíssim en el desplaçadament. Arribà, però, a destí. Reposà uns dies i després, quan fou factible, li ensenyaren el país. Com que era gallec, quedà fascinat del paisatge, que per la seva frescor, l'abundància vegetal i les suaus delícies que conté li recordaren les del seu país. Els propietaris de la comarca li oferírem un suculent dinar a la font de Rajols. En els horrors de la digestió —frase que ha totalment desaparegut del nostre lèxic— ens prometé que si el feien altra vegada ministre ordenaria la construcció immediata de la carretera destinada a comunicar Vic amb Olot, d'una falta tan ostensible.

Això passava el mes d'agost. Pel setembre queia Sagasta, pujava Cánovas i aquell senyor era nomenat ministre de Foment. Li enviàrem una carta, que firmàrem tots els qui assistírem al dinar de la font, recordant-li el seu oferiment. Passaren molt pocs dies, i de cop i volta veiérem aparèixer en el Butlletí Oficial, la convocatòria de subhasta dels quatre trossos. de carretera compresos entre Vic i el límit de la província de Girona —perquè això va per províncies—. Fou un cop sec. El cert és que l'any 97 poguérem pujar de Manlleu a Collsacabra en tartana. Fou un esdeveniment.

Després, la carretera quedà interrompuda durant molts anys per raons d'interès mal entès, en el límit de Girona. Vint-i-cinc anys després encara no havia anat a subhasta el tros de Sant Esteve d'En Bas. Era ridícul. Trobant-se les coses així, em vaig revestir de valor, i un bon dia vaig invitar a dinar el general Barrera i el bisbe de Vic, Muñoz. A aquests senyors, els agradà sempre de dinar fora de casa. Examinàrem el problema. Ens passejàrem. Fou joc de poques taules. El Directori militar ordenà l'acabament de la carretera. En finalitzar el primer quart d'aquest segle, Collsacabra fou obert a la universal curiositat. Es pogué anar en cotxe, de Vic a Olot. Com a enamorat que sóc de la vida antiga, comprenc que la carretera ha fet més mal que bé. Quants arbres, a mils, no s'han tallat des que s'obrí! En temps del general Savalls, Collsacabra fou un temple de la naturalesa. Però, en fi... Tot ha de seguir el seu ineluctable camí.

Deia, doncs, que, a Corriol, hi he passat hores molt agradables. La casa de la masia és espaiosa; és una casa de senyors, plena de gràcia popular. És fresca a l'estiu, i a l'hivern s'hi pot fer un bon foc. En el país hi ha una cosa fascinadora: els ocells, pinsans, caderneres i cucuts, que són abundantíssims al voltant de la casa. Hi he sentit cantar pinsans que haurien pogut guanyar el premi. El cant del pinsà és així: "La minyona de l'hostal té el cul tou, tou, tou... Tu l'hi has vist?" Si la primera frase es pronuncia lentament i la segona ràpidament, com un xiulet, donen el cant d'aquest ocellet, quan canta bé.

Corriol satisfà el meu gust de la vida contemplativa. Sempre m'ha agradat badar davant del pas dels núvols, d'observar els seus moviments, veure com vénen, es desfan i es perden. Sentir el pas del vent en els arbres, el picar de les fulles, les temptatives de domini suaus o violentes de les forces còsmiques. Si no fos vanitat diria que conec gairebé tots els arbres de la meva finca. Ara que no puc caminar penso en els arbres. Els arbres vells, els adoro. Els joves, em semblen fills meus. Els que m'agraden més són els roures i els faigs. Crec que el roure és l'aristòcrata dels arbres. L'alzina és l'arbre aristocràtic a l'estiu. Més que l'alzina m'agrada el senyor dels arbres d'humitat, que és el roure. El faig, tan blanc per dins i tan ple de colors per fora, és un arbre bell i prodigiós. Una altra cosa meravellosa de Corriol: els boixos. En les fondalades del país els arbres produeixen coves de verdor en les quals flota una llum de maragda fresca i viva, aturada, silenciosa, adormida. Corriol, que a la primavera és una meravella, és a la tardor, amb els colors d'or i de vinagre, un somni.

M'agrada el pi negre, del nord, espès i dens. El pi esclarissat, petit, escanyolit, de la zona marítima, m'agrada menys. El pi és un arbre decadent.

La il·lusió de la meva vida hauria estat viure a Corriol tot l'any, amb un mínim de comoditat i una cuina discreta. Tinc la pretensió de creure que en l'època de la meva muller la meva taula fou una de les millors —sense falsa modèstia— del país. La meva muller tingué la intuïció, el sentit innat, el *quid divinum* de la cuina.

Estimat amic: quins estofats de bou i de llebre, quines guat lles, perdius i becades, quines llebres i quins filets, quines suculentes carns d'olla elaborava la meva muller! Feia sobretot la perdiu, la llebre, l'oca i l'ànec amb un sentit tan harmoniós i tan complet que per a descriure-ho no tinc comparacions eficients. Els peus de porc tenien una cosa angèlica. L'oca amb naps ha estat, per al meu gust, un dels plats majors del país —una de les coses més sumptuoses, d'aquesta vall de llàgrimes o, si voleu precisar, d'aquesta vall de lladres. Els naps de Cerdanya, petits i negrosos, són riquíssims. Els de Campmany —Campmany de l'Alt Empordà— valen també moltíssim i tenen un gran mèrit.

Collsacabra és país de becades. La becada, ocell de pas, apareix ací, venint del nord, pel novembre. Hi ha hagut anys que en determinats moments tinguérem al rebost de Corriol fins a cent vuitanta becades. El meu fill Rafel és un excel·lent caçador d'aquest prodigiós ocell. Succeeix, però, que la gent no sap què fer de la becada, perquè no sap cuinar-la. Però això no vol dir que no constitueixi la peça de caça més exquisida. França *dixit.* Hi ha molts canapès a les millors cases de Barcelona que no són dignes d'una becada. S'ha de reconèixer, però, que la freqüentació sistemàtica d'aquest ocell fatiga una mica. La llebre, la perdiu, en canvi, no cansen mai —com no cansa mai el peix fresc de primera qualitat—. La llebre és, al meu entendre, la pedra de toc d'un paladar ben construït. La carn de porc senglar s'assembla a la llebre. L'isard té gust de llebre. A casa, la llebre es menja preferentment estofada, i és molt possible que aquest sigui el plat, de tots els existents, de més alta estirp i més gran qualitat.

I no us vull parlar dels dolços, de la rebosteria, de les confitures que feia la meva muller: confitures de maduixa de bosc, de pruna, de pera, d'albercoc, de préssec... de les seves fines guaiabes. Si ho contés, m'envejaríeu...

Els meus amics eclesiàstics

En el meu temps, un canonge cobrava quaranta-cinc duros el mes. Si era dignitat catedralícia, cinquanta-sis. Un rector de poble, trenta duros; un vicari, vuit. Totes aquestes quantitats es cobraven a través d'un habilitat que collia el corresponent descompte. Quan "El Diluvio" iniciava una campanya anticlerical posava un títol general als seus al·legats frenètics. El títol solia ésser aquest: *Los insaciables.*

Avui, els capellans encara viuen pitjor. Un manteu val setanta duros. Una sotana ordinària, corrent, cinquanta. Els sastrinyolis eclesiàstics —que no són res de l'altre món— es dediquen a una especialització molt delicada. Entre el preu a què està el gènere i les magres entrades del clergat, no poden pas lligar els gossos amb llonganisses. Sort que, malgrat la seva pobresa, han d'anar vestits de negre tot l'any. S'ha de tenir present, a més a més, que, malgrat la falta de vocacions, els capellans poden a penes binar; trinar els és impossible, perquè Roma ho ha prohibit. Així, la vida és magra.

Jo he vist l'evolució dels barrets de capellà en aquest país. En la meva joventut es cobrien amb la teula, amb el gran barret de teula d'ales alçades, aguantades i unides a la cupuleta de la copa amb uns cordons rígids. Els meus amics, el canonge Collell, mossèn Gudiol, portaren sempre el gran barret de teula. Aquesta peça feia pensar en l'òpera bufa i la música de Rossini. Després, més tard, aquestes formes dures i espectaculars de la barreteria eclesiàstica es transformaren.

Avui, els capellans usen l'anomenat barret italià, petit i enjogassat, d'ales planes, amb unes boletes de *peluche* —barrets que recordarien, si tinguessin una copa més alta, el calenyès.

Sempre he tingut el màxim interès per l'estament clerical, en el qual he comptat grans amics. És un estament sòlid, granític, matisat d'infinites possibilitats.

Vaig tenir tota la vida amb el canonge Collell una amistat entranyable. Fou íntim amic dels meus millors amics. En el curs dels meus innombrables viatges a Manlleu i Barcelona —i viceversa—, en passar per Vic, la parada a l'hospitalària tertúlia de mossèn Collell era indispensable. Aquesta tertúlia es feia a la tarda, després del rés a la catedral. A l'hivern, al voltant del braser canonical. Els assistents principals foren els canonges Casadevall i Serra i Asturi —que fou bon escriptor— i mossèn Gudiol. La reunió era d'una humanitat profunda i aquells homes sabien riure com criatures, amb un candor envejable, dintre de la sotana. De la reunió sortia "La Gaceta de Vich", periòdic que permeté a Collell mantenir-se tota la vida a l'ofensiva, amb un cert aire.

Collell no semblava pas de Vic. Era un home simpàtic, obert, afable, afalagador, bell, de gran estampa, amb una conversació enlluernadora i un sentit infal·lible de l'amistat. Estudià primer la carrera d'advocat, i després, posseït d'una vocació fortíssima, la de capellà. A la Universitat fou condeixeble de Torras i Bages i del més gran anticlerical que existí en el meu temps en aquest país: del capellà relapse inspirador d'"El Diluvio", amb el qual Collell no solament no renyí, sinó que hi conservà una humaníssima amistat.

A l'època de la Revolució de Setembre, Torras i Collell, seminaristes, hagueren d'amagar-se. Després, disfressats, sortiren cap a Roma, on arribaren després de moltes dificultats. A Roma, s'ordenaren. L'amistat que hi hagué entre aquests dos homes fou viva, fraternal. Però els homes no són mai iguals. Quan el doctor Torras fou preconitzat bisbe de Vic, Collell presidí la comissió del capítol que el visità per felicitar-lo. Després de la part estrictament oficial de la visita, Collell considerà que podia donar a la seva relació el to habitual.

—Escolta, Josep... —digué amb la seva sonoritat de veu inoblidable.

—Digui, senyor canonge... —contestà el doctor Torras, cordial, però protocol·lari.

La bondat de Collell fou llegendària. Malgrat l'enorme categoria social que tingué, i que arribà a la Cort, no es coneix un sol testament de confiança administrat per ell. En canvi, fou un home molt casamenter, cosa natural en un eclesiàstic com ell, que portava una idea clàssica i harmoniosa del món, perfectament ben posada en la terra i el cel. Era molt afeccionat, en la intimitat, a cantar cançons, i quan, amb aquella veu que féu vibrar tantes vegades els vidres de la marquesina de l'estació de Vic, entonava el "Fum, fum, fum", era una delícia sentir-lo cantar. Fou també un orador saborós i un recitador únic. Les dues persones que en el temps recitaren millor foren Collell i Zorrilla. Enric Borràs em digué una vegada que la il·lusió més gran de la seva vida hauria estat recitar com el senyor canonge. La seva poesia es ressent, en canvi, de retòrica; però la seva prosa, és viva i divertida. Les seves "Memòries d'un noi de Vic" formen un llibre que hauria d'ésser a totes les biblioteques normals.

Fou enormement generós. Ho donava tot. La criada que el servia em parlà sovint de les seves prodigalitats amb un aire entristit.

—Senyor Puget —em deia la bona dona somicant—, ¿què em deixarà, al pas que anem, el senyor canonge quan falti?

Era un estoic cristià —un estoic sense *morgue*, sense enravenament, alegre, jovial, conformat. A l'estiu, sota la seva tarja, clavada sobre el setial que ocupava al cor de la catedral, hi solia posar un petit paper amb aquests dos versos:

Més que al cor del Pirineu
fa fresca al cor de la Seu.

També vaig ésser amic d'un altre considerable canonge vigatà: de Corbella.

A Vilafranca del Penedès, en un moment determinat, hi vivien dues germanes molt boniques. Una d'elles es prometé i després fou l'esposa del general Weyler. L'altra germana es prometé amb Corbella. Weyler i Corbella anaven a la casa a festejar amb les senyoretes. La promesa de Corbella, però, morí. El xicot passà per una crisi dolorosíssima que desembocà en l'aparició d'una forta vocació sacerdotal. Weyler, que coneixia les seves grans qualitats, el féu canonge de la catedral de Vic.

Quan el vaig conèixer, Corbella era un home alt, gegantí, dotat d'una força hercúlia. Quan els bisbes successius sortien muntats en la mula per realitzar la visita pastoral, Corbella els acompanyava. El canonge obviava les dificultats que les ancianes Il·lustríssimes solien tenir per a muntar. Els agafava a pes de braços i els posava sobre l'animal com qui transporta uns brins de palla.

La força de don Ramon Corbella contribuí poderosament a la formació del Museu Episcopal de Vic. Els qui no han vist arribar don Ramon muntat a cavall, obrint la marxa al bisbe Morgades i a mossèn Gudiol de retorn d'una excursió arqueològica, portant a l'espatlla una majestat o un frontal romànic, no saben com es formà la gran, inoblidable obra de Morgades. Un dia entrà don Ramon en una quadra de la rectoral de Sant Joan de Fàbregues i hi descobrí el millor retaule del museu. La taula estava col·locada de cap per avall i servia per a mantenir una pallissa que hi havia al fons de la quadra. Al senyor canonge, li vaig sentir contar coses sobre l'abandó i la incúria en què foren trobades tantes meravelloses obres d'art, que em fa una pena autèntica de recordar-ho. Sovint penso en les coses que hi deu haver, encara, abandonades.

Corbella fou un excel·lent erudit: escriví sobre don Joan de Serrallonga i un llibre sobre les parròquies del bisbat de Vic ple de notícies curioses que es llegeix sempre amb un profit amable.

El doctor Torras fou un home rígid i marmori, una mica displicent, fred. Presentava un contrast considerable amb Morgades. Vaig tractar tots dos bisbes en innombrables ocasions. Morgades fou un gran senyor i un bisbe perfecte, un home tot cor, que fou respectat, estimat pel bisbat enter. El doctor Torras fou un home diferent. Nascut a Vilafranca del Penedès, fou, personalment, molt ric. Contra el tòpic general, us diré que a mesura que aneu entrant cap al sud de Catalunya la gent es torna freda. Torras produí una impressió constant d'home allunyat, rígid, ordenancista i sec.

En el seu temps governà totalment el bisbat el cèlebre vicari general Serra i Jordi (l'autèntic promotor de la pintura de Josep Maria Sert), que fou vicari general amb cinc bisbes —amb Colomer, Morgades, Torras, Muñoz i Perelló— i fou assassinat, a més de vuitanta anys, en el curs de l'última revolució. Home lliurat totalment a l'administració, em digué un dia, a més de setanta-vuit anys:

—És hora que m'ocupi de la meva ànima. M'he distret massa!

El bisbe Torras visqué en la seva torre d'ivori i hermèticament tancat hi escriví les seves pastorals i els seus escrits, que tanta influència tingueren en l'ànim, sobretot, del papa Benedicte XV, della Chiesa, genovès. Escasses persones arribaren a la seva intimitat. El canonge Dachs fou una d'elles. La seva influència fou benèfica.

No tinc pas prou coneixements per a saber el que valen els escrits del bisbe Torras. De vegades em semblen il·luminats pel gran sol de Milà i Fontanals. Una cosa no té dubte: són escrits notabilíssims, d'un to general superior a l'episcopat corrent.

El seu caràcter tingué una certa duresa. Un dia se celebrà en el Palau Episcopal una vetllada solemne sota la seva presidència, a la qual assistí la flor del vigatanisme. En la taula presidencial hom posà dos grans candelers amb cinc ciris cada un. A la dreta de S. I. prengué seient el canonge Sellés, home intel·ligent, enriolat i cordial. A l'esquerra, l'advocat Vigué, orador oficial de la festa acadèmica.

L'advocat llegí un paper llarg, lleugerament ensopit. La concurrència entrà en un sopor beatífic. Tot d'una, en plena dissertació, Vigué féu un esternut i apagà la major part dels ciris del candeler que tenia davant. Per mimetisme, el borborigme de l'advocat col·locà al canonge Sellés en una situació física indefinible que desembocà en un esternut canonical que apagà els llums de l'altre candeler.

La sala, en la qual hi havia poca llum, quedà molt a les fosques. El públic, que aquest fet tornà en si, es posà a mirar i a pestanyejar davant de la taula, com si es despertés. Les fumejants espelmes extintes feien pensar en una llunyana melodia de Mozart.

I de sobte es veié això: el bisbe Torras llançà una mirada despietada als causants del penós accident —una mirada terrible que situà la blancor química dels seus ulls sobre el fons de vellut vermell que cobria les espatlles de la presidència. Una de les mirades més dures que s'han produït a Vic...

En les meves excursions, la primera cosa que he fet, en arribar en un poble, ha estat visitar l'església. Una vegada, trobant-me amb el meu cunyat Albert Fontana a la Seu d'Urge, entràrem a la catedral. Mentre, fascinats, contemplàvem les seves fosques perspectives, se'ns acostà un capellà que ens interrogà amb una unció entre dolça i inquisitiva:

—Què? —ens digué—, els agrada, els agrada?

—Sí senyor, moltíssim.

—Vostès deuen ésser forasters... —preguntè el clergue.

—Sí senyor. Som forasters.

Ens presentàrem. Resultà que aquell senyor era el famós canonge Carreu, de la vella catedral d'Urgell.

El canonge ens acompanyà en la visita, durant la qual donà mostres de gran erudició, de saber curioses i abundants notícies. A la catedral, ja no hi quedava a penes res. El bisbe Benlloch havia venut el cadirat del cor, considerable obra gòtica, i la famosa Bíblia —la Bíblia de la Seu d'Urgell— i amb el diner que n'havia tret havia realitzat obres indispensables a la basílica. El senyor Carreu volgué després, de tota manera, portar-nos a casa seva a prendre un vermut.

Arribat al despatx de la casa que ocupava, li vaig dir, fentli un compliment sincer:

—Senyor canonge, tinc la impressió que no estarà pas gaire temps a la Seu. Vostè deu tenir molts amics. Vostè mereix més, molt més...

El canonge fou sensible al compliment. Digué, amb un aire una mica emfàtic:

—Dec la canongia al general Pavía de Alburquerque...

—*¡Viva Cristo Rey! ¡Viva Cristo Rey!* —se sentí, en això, proclamar amb veu esquerdada i nasal.

Fontana i jo ens miràrem una mica estranyats. Resultà que el canonge tenia un lloro que en aquell moment es trobava a l'habitació del costat. Al lloro, li havien ensenyat de cridar aquests visques sempre que sentís el nom del general. Havia obeït, doncs, perfectament. Carreu ens mirà satisfet. Nosaltres no sabérem què dir. En el món eclesiàstic, fins i tot en el més distingit, sempre hi ha sorpreses.

Quan Sa Il·lustríssima Benlloch féu la seva entrada a la Seu com a bisbe i copríncep d'Andorra —car aquesta fou una de les diòcesis que administrà en el curs de la seva llarga carrera— pronuncià davant de les ovelles el discurs de rigor. Abans de prendre la paraula, donà una ullada a la concurrència i, havent observat la presència d'un nombrosíssim grup de filles de Maria format per senyoretes d'edat canònica i d'una amenitat física relativa, començà dient:

—Moltes, però velles...

I, després d'una pausa llarga i subratllada, continuà:

—... són les tradicions d'aquesta gloriosa mitra...

Benlloch fou un gran tipus. Vingué un any a administrar el sagrament de la confirmació a l'església de Santa Anna, a Barcelona, essent rector de la parròquia el conegut i intel·ligent mossèn Gatell. Una de les criatures que s'acostà al sagrament fou una meva neboda, Pilar Pérez Cabrero. Pérez Cabrero, compositor i director d'orquestra, fou parent de la meva muller. Iniciada la cerimònia, el senyor bisbe ocupà el setial rodejat del padrins, de mossèn Gatell, dels vicaris i beneficiats de la parròquia, a part dels seus familiars i acompanyants. Mentre les criatures passaven, Gatell anava dient els seus noms a Sa Il·lustríssima.

—Pilar Pérez Cabrero... —digué en passar la meva neboda.

—Pérez Cabrero? —preguntà Benlloch—. El nom em sona. Tu ets Pilar Pérez Cabrero?

—Sí senyor.

—De la família del músic.

—Sí senyor. És el papà.

—Doncs jo recordo un vals del teu papà que fa: na, na-nana, na-na, na-na-na...

Els padrins, els beneficiats, els vicaris, els familiars i tots els elements piadosos que voltaven Sa Il·lustríssima concentraren les seves mirades, plenes d'inquietud i de sorpresa, sobre mossèn Gatell.

—Senyors, no em mirin així... —digué el senyor rector a mitja veu—. Es tracta d'una petita pausa. L'Esperit Sant ha anat a donar una volta pel claustre. Tornarà de seguida.

Quan Muñoz fou preconitzat bisbe de Vic, el comte de Lavern proposà a uns quants amics de fer-li un present. Muñoz patia de bronquitis crònica.

—Què et sembla que li podríem regalar? —vaig preguntar-li.

—No sé. Potser un pectoral...

—No creus que seria millor un pectoral del doctor Andreu?

El bisbe Muñoz visqué, al Palau Episcopal de Vic, pobrament. Cada dia menjava bacallà, com vaig poder constatar les vegades que vaig tenir l'honor de menjar amb ell. Això sí: el bacallà era bo. Un dia digué al seu patge, Morell, servint-li un tall de bacallà que contenia una gran preponderància de pell:

—Té, Morell. Ja sé que t'agrada així...

Quan Primo de Rivera visità Vic, fou rebut a Palau. Després de la visita protocol·lària, sortiren el dictador, el bisbe i els seus acompanyants. Al portal, però, el senyor bisbe constatà que havia oblidat quelcom a les seves habitacions. Formulà una excusa i pujà l'escala saltant els esglaons de dos en dos, amb gran rapidesa.

Primo de Rivera i el vicari general, Serra i Jordà, que era al costat seu, es quedaren mirant plens de curiositat l'alacritat de Sa Il·lustríssima. El vicari general al general, amb una sorneguería a penes perceptible:

—Es podria imaginar, senyor, un bisbe més lleuger?

Però no acabaríem mai. El bisbe Campins de Mallorca fou un eclesiàstic graciós, de gran agudesa. En una ocasió, trobant-se una mica delicat, els metges li recomanaren que no mengés ous ferrats a la nit.

—¿Però és que vostè creu —demanà Sa Il·lustríssima— que els ous saben quan és de dia o quan és de nit?

París i Suïssa

Viatjar, com a viatjar, es pot dir que he viatjat poc. Conec França superficialment. He viscut algunes temporades a París. No m'agradaren mai les ciutats en què sembla que no es pot estar més que de pas. París és una ciutat que fascina precisament perquè fa la impressió que hom podria quedar-se en tot moment a viure-hi. París és una ciutat per a viure-hi. És la ciutat que hom hauria escollit per viure-hi si aquestes coses es poguessin escollir. És una ciutat prodigiosa, el producte urbanístic més bell de la nostra civilització, en el qual les coses velles us fan companyia i les modernes no molesten. La pàtina de les coses de París és una meravella; la suavitat del seu cel, la dolçor de la seva llum —en gris-blau clar— és la llum de la civilització mateixa.

Conec els museus de la capital de França. He estat a Versalles, a Fontainebleau, a Saint-Cloud. He freqüentat alguns restaurants. No vull pas parlar-vos de les ostres de Prunier, del *canard au Sang* de La Tour d'Argent, del *bœuf à la mode,* del *canard à l'orange de* Au vert Galant, del *civet* de llebre... Estem en època de quaresma i la discreció és prudent. Sospito, però, que aquestes coses van una mica de baixa i que dintre d'uns anys se'n parlarà com d'una reminiscència. Conec també algunes regions de Franca, el Perigord per exemple. En el castell que don Pere Fontana, el meu parent, té a Souillac, hi he passat hores inoblidables. La vida a la província francesa és una pura delícia, una adorable plausibilitat.

La combinació europea de l'època de la gran burgesia —viure a París i reposar a Suïssa— em sembla, després de conèixer una mica Suïssa, una de les més grans de totes les inventades en aquest continent. París és la temptació constant; Suïssa té una atonia i una calma profundes. París és la taquicàrdia, Suïssa, el ritme pausat, lent. ¿Coneixeu el llac de Lucerna?

—Sí, senyor, conec el llac de Lucerna.

—És la mateixa essència del repòs, la realització del somni de la pau. A mi, em fa l'efecte que és el lloc més tranquil d'Europa. El repòs arriba a causar, en aquell país, una sensació de viure en profunditat, on arriben a penes el soroll i l'agitació dels homes i de les dones. A pesar de l'alçada que té el país, hi teniu la sensació de viure en els baixos hermètics i inviolables d'una casa dominada, en els pisos superiors, per la follia. ¿Recordeu els vaporets blancs que naveguen entre les poblacions de litografia del llac dins d'una boirina blavenca i fina? Els vaporets es veuen passar de terra estant, de vegades entre el fullatge de les pomeres en flor... ¿Us recordeu dels petits dinars que es fan en aquells barquets, dinars perfectes, delicats, impecables, regats amb els vinets del Jura, blanc-tèrbol-daurat-secs, tan agradables i fins?

Quina cosa gran i deliciosa ha estat Europa! Potser encara no ens hem fet una idea exacta del que s'ha perdut. ¿Com serà l'Europa que veuran les noves generacions? Em sembla que es produiran moltes conferències del desarmament... però que Europa quedarà, en el cas que les coses vagin bé, armada de ciment, em sembla indiscutible. Ara penseu si les coses van malament...

La qüestió de la civilització

He sentit sostenir alguna vegada que la clau de la civiltzació consisteix a crear una vida en què les idees, els costums, les tendències, siguin cada dia menys relatius, menys opinables, més fixos. Jo crec el contrari. El fanatisme, sigui de l'ordre que sigui, em fa horror. Crec que el que dóna algun sentit a la història és l'instint humà de la llibertat i la lluita contra el fanatisme. Si algú el vol tornar a implantar, en la nostra civilització, es posarà una mala peça al teler.

Tot és relatiu. Quan, de jove, vivíem al costat de la nostra fàbrica, vaig acostumar-me tant al soroll de les màquines, que els diumenges, que les màquines paraven, no podia dormir.

En la qüestió de la civilització, crec que Balmes digué la darrera paraula en escriure que la civilització consisteix a crear el màxim benestar possible per al més gran nombre possible de persones. Un país civilitzat no és pas un país d'escriptorassos, artistassos, enginyerassos, de monstruoses personalitats, en un ordre o altre de la vida, voltats de la misèria i la ignorància general. No. Es tracta que la més gran quantitat possible de ciutadans tinguin a l'hivern la mínima quantitat de fred, que mengin tot l'any de la millor manera possible, que tinguin la màxima seguretat personal en cada moment de la vida. Jo donaria una gran quantitat de coses —una gran part de la literatura acadèmica, moltes "Araucanes", una gran quantitat de peces oratòries, d'històries i d'invents— per arribar a aquest resultat. Prefereixo una societat de gent senzilla, pacífica, limitada, treballant parsimoniosament i amb consciència, al genià colossal amb els cabells al vent. Els anomenats grans homes són, a la curta o a la llarga, perillosíssims.

De vegades, vistes les coses panoràmicament, sembla que el món tendeix a la concepció balmesiana de la civilització. Examinades les coses de prop, ja no ho sembla tant. La tendència moderna sembla ésser la de crear una civilització a gran orquestra. A mi, però, m'agrada més la música de cambra. De vegades sospito que la civilització actual cretinitza lentament l'espècie humana.

Fa cinquanta-cinc anys, al carrer de l'Hospital hi havia el rètol més contradictori i divertit que he llegit en ma vida. Sobre un portal hi havia aquest rètol: *La chispa eléctrica. Fábrica de chocolate a mano*. Sí, el rètol era irrisori, però jo us asseguro que la xocolata que aquells menestrals produïen era exquisida i baratíssima. Ara els rètols estan més bé, tenen més serietat i més solta, però la xocolata és cada dia més infecta.

Don Albert Llanas solia dir que, el gest més delicat que havia vist fer a uan persona, l'havia fet amb ell don Vicenç Gomis.

En els últims anys de la seva vida, Llanas no tingué mai cap cèntim. Anava errant i resignat. No donà cap cop de sabre a ningú. Acceptava les coses del món tal com són i no pretenia entrar en llibres de cavalleries. Quan algun amic l'invitava a dinar, ho acceptava com una propina de la Providència benigna i es presentava puntual a la casa, molt content. Don Vicenç Gomis l'invitava sovint. Gomis tenia una magnífica torre situada als afores de Barcelona rodejada d'un gran jardí i d'un hort amb arbres fruiters i feixes de verdura exquisida.

En una ocasió, havent dinat, l'amfitrió sugerí al seu invitat un passeig per l'hort per tal de collir un cistell de taronges. Sortiren. Gomis pujà a un taronger i Llanas es quedà a peu pla, per tal d'agafar les taronges que li anés tirant el seu amic. Tot d'una observà que Gomis pelava una taronja i se la menjava. Al cap de poca estona veié que la pela queia als seus peus. Dins la pela hi havia un bitllet de vint duros. Formular en aquell moment algun comentari no hauria tingut sentit. Llanas recollí el bitllet, emocionat.

—No crec que pugui existir una manera més elegant i discreta de fer un favor a un amic... —deia, molts anys després, encara emocionat i sorprès.

El gest em sembla a mi que forma part d'un tipus de civilització plausible.

També em sembla absolutament plausible el que per cinc rals donava Creus per dinar en el seu hostal de Vic. Donava: arròs, cap-i-pota, estofat de bou, mig litre de vi, ametlles torrades i una copa d'aiguardent. Després hom anava a prendre cafè: costava quinze cèntims.

Puget em descriu el que succeïa a les fondes quan hom hi entrava disposat a despendre catorze rals. Era una mena de desbordament. Us servien cinc plats forts per dinar i quatre per sopar. Es menjava tan bé —em diu— que la immensa majoria de persones tenien una sola preocupació: no pensar res. Es podia viure admirablement sense pensar res.

En la civilització actual l'home ha creat una gran quantitat d'eines i d'utillatge i ha quedat esclavitzat per les seves creacions mateixes. La ciència ha realitzat veritables prodigis i l'home ha quedat submergit i dominat pels progressos que la ciència ha fet. L'home d'avui viu torturat, destruït per les meravelles que ha creat. Calculeu el dolor, els estralls que ha produït i produirà la meravella de l'aviació. L'home és cada dia menys lliure. Està cada vegada més insatisfet. La *morgue* és universal; els perills, permanents. L'home d'avui té ulls i no hi veu, té orelles i no sent res; no té olfacte ni paladar. Gairebé tota la seva vida està dedicada a l'obtenció de quatre porqueries alimentàries per a subsistir, simplement. A l'home d'avui, no li interessa, en el fons, res de res. La duresa és extrema.

Perquè us pugueu fer una idea dels extrems d'acritud a què arribaren les relacions humanes a Barcelona poc abans del 36, us contaré una frase que vaig sentir a la terrassa del Colón a l'hora de l'aperitiu.

Llavors solia demanar caritat al marxapeu de la casa d'en Pich, a la plaça de Catalunya, un pobre sense cames ni braços que es mantenia dret sobre un cuiro collocat a la base del tronc i recolzant l'esquena a la paret. Aquell home era portat, cada matí, a pes de braços per un individu que el mutilat pagava religiosament. Mentre el pobre demanava caritat, el transportista es passejava pels carrers, prenia el sol de la plaça o rodava per la terrassa del Colón, on arribà a tenir amistat amb alguns cambrers. Un dia vaig sentir-li dir —després de mirar el rellotge del Banc de Biscaia i de constatar que havia arribat l'hora de treballar— en un to alegre i displicent:

—Ja tornen a ésser les dues! És hora de carregar-me el burgès a l'espatlla i de fer d'animal de bast...

En aquesta civilització de grans *tinglados*, de construcciones fantàstiques, de gàbies enormes, els sentiments són agres; la convivència i la cordialitat, raríssimes.

Un dia Manolo Planes deia:

—Fa trenta anys que bec amer-picon i encara no m'hi he pogut acostumar...

Amb la civilització actual em passa una mica el mateix.

Miquel dels Sants Oliver

La flor de la meva vida social ha estat Miquel dels Sants Oliver. Fórem amics. Considero aquesta amistat com un dels esdeveniments més agradables ocorreguts en la meva existència. Em consta que de mi parlà sempre en termes que jo no mereixo. L'amistat amb Oliver ha estat la illustració i el goig de la meva vida.

Fou un esperit fi, discret, exquisit, modest, retret, tímid, silenciós, delicadíssim. Era conservador. El seu sentit de l'humor era tolerant i bondadós, irisat de voltairianisme. La seva cultura fou vastíssima; la sensibilitat, àgil i viva. Estimava la bona cuina. La seva falta de pedanteria fou impressionant, inesgotable la seva bondat, la curiositat desperta.

Fou un home molt gros (fisicament parlant), apoplètic, de pell obscura. Unes petites gotes de suor tocaven el seu front Tenia uns ulls de bou, enormes, vermells, groguencs, malenconiosos, que li queien galtes avall, cobertes d'una barba negríssima. Fumava cigarrets constantment.

El seu pare fou de jove mestre de minyons a Campanet, poble pobre i de secà, pàtria de mossèn Riber. Més tard, intervingué en la fundació de "L'Almudaina". En morir, mossèn Miquel Maura escriví en el paper integrista de la Ciutat de Mallorca que Oliver havia mort sense sagraments. El seu fill hagué d'esclarir, públicament, els fets. Hagué de sortir el qui després fou Sa Excel·lència el cardenal Roig a declarar que personalment li havia administrat els últims sagraments. Aquesta fou la primera polèmica periodística d'Oliver —i una de les més delicades de la seva vida—. La recordava amb tristesa tocada d'indignació.

De molt jove, fou empleat de Banca i com a tal intervingué en la liquidació dels afers que els comtes de Perelada tenien a París. Coneixia la història d'aquesta singular família admirablement. Més tard es féu advocat i entrà de passant en la notaria de Rosselló —que anys més tard fou ministre liberal. Però no tingué pas vocació de misser.

El coneguí essent encara redactor del "Brusi", abans de l'escissió que desplaçà a "La Vanguardia", per raons de regionalisme. Oliver, Bassegoda, Masriera, etcètera. Maragall, en canvi, no es mogué del costat de Mañé. Entrà en el diari de director amb vuitanta duros el mes. Més tard, Godó li arribà a donar fins a sis mil pessetes l'any i casa franca. Atès, però, que com a secretari administratiu de l'Ateneu Barcelonès tenia també dret a casa, optà per deixar les habitacions de la docta corporació i ocupà el pis modestíssim que Godó li oferí. Qui ens havia de dir que pocs anys més tard el periodisme es convertiria per a alguns individus d'ínfima categoria en un ofici opípar.

El domini de ploma que Oliver tingué fou prodigiós. Digué, literalment, el que volgué. Don Francesc Matheu solia contar que quan li editá les poesies el volum quedava una mica prim.

—Per a fer el volum que jo havia imaginat —digué Matheu— hi falten quatre o cinc poesies...

Parlaven al despatx de la impremta. Per tota resposta, Oliver demanà paper, ploma i tinta, s'assegué a la primera taula que trobà i escriví ràpidament el que se li demanava. Totes les poesies d'Oliver són bellíssimes. Així com Alcover és, pel meu gust, el poeta de llengua catalana d'una sensibilitat més fina, Oliver escriu amb una elegància madura. El que escriví es troba en un punt dolç: el seu academicisme és encara saborós; els seus moviments de llibertat no molesten.

Posat a Barcelona, el seu ideal era sortir a fora unes hores, a respirar l'aire lliure, a veure el mar i els núvols. Quan Maristany ens invitava a la seva vinya del Masnou no podia dissimular la seva satisfacció. El comte de Lavern tingué un vici: la vinya del Masnou. Hi tenia un magnífic pavelló amb un gran hort davant i la vinya en els vessants. Les innombrables vegades que hi anàrem, les recordo com les hores més agradables i lluminoses de la meva vida. Hi anàvem en tren. Després, una tartana ens portava fins a la vinya. Ja coneixeu la dolçor del clima del Maresme a l'hivern, els dies de sol, amb el mar enlluernador adormit en la llunyania. Maristany tenia les coses organitzades admirablement i qualsevol era favorable a la sortida: els primers pèsols, les faves tendres, una llebre o unes perdius, un arròs o un rostit de porc, un bacallà, uns cargols o unes sardines. En arribar preníem una absenta gelada, al sol. Després, dinàvem plàcidament i lentament. Maristany coneixia totes les menudes enraonies del moment. Oliver vivia en la malenconia del passat. Jo hi posava l'entremig. La sobretaula s'allargava deliciosament. Tornàvem cap al tard, quan la tarda es refredava. Les llums de Barcelona semblaven acollir-nos, llavors, amb una tebior familiar, íntima.

Sovint no podíem anar tan lluny, i llavors ens quedàvem a

Badalona. Encarregàvem un arròs de peix a can Joanet. Per Oliver, amb tal de sortir de Barcelona, tot li anava bé.

Sentia constantment la nostàlgia de Mallorca. Em deia:

—Ah, Puget, si tingués quatre cèntims...! Aniria a viure a Mallorca immediatament. Mallorca per a mi ho és tot: la realitat i el somni.

El seu gran clàssic fou Josep Maria Quadrado. Quadrado, cada dia més oblidat, fou un dels màxims valors del segle passat. Col·laborà, amb Balmes, en "El pensamiento de la nación". La tesi que Balmes, Quadrado i el marquès de Viluma defensaren per acabar amb la vergonya de la guerra civil —el matrimoni de Montemolín i d'Isabel II— és l'única posició intel·ligent que aquella catàstrofe produí. Ningú no els féu el més lleu cas. Oliver coneixia els escrits de Balmes i de Quadrado a la perfecció. Vivia dins de l'obra d'aquests mestres, i la llum que se'n desprèn il·luminava el seu pensament. Més que ésser un original selvàtic, Oliver tractà de continuar una tradicció de realisme i de bon sentit collida en els esperits més grans i prudents del país. Les conferències que sobre Balmes donà a Vic tenen una solidesa, una bellesa resplendent.

Parlava, entendrit, de Quadrado, que de jove havia conegut a Mallorca, on vivia retirat en una caseta de Beniaraig, a tocar Sóller. Físicament fou un home fort: es banyà cada dia, en el mar, fins a molt vell. Nedava com una foca, bufant, era molt resistent i en l'aigua semblava un peixerot. Tenia una cara negra, de pell dura i aspra, picada de verola, amb unes faccions turmentades, com si hagués estat fet a cops de puny. Alcover deia que Quadrado tenia una cara de cagaferro, la qual cosa fou, sembla, exactíssima.

Com a director del diari, Oliver hagué d'entrar en les lluites i polèmiques polítiques del seu temps. Ho féu de mala gana. Mai no li agradà la petita política d'intrigues i travetes. Tenia una noció elevada de la política —en la qual hauria trobat, si hagués volgut, totes les portes obertes—. Quan es produí contra Maura l'escissió de Dato i els seus idonis i Oliver emprengué la seva cèlebre campanya a favor de don Antoni, veiérem arribar al Continental una nombrosa comissió d'un districte de Màlaga que li venia a oferir l'acta en blanc, del districte. Oliver s'indignà.

—Però vostès què s'han cregut! —els digué—. ¿Què és això d'oferir actes en blanc? El seu oferiment és contrari a tot el que jo defenso. Ésser diputat no m'interessa pas; però, si m'interessés, el procediment que em proposen em repugnaria. ¿És possible que vostès llegeixin, segons diuen, els meus escrits? No m'han comprès de res...

Oliver visqué arrecerat en la nostàlgia del passat. Essencialment fou un historiador i un moralista, sense estretors ni beateries. Fins a quin punt fou historiador, pot constatar-se en el seu admirable llibre: "Catalunya en temps de la Revolució francesa". Adorava les formes de vida del segle XVIII, sobretot del segle XVIII francès: els salons, el moviment de llibertat mental, la causticitat i el picant dintre del to més estricte, la cultura no professoral ni solitària, sinó inserida en la vida. Adorava el segle XVIII tant com adorava Víctor Hugo, que era el seu poeta preferit. Fou un profeta del valor de Víctor Hugo —que avui tothom accepta com el primer poeta francès de tots els temps. La seva interpretació de vitrina: les formes antigues tenen la força i la temperatura del present.

Oliver no parlava mai de coses transcendentals. Una congènita discreció li ho impedia. Davant dels pedants es tornava vermell.

El meu amor per Mallorca: Alcover

El meu amor per Mallorca es degué, en gran part, a l'amistat d'Oliver i d'Alcover. Després vaig conèixer l'illa i m'encantà. A mi m'agraden les persones que no tenen pressa. Els massa enfeinats, els excessivament dinàmics, em fan mal de cap. Els mallorquins són persones de tertúlia. Parlen meravellosament.

Parlen un català exquisit, diví. Són persones plàcides i tranquil·les. Quan s'enfaden produeixen unas xisclets tan aguts que es veu de seguida que allò no pot durar ni tenir transcendència. Així, els seus moments de destemprança són curts i fugissers. Han inventat, a més a més, la sopa de llebre, que és una de les sopes més conspícues i més suculentes que existeixen al món.

En el meu temps, la confiteria, a Mallorca, era prodigiosament fina. Resistia perfectament la comparació amb la de Manlleu, que era excel·lent. Batista, confiter a Manlleu, oncle carnal de Rusiñol, era el nostre confiter. Es passava les hores a la seva botiga, immobilitzat per la gota. A l'obrador, hi solia tenir un aprenent que feia carquinyolis. Perquè no se li mengés els dolços que anava elaborant, Batista l'obligava a cantussejar tot el dia. De vegades el *fiato* del xicot es debilitava.

—Canta, canta! —li deia Batista—. Canta i no fem p...

He estat sempre afeccionat a la xocolata a l'espanyola, que és cosa capellanesca. A la francesa m'agrada menys: sembla cafè amb llet. Les xocolates a l'espanyola que vaig menjar a Mallorca, les recordo amb tendresa i agraïment. M'agrada la llet, sobretot la de cabra, que és magnífica amb torrades i mantega. A Mallorca la llet de cabra és insuperable. Els dolços m'agraden, àdhuc els de crema, encara que de vegades és massa dolça. Adoro les confitures. A Mallorca m'oferiren panellets i braços de gitano, exquisits. I no vull parlar de les sobrassades, per no obrir portes obertes.

Trobant-me a Palma, vaig anar alguns diumenges a la tarda a la tertúlia que a casa seva tenia don Joan Alcover. Alcover era ric. Era relator únic de l'Audiència. Un home exacte, ordenat, d'un tracte i d'una bondat infal·libles. La seva tertúlia de poetes, reverencial i atenta, tenia un aspecte una mica anacrònic, però el seu ambient era agradabilíssim.

L'amic íntim, entranyable d'Alcover fou don Antoni Maura. Poca gent sap que fou un orador perfecte: de molt de fons, de dicció dominada i precisa, d'entonació i correcció acuradíssimes. Improvisava, a més a més, saborosament. Maura aconseguí que entrés en la seva candidatura de Mallorca. En el curs de la

El poeta Joan Alcover.

EN MEMORIA
DEL ESBART
DE VICH
1867-1917

A la pàgina anterior: Martí Genís Aguilar, mossèn Jaume Collell i Josep Salaric, davant del monument a l'Esbart de Vic, en la Font del Desmai d'aquella ciutat.

En aquesta pàgina: a dalt, el bisbe Torras i Bages i el cardenal Benlloch. A baix, els bisbes Morgades i Muñoz.

A dalt: una excursió a Poblet. Eduard Toda voltat d'amics: Francesc Matheu, Enric de Fuentes, Ferran Agulló, Víctor Rahola, Joan Santamaria, Joaquim Cabot, Alexandre Font, Rafael Puget...

A baix: la penya del Colon. D'esquerra a dreta: Ferran Agulló, Rafael Puget, Francesc Matheu, Eduard Toda, Ruiz Porta, Alexandre Font, Joan M. Guasch, Mr. Martel, Alexandre Bulart i Rialp i Josep Via. Dret, el cambrer i cèlebre piscicultor Lluís Cabané.

campanya electoral, donaren un míting plegats, davant de la ciutadania de Ciutat. L'opinió de la immensa majoria fou que el discurs d'Alcover superà de molt el de don Antoni. Elegit diputat i arribat al Congrés, alguns suposaren que la seva oratòria faria un gran efecte. Era a l'època de la guerra de Cuba... El cert és que Alcover no formulà una sola frase. No digué absolutament res. Abandonà la carrera política, amb una total indiferència, i es posà a escriure en català. Aquesta determinació ha salvat de l'oblit la seva gran intel·ligència.

Una de les seves darreres poesies es titula "El ginebró" i està dedicada a don Antoni Maura. En ella es canta l'ombra que féu als dos amics un ginebró puixant, essent adolescents, en el curs d'una penosa excursió de muntanya. És un comiat a l'amic i al món de les hores esvaïdes.

Fou un home indescriptiblement desgraciat. L'any de la grip es trobà que en una mateixa nit se li moriren dos fills: un fill, a Palma, i un fill, estudiant a la Universitat, a Barcelona. L'espectacle de veure un pare partit entre l'agonia —sentida por telèfon— que estava ocorrent a Barcelona, mentre a dos passos se li moria l'altre fill és una de les situacions més dramàtiques que poden imaginar-se. Quedà, durant una llarga temporada, en un estat letàrgic i fou en aquella època que elaborà les seves cèlebres elegies.

Molts anys després, per cercar una mica de distracció, decidí aprendre de muntar a cavall. Oliver contava una anècdota divertida d'aquesta època del poeta. Aquesta anècdota li arribà amb Canut, que era un elegant de Palma. Canut, gran cavallista, afeccionat a la vida social, home brillant, tenia un toc intel·lectual. Posseïa el Pleyel que Chopin havia utilitzat a Valldemossa. Era molt amic d'Antoni Noguera, músic de gran enginy i grans coneixements, autor de composicions molt apreciables, de positiu interès.

Canut tingué una vel·leïtat poètica: escriví uns versos i tractà de saber l'opinió que mereixien a Alcover. Per fer-los-hi arribar se serví d'Oliver. Alcover els llegí amb la més gran atenció i digué a l'intermediari:

—Digui a Canut que munti a cavall i que es deixi córrer la poesia.

Quan Alcover, després de les desgràcies sofertes —a les quals s'afegí la mort de la muller, que l'afectà profundament—, decidí trobar en l'equitació un entreteniment, Canut el veié un dia passejar a cavall per un carrer de Palma. Anà a trobar Oliver. Li digué:

—Digui a Alcover que faci versos i que es deixi córrer de muntar a cavall. No és pas cosa d'ell...

Quan Alcover venia a Barcelona —que era molt de tard en tard—, uns quants amics (Matheu, Oller, Oliver, Pin i Soler, Bassegoda, etc.) li fèiem companyia. Solíem anar a dinar en un o altre restaurant dels voltants de Barcelona. Alguna vegada anàrem a Can Joanet, de Badalona. De sobretaula, davant del mar, Alcover era insuperable. Recitava poesies, parlava de qualsevol cosa amb una veu greu, una dicció pura i matisada, amb un domini prodigiós de l'idioma. Alcover ha estat un gran poeta perquè la seva distinció vorejà, constantment, la poesia.

La més gran il·lusió de la meva vida hauria estat: poder viure els hiverns a Mallorca buscant antiguitats; passar les primaveres a Barcelona dedicant les hores als amics; passar els estius a Collsacabra contemplant els arbres i el cel, i les tardors a París... És clar, ha estat impossible... ¿Però no us sembla que el programa hauria realment valgut la pena?

La tertúlia del Colón

La tertúlia del Colón ha estat l'última gran tertúlia a què he assistit. Era una reunió antiga, i, quan m'hi vaig incorporar, en instaurar-se al cafè de la plaça de Catalunya del mateix nom, ja venia del vell Continental i abans del Petit-Pelayo. Els seus components foren Francesc Matheu, Narcís Oller, el poeta Guasch, Eduard de Toda, Santamaria, Enric de Fuentes, Alexandre Font, Lluís Porta, Ferran Agulló, Amadeu

Vives, Guiter, monsieur Martel, un senyor alsacià que residia a Barcelona, mossèn Garriga, mossèn Navarro, Joaquim Cabot, Lluís Via, Bulart, Morera i Galícia i Manuel Vilà. La tertúlia es reunia de set a nou del vespre i era coneguda per la Penya dels Jocs —s'entén, dels Jocs Florals—. Un dels seus membres més actius, el poeta Joan Maria Guasch, era tres vegades mestre en Gai Saber, i, per tant, anomenat "el Trimestre". Francesc Matheu fou l'ànima dels Jocs durant la seva llarga i noble vida.

Francesc Matheu ha estat un dels més excel·lents amics meus. Fou un senyor a carta cabal, d'un gust exquisit —només cal veure les seves edicions—, d'una bondat inesgotable. Vivia gairebé tot l'any immers en una displicència crepuscular i malenconiosa, però —Déu meu!— quan la Premsa publicava una conovocatòria dels Jocs es produïa en la seva persona un canvia radical: el seu cos s'encarcarava, els ulls se li tornaven brillants i vius, entrava en un remolí d'activitat, passava de mort a vida.

Era un home que vivia pels Jocs i res més que pels Jocs. Quan la festa s'acostava, acabava el seu repòs: feia inombrables visites, es posava el barret de copa i es treia el barret de copa, es posava el jaqué i es treia el jaqué, redactava gasetilles, llegia papers, discutia, polemitzava, jutjava, resolia tots els problemes de protocol, d'administració, d'organització. Era infatigable. Els Jocs eren les seves vitamines.

Com a poeta era una mica declamatori i retòric, però dintre d'aquella manera d'ésser endevinava on era la poesia. Alguns veredictes dels Jocs estan molt bé. Tingué fama de tendir al caciquisme, però jo no he conegut cap cacic que no tingués algun mèrit. Era un home sa de cos i d'esperit; no era vindicatiu ni ressentit. La seva salut fou llegendària, i un dia, al voltant dels vuitanta anys, em demanà:

—Escolti, Puget... Què se sent quan es té mal de cap?

Mai no tingué cap dolor físic, ni en aquesta ni en cap altra part del cos.

Era sensible al desordre, que el posava frenètic. Una vegada

Guasch llegí una de les seves poesies premiades, amb l'aire afectat i trèmul habitual. Aquella poesia:

Oh dona martiri,
cascavell d'or fi,
cada pit un lliri,
cada flor per mi...

—Golós! —cridà un del públic des de l'últim pis.

La interrupció produí a Matheu un considerable disgust. Era un home absolutament convençut de la importància transcendental dels ritus.

—Que bell que era Mistral! —em digué un dia—. Quina gràcia tenia en el cap i en la cara, en els seus ulls negres sobre fons daurat, quins cabells, quin front, quines mans, quina manera de portar el barret! Si l'hagués vist! Quin exemplar!

Li vaig preguntar si era cert que Mistral digués a Verdaguer, quan vingué a Barcelona, el famós *Tu Marcellus eris!* Matheu, que tingué amb Mistral una llarga amistat, li ho preguntà, aquest negà haver fet una semblant afirmació. En realitat, l'únic Marcellus que per Mistral existí no fou ni Víctor Hugo ni Verdaguer, sinó Mistral mateix.

—Ah, si hagués conegut Mistral! —em deia sempre—. Quin gran tipus!

Narcís Oller, que fou un home agre i passablement displicent, arribà un dia al cafè i intentà demostrar-nos que els animals tenen una intensa vida anímica, una gran sensibilitat, i que entre ells parlen sense que ens n'adonem.

—Vaja, Oller, vaja! —li diguérem.

Llavors Oller ens contà el que havia succeït a les seves cosines de Valls amb un lloro que tenien. Aquest lloro vivia a la casa de les senyores pràcticament en llibertat i feia el que volia. Una vegada, una de les senyores, en tancar una porta, ho féu amb tan mala fortuna que una de les potes del lloro quedà clavada en els batents i es rompé. L'animal feia uns xisclets de dolor terribles, i les cosines, que l'estimaven, li prodigaren totes les atencions que el cas exigia. Després de posar-li l'àrnica i els ungüents que trobaren a mà, li adreçaren la pota amb unes canyetes i li ho embolicaren tot plegat amb una cura maternal. Les cures continuaren durant molts dies i el lloro s'anà tranquil·litzant. Fou en un dels moments de pausa que seguí a un d'aquests delicats treballs que hom sentí claríssimament que el lloro deia a la cosina d'Oller, que el tenia a la falda, després d'haver-li donat una tendra mirada d'agraïment:

—Gràcies, Carmeta!

Un dels homes més singulars que he tractat en ma vida fou el mestre Amadeu Vives. Fill de Collbató, educat a l'escolania de Montserrat, organista, bohemi transhumant, un dels artistes (de jove) més pobres que han nascut en aquest país, acabà essent un dels músics de més èxit, que guanyà més diners del seu temps. La vida de Vives fou una veritable novel·la, amb zones de llum i d'ombra molt complexes, d'una orografia inextricable i confusa.

Vives era tolit. Caminava recolzant-se en un bastó, amb gran dificultat. El mer fet de viure implicava un esforç continuat. El seu estat físic no obeïa pas, però, a cap tara constitucional. Era la conseqüencia d'un fet estranyíssim. Trobant-se una vegada en una cambra d'una casa de dispeses de la ciutat de Màlaga, sentí la veu de: "Foc!". Davant d'aquest crit, que li semblà que havia estat proferit molt a prop d'on es trobava, perdé la serenitat, cregué que la casa cremava i es llançà del balcó al carrer. Conservà la vida per pur miracle, però quedà molt malparat de les cames. Després resultà que hi havia hagut, en efecte, un incendi, però que el foc no hauria pogut afectar l'immoble on es trobava.

Tingué una curiosa mania: les catifes. Tingué la neurastènia d'aquests objectes. En una ocasió em confessà que, així com hi ha persones que tenen l'obsessió del canvi del vestit, ell tingué la de canviar amb la mateixa facilitat, de catifes. Afegí que determinades catifes li produïen un estat de malestar profund, indescriptible.

Els seus alts i baixos econòmics foren constants, sobtats i

profunds. En el camerino d'una artista lírica li vaig veure comprar, un dia, un gran brillant a terminis. Per pagar el primer, empenyorà el brillant que li havia comprat feia quinze dies.

Els seus afers sentimentals foren copiosos i dramàtics. Es trobava sovint en situacions inextricables, de solució molt difícil. Solia dir, resumint-los:

—Això només podria arreglar-se o morint l'autor, o morint la seva senyora o morint la tiple.

Conservo un gratíssim record de don Magí Morera i Galícia Era lleidatà, tenia una vasta cultura, un gran coneixement del món i havia traduït Shakespeare. Les seves poesies són una delícia. És el català continental que jo he conegut que parlava la llengua amb una naturalitat i una correcció més perfectes.

També us podria parlar molt de Ferran Agulló, conegut amb el pseudònim de "Pol", que utilitzava a la Premsa. Havia tingut una vida molt llarga i d'una història especiosa i complexa. Havia estat secretari d'una faràndula teatral a Amèrica, havia fet política, coneixia Madrid admirablement i era el profeta electoral de la Lliga. Era un home treballat, però boníssim, amb una debilitat, més que per la cuina electoral, per la cuina autèntica. El seu llibre sobre la cuina catalana és potser el millor llibre modern sobre la maèria. És, sobretot, un llibre pràctic. Agulló —que era home divertit— i jo portàvem en aquella tertúlia el pes de la conversació. Els altres eren persones d'una extremada parsimònia i d'una correcció terrible.

Els elements bàsics d'aquella tertúlia dirigiren la cèlebre campanya contra les normes ortogràfiques de l'Institu d'Estudis Catalans. La cosa no tingué sentit, però ho feren de bona fe. A la fi quedaren enormement fatigats d'aquella tempestat en un vas d'aigua.

Algun dia serà col·locada en el lloc que li correspon la figura de Francesc Matheu. Les lletres catalanes foren el seu ideal. Dedicà llargs mil duros a honorar-les. Les seves edicions són perfectes i pugen cada dia de preu. En el tracte i en la vida, fou d'una correcció inoblidable.

Eduard de Toda

Eduard de Toda fou un dels contertulians més importants de la penya del Colón. Fou un home d'una gran personalitat. Quan el vaig conèixer portava ja, al darrera, una vida molt llarga. Havia estat cònsol a la Xina durant molts anys. Ho fou després a Egipte, a Itàlia, a París, a Londres. Féu un viatge a Sardenya pagat per Cànovas que fou molt fructífer per a la cultura catalana. Ja retirat de la carrera, representà a Londres, a l'època dels nolis fabulosos de la primera guerra mundial, la companyia Sota i Aznar. Retirat dels negocis públics i privats fou nomenat Comissari Regi a Poblet. M'invità moltes vegades a anar-hi a fer-li companyia. Quan venia a Barcelona, baixava a l'Hotel Colón, de manera que tenia la tertúlia en la seva pròpia casa.

La primera il·lusió de Toda fou Escornalbou, un vell convent de franciscans abandonat que comprà i féu restaurar. Encarregà les obres a Puig i Cadafalch, però no s'entengueren.

—Puig —deia Toda— volia fer un convent nou i probablement tenia raó; però jo el volia vell, perquè estava cansat de coses noves... És el que passa.

Vaig anar a Escornalbou moltes vegades. La situació del convent, penjat sobre el Camp de Tarragona, és excepcionalment bella. Des dels seus murs s'albiren vint-i-set termes municipals. El panorama sobre la terra i el mar té, a part de la immensitat panoràmica, una fascinadora, finíssima bellesa.

Toda era un home hospitalari. Valia moltíssim. La seva cultura era curiosíssima: és l'home que jo he tractat coneixedor d'una més formidable quantitat de llibres per les cobertes. Era un infatigable comprador de llibres. Havia tingut en la seva vida un peu forçat de col·leccionista: comprar tots els volums, totes les obres, que per una raó o per una altra portaven estampat el nom de Catalunya. A Escornalbou, hi arribà a tenir més de setanta mil volums. Hi havia llibres literalment a tot arreu. Era la biblioteca particular més grossa que jo mai hagí vist. Més tard regalà la seva biblioteca: més de deu mil volums a la Biblioteca de Catalunya, una pila de mils a la de Montserrat. Coneixia a fons diverses llengües europees i sabia disset mil paraules del xinès de les setanta mil que componen aquell llenguatge. Com a diplomàtic, fou secretari de la conferència que elaborà el Tractat de París. Contava coses truculentes, ferotges. Era molt efusiu. A Escornalbou, s'hi vivia bé, però no hi havia electricitat, i una nit el gas acetilè gairebé m'asfixià, en l'habitació del convent que ocupava.

Més tard, Toda visqué a Poblet. Després de la mort de la meva pobra muller vaig anar sovint a aquella impressionant meravella. A conseqüència d'aquelles estades, m'enorgulleixo de conèixer en detall aquella immensa i prodigiosa fàbrica. Quan una casa m'ha agradat he tractat de conèixer-la fins en els seus racons. Així conec també el castell de Peralada. En canvi, les cases que no m'agraden no m'inciten a conèixer-les. Toda organitzà la seva vida a la casa del Prior. Toda i Plandiura realitzaren, en aquell monument, una labor intel·ligent i vasta.

A Poblet coneguí molta gent. Hi vaig tractar copiosament el cardenal Vidal i Barraquer. Vaig passar moltes hores parlant amb el cardenal. Sa Excel·lència ha estat una de les persones tractades per mi d'una més infatigable curiositat. Li agradava de saber-ho tot, sobretot si es tractava de Barcelona.

A Poblet, Toda, que era molt metòdic, anava al llit a les deu. Quedàvem el cardenal i jo, cara a cara. El patge, Viladrich, se separava a un racó, mort de son. El nostre diàleg durava hores i hores i no dequeia mai. Vidal era un fumador de cigarretes incansable. De tard en tard els ronquets del patge ens arribaven d'una poltrona immersa en la semiobscuritat del racó. De vegades la mateixa força del soroll sobresaltava el reverend i el despertava... El silenci nocturn de Poblet, tan solemne i greu, era per a la conversació un fort excitant.

També hi vaig conèixer Mr. Thomas, director de la Biblioteca del Museu Britànic, hispanòfil insigne, home d'una jovialitat i un enriolament constants. Era sorprenent, en Mr. Thomas, com parlava català: en sabia molt més que nosaltres. Era un solter d'un humor impertorbable, amb una capacitat impressionant per a la lectura; tenia els ulls devastats, enrogits de tant de llegir. Generalment, els qui viuen entre llibres no solen pas llegir gaire: es limiten a contemplar-los. Mr. Thomas era una excepció singular. Tenia per Poblet un entusiasme singular i profund i cada any hi passava una temporada. La cuina, a casa del Prior, era bastant apreciable.

Eduard em contava sovint coses de la seva vida. L'estada a la Xina li havia deixat un record molt precís. Em descrivia els viatges que amb altres membres del cos consular havia realitzat pels enormes rius d'aquell imperi immens. Viatjaven en grans barcasses convertides més o menys en yachts a la vela. Les vores dels rius estaven infestades d'una tal quantitat de bandits i pirates que el Govern els havia donat el dret de disparar sobre qualsevol xinès que s'acostès a l'embarcació amb un posat equívoc. "L'anarquia era indescriptible. Els atacs constants de que érem objecte ens obigaven a disparar. Eren comsi fossin cocodrils. Si no ho haguéssim fet, ens haurien devorat com aquell qui menja un préssec. Un xinès valia, llavors, pràcticament res. L'alimentació diària d'un d'aquells éssers humans, valia, en aquella època, dotze o tretze cèntims. Així i tot, aquells viatges fluvials eren perillosos: els cònsols havien d'estar constantment parapetats i rifle en mà, perquè els xinesos estaven sempre a la que salta."

Durant els llargs anys que Toda visqué en aquell país, s'alimentà exclusivament de pollastres rostits, ous passats per aigua i aigua mineral. La higiene, la salubritat, eren inexistents. A vuitanta anys, encara es queixava del paludisme que hi contragué en la seva joventut.

Però, malgrat tot, sentia un gran entusiasme pels xinesos. Tota l'admiració que sentia per ells esdevenia horror i falsedat en parlar dels japonesos.

Tant com els xinesos admirava el general Prim, del qual sabia innombrables anècdotes. Prim i Toda eren de Reus. Prim, segons el meu amic, tingué una qualitat prodigiosament accentuada: la memòria. Una vegada que essent coronel viatjava en la diligència de Barcelona a Madrid, en els límits de Tarragona, el vehicle fou aturat pels lladres del camí ral. Els temps eren d'inseguretat.

Feren baixar els viatgers i estengueren una manta sobre la carretera.

—Tirin el que portin sobre la manta! —ordenaren els lladres.

Tothom ho féu menys Prim. El qui semblava el cap dels facinerosos se n'adonà. Fou invitat, de mala manera, a fer com els altres.

—No em dóna la gana! —contestà Prim amb un llampec als ulls.

Els bandits se li tiraren a sobre i el colpejaren. Eren cinc contra un. Prim amollà el que portava.

Passaren anys —potser cinc o sis anys. Un dia que passava revista, a la plaça de Valls, a una concentració de gent del país, de sobte s'aturà i es quedà mirant un home de la fila. Manà que en sortís i el féu afusellar a l'acte. Era un dels bandits que prengueren part en l'assalt de la diligència. El lladre ho confirmà.

Però la gran obsessió de Toda fou Poblet. Arribà a reunir una immensa quantitat de documents relacionats amb el monestir dispersats des del saqueig i incendi de l'any 1835: més de disset mil documents que havien format part de l'arxiu del monestir; en trobà onsevulla: a França, a Alemanya, a Anglaterra. Toda tenia el nas dels papers i dels llibres: els trobava en els llocs més impensats. Era com un perdiguer seguint un rastre. Dels papers recollits, un m'interessà particularment perquè feia referència a la mort del "Trapense". El frare guerriller Antoni Marañón, "el Trapense", donà un joc enorme a l'època de la Regència d'Urgell i dels Apostòlics amb la partida de què formà part Josefina Commerford, la bellíssima anglesa, de mare espanyola, nascuda a Tarifa. Els monjos de Scala Dei comuniquen a l'abat de Poblet —segons el document a què faig referència— la mort, en el seu convent, del "Trapense", i demanen que diguin una missa per l'etern descans de la seva ànima. En aquest país no s'ha cultivat mai la novel·la històrica, malgrat la quantitat de coses que s'haurien pogut fer. Estic segur que aquell document hauria interessat a Baroja —però, sentint-ho molt, no l'he conegut. Crec que el document hauria corregit la part llegendària que en l'obra d'aquest autor té la vida i la mort d'aquell frare exclaustrat i trabucaire.

La resconstrucció de l'Arxiu de Poblet, per Toda, em recorda constantment l'admirable labor realitzada pel meu amic Raguer amb referència al monestir de Ripoll.

Recordareu potser que a l'enfila de la xemeneia de la meva casa de Corriol hi ha un pot d'apotecari sobre el qual es veu un àngel meravellós, de grans ulls negres, malenconiosos, extàtics —uns ulls que per la seva intensitat hauria pogut dibuixar Pau Picasso. La peça té unes aigües verdes i és de gran valor. Doncs bé: és un present del meu amic Raguer. Tomàs Raguer, de Ripoll, apotecari de Ripoll, és un dels esperits més agradables i cultivats que he tractat en la meva existència. És un home alt i gros, amb una barba, una veu forta i ronca, unes maneres obertes i franques.

Raguer ha creat un museu de coses populars que és un dels més curiosos i millors museus d'aquesta classe que existeixen. La seva importància ha traspassat els límits de la comarca. Ha dedicat, a més a més, la seva vida a la fosca meravella del monestir de Ripoll, pensant sobretot en la reconstrucció del seu arxiu, en part destruït, en part dispersat a conseqüència dels fets vandàlics de l'any 35. Segons els erudits, l'arxiu de Ripoll fou l'arxiu medieval d'Europa més important i ric. Durant anys i anys, Raguer ha editat, encara, el "Scriptorium" per tal de continuar la publicació de la revista que fins fa cent deu anys editaren els monjos del monestir.

Tot això és admirable. Figures com les de Toda i Raguer em semblen casos de civilització altíssims. Perquè s'ha de confessar que aquest teixir i desteixir constant, tan característic de la vida d'aquest país, produeix una aclaparadora tristesa...

Un dia, trobant-me a la Garriga, vaig entrar en un cafè. Vaig demanar a l'amo una copa de *chartreuse.*

—No puc servir-lo! —em contestà, sense perdre, però, el seu optimisme—. De tota manera li puc oferir una cosa que li agradarà molt més.

—No es molesti...

—Noi —cridà, interrompent-me—. Una copa de Mefistòfeles per a aquest senyor...

Ara ja no fumo; però he estat fumador, i sempre de tabac negre. M'agradà de fer-me els cigarrets. El 1890, les persones distingides fumaven cigarretes fetes amb paper de *jaramago* o de quitrà. Els pobres solien fumar "Carlets". Quan el *jaramago* i el quitrà iniciaren la seva decadència —no hi ha res que duri sempre— aparegué el "Megaterio", que fou el meu paper durant molts anys. Un bon dia el "Megaterio" anà de baixa i finalment desaparegué. Llavors vaig dedicar-me francament al "Carlets", de coberta groga i cinta de color de rosa.

Joan Deu em digué un dia que els "Carlets" d'Olot es feren rics produint paper de fumar i butlles de la Santa Croada per la quaresma.

En política, la frase de Rivarol presenta una síntesi perfecta: *"la droite est si gauche et la gauche si peu droite!"*

En una casa de Manlleu, hi vivia un matrimoni amb un fill ja gran, un bergant de vint-i-tres anys. Els pares de la criatura observaren, en un moment determinat, que s'entristia. No tenia gana, tot l'amoïnava, parlava a penes, cercava els llocs solitaris i tenia un aspecte decaigut i aclaparat. L'interrogaren amb la natural preocupació.

—Estàs trist, Pepito? —li digueren.

—Sí, estic molt trist...
—I què et passa? Estás malalt?
—No. No ho estic pas.
—Has tingut alguna contrarietat, algun disgust?
—No, no he tingut cap disgust —contestà Pepito amb un gest de displicència.
—Deus estar enamorat.
—No, no estic pas enamorat...
—Llavors, per què estàs trist?
—Estic trist —digué sanglotant, però revestit de valor— perquè voldria tenir una ocarina i no tinc prou diners...
A mi m'impressionaren sempre les persones tristes i atacades del mal de la malenconia. L'experiència de la vida m'ha demostrat, però, que l'home és sensible a les més irrisòries causes de tristesa.

A l'època de la meva joventut, molts barcelonins eren afeccionats a fer volar coloms. Aquesta manera de passar l'estona s'ha pràcticament extingit. En els terrats del carrer de la Palla i en els dels carrers veïns hi havia els millors coneixedors d'aquesta classe d'exercici. Pujaven al terrat amb una canya llarga armada d'un drap blanc al capdamunt. Feien moure la canya amb el drap com una bandera descrivint uns cercles amples. Obert el colomar, els coloms seguien el moviment del drap, descrivint unes corbes concèntriques, de vegades d'un diàmetre molt extens.

La gràcia del joc consistia a atraure al propi cercle els coloms dels cercles veïns. De vegades, el colomar complet d'un ciutadà entrava a l'àrea de la canya del veí, i quan aquest abaixava el drap tancava tots els coloms —els seus i els de l'altre— en la seva gàbia. El ciutadà que havia perdut els coloms quedava amb la canya a la mà i la boca oberta. Aquests menestrals divertien, en realitat, els seus coloms, per les mateixes raons per les quals els caçadors, quan surten amb l'escopeta, diverteixen els seus gossos.

Aquests jocs i rejocs de terrat, aquestes astúcies i intrigues colombòfiles, crearen entre els qui les exercien odis profunds. Es produïen altercats de balcó a balcó, invectives de celobert, topades de carrer estret, irascibles. Una vegada un ciutadà captà el colomar complet d'un veí. Agafà un a un els coloms, els tallà les potes i els llançá a l'aire. Els animalets feien uns xiscles espantosos, agitaven les ales nerviosament, mentre anaven degotant sang.

Un dia vaig trobar el meu amic P., el fill del qual era un conegut colombòfil.

—Què tal el seu fill? —vaig inquirir.

—Què li diré?... —em contestà—. A part de quatre copetes, quatre cartetes, quatre donetes i quatre colomets... tot bé. No es pot pas dir que sigui un mal noi.

Regordosa, el fabricant, sogre que fou del cèlebre Ricardo Torres, "Bombita", que també és mort, fou molt popular en la Barcelona d'aquell temps.

Un capvespre d'estiu que Regordosa passava, en tren, per la Garriga i l'andana de l'estació era plena de senyores i senyors de la colònia entiuenca, tragué el cap per la finestra i preguntà en veu molt alta a la concurrència.

—I vostès, és clar, sempre dormint amb una flassada.

Feia una calor aclaparadora, la que a l'estiu fa a la Garriga. La pregunta de Regordosa produí un tal escàndol que el tren hagué de sortir corrents.

Quan arribaren a Barcelona els primers avions, l'hipòdrom fou utilitzat com a pista. Es produí un vivíssim interès; l'hipòdrom s'emplenà de gent rica i desvagada que es passava llargues hores al camp parlant i admirant el prodigi. En vista de l'èxit, un tal Greco organitzà uns vols de duració limitada a preu fix que entusiasmaren la gent. Una valenta senyoreta pujà també a la caixa de panses lligada amb filferro i donà una volta pel cel. La seva família contemplà l'inusitat espectacle amb l'ánima penjada per un fil. Tot anà bé, però, i quan la senyoreta baixà fou rodejada per la seva família i per les seves múltiples i distingides amistats.

—Què tal, què tal? —li preguntaren amb l'aire d'afectada fredor i cursileria que llavors s'estilava—. Ha anat bé?

—Dóna gust, però dura poc! —contestà posant els ulls lleugerament en blanc, la senyoreta.

Regordosa, que es trobava prop de l'escena, digué ràpid, amb la veuassa que tenia:

—De tota manera, encara hi ha un gust que dura menys...

Al moment en què els uns es tapaven les orelles i els altres iniciaven la fugida —perquè consideraven que la procacitat (Rogordosa tenia fama d'home ordinari) era imminent— digué, rient:

—Sí, un esternut encara dura menys.

En els meus records, el senyor Camín, don Àlvar Maria Camín, presenta un tipus d'home absolutament específic.

La família Camín fou una nombrosa família d'homes de lleis, tant civils com militars. En una ocasió un desconegut es presentà a la porta del despatx del senyor Camín.

—El senyor Camín? —preguntá amb el barret a la mà.

—Som quatre.

—Jo pregunto per l'advocat senyor Camín.

—Som tres.

—Exactament, jo desitjaria parlar amb don Àlvar...

—Som dos...

—La meva pretensió seria parlar amb... comprèn...?, el més savi, amb el que té tanta fama...

—Sóc jo. Entri!

He vist molts casos de vanitat pueril doblada d'una impressionant bona fe. El metge Josep Casas, de Manlleu, fou una excellent persona. Era republicà, sempre portava dol i era escriptor, tant en prosa com en vers. Ens ha deixat una obra teatral, "La nit de Sant Joan", que el meu amic solia recitar amb un trèmolo afectat que posava pell de gallina. Casas girava una mica els ulls i recitava:

Ai quina nit tan serena!
Com refila el rossinyol!
Jepet, mon pit porta dol,
perquè en el meu cor hi ha pena!

Immediatament després d'haver formulat l'últim vers, Casas no es podia aguantar i deia en el mateix to i el mateix posat de la recitació de l'obra:

—Mare de Déu, que és bonic!

En el curs de la vida, la marxa dels esdeveniments pot tenir un o altre sentit, per raons absolutament indiscernibles. Vegeu, per exemple, el que passà una vegada al doctor Rull, que era el tocòleg de més fama a Barcelona a principis de segle. Una nit fou cridat d'urgència per examinar el cas d'una senyora que anà de part. El part es presentava malament, i la senyora, enervada pel dolor, es trobava en un estat d'agitació vivíssima.

Rull prengué sobre la pacient les disposicions que cregué convenients i tot d'una, en una de les doloroses arrencades de la senyora, una estirada de braç donada inconscientment, el *bisonyé* que el doctor Rull portava posat amb gran cura li quedà a la má. Quan la senyora es trobà amb el bisonyé a la mà i veié l'aspecte novíssim, singular, desconegut, que presentava el metge, se li marcà en la cara un tal espant, feu amb el cos una contracció tan profunda, que gairebé en el mateix moment la criatura sortí amb tota facilitat.

Un dels homes més ordenats que he conegut fou l'anglès Dickling, representant a Barcelona de les màquines Platt, per a la indústria tèxtil. Cada matí feia el recorregut dels cafès de la Rambla. A les onze baixava Rambla avall, pel marxapeu de Betlem; després, pujava Rambla amunt pel cantó de la Por-

Rafael Puget als cinquanta anys.

taferrissa. Feia escala a tots els establiments. A les dues, arribava al Continental, passablement carregat però satisfet.

El seu pas pels cafès obeïa a un horari inflexible. Els empleats del seu despatx coneixien aquest horari al minut, de manera que podien donar raó del cafè en què es trobava míster Dickling a cada moment.

—El senyor Dickling? —preguntava un client.

—No hi és.

—On els sembla que el podria trobar?

Miraven el rellotge.

—En aquest moment —deien— està sortint del Petit-Pelayo.

Una mica més tard es presentava un altre client. Hom consultava el rellotge altra vegada.

—Ara deu estar a punt d'arribar al Lyon d'Or.

O bé:

—En aquest moment és al Gambrinus.

No he conegut ningú amb una noció de l'ordre més clara i un sentit de la responsabilitat més estricte que Mr. Dickling.

Miquel dels Sants Oliver em contà que, essent secretari de l'Ateneu, se li presentà un dia un pagès de Ripoll i li exposà la urgent necessitat que sentia de trobar un tal senyor Serra, que fins feia pocs dies havia viscut allà dalt i amb el qual havia fet una gran amistat.

—El meu amic es diu Serra —digué el pagès.

—Serra? A la casa hi ha molts socis que es diuen Serra. Podria dir-me a què es dedica el seu amic?

—Em sembla que li vaig sentir dir —féu el pagès, amb la mà al clatell— que es dedica a una cosa així com el fox-terrier, comprèn?

Oliver féu les indagacions del cas, i resultà que el pagès cercava el senyor Serra i Pagès, el del folklore.

En la Barcelona del meu temps hi hagué molta gent que anava al llit tard, molts noctàmbuls. Un amic meu que solia tornar a casa seva molt tard havia de travessar l'habitació on dormien les seves criatures per arribar a la seva. Una matinada, el ciutadà avançà cautelosament, les sabates a la mà, palpant en l'obscuritat per no topar en cap moble quan de sobte sentí una càndida veu infantil que deia:

—Alça, Pepet!

Aquest "Alça, Pepet!" constitueix en certa manera un cruixit inconscient de la raça, una formulació constant de la nostra congènita ironia. En definitiva, tot acaba, entre nosaltres, en la ziga-zaga sovint ferotge de la ironia. En aquest país s'ha de tenir una cosa: s'ha de possseir el sentit del ridícul.

Quan el senyor Feliu i Codina estrenà, amb l'èxit immens que ja ningú no recorda, "La Dolores", fou considerat, una temporada, un geni autèntic. Al cafè, un amic digué a Llanas, que semblava tenir una vaga, llunyaníssima reserva mental davant del dramaturg:

—Desenganyi's, Llanas, davant de Feliu i Codina un hom s'ha de treure el barret.

—Què vol dir el barret? Què vol dir el barret? —replicà Llanas, sobtadament animat—. Davant de Feliu i Codina un hom s'ha de treure el crani...

I, portant-se el palmell de la mà dreta sobre el frontal, féu després amb el braç —i com si portés al palmell de la mà la seva massa encefàlica— una gran reverència.

En el curs de la vida he vist moltes coses ferotges, però poques com la que escaigué al meu amic N... Al meu amic, li hagueren de tallar una cama, de molt amunt, de manera que per caminar hagué de valer-se d'una cama artificial. Un matí, trobant-se encara al llit i sense cama, tingué un altercat amb la seva senyora. En un moment d'irascibilitat la senyora digué al seu marit, mentre amb la cama a coll se n'anava corredor avall:

—Ara me la pagaràs. Estaràs dos dies al llit. Et retiro la cama.

He conegut molt poca gent capaç de veure les coses independentment del vidre dels seus més directes i petits interessos. Aquesta és la causa de l'enveja en aquest país i la causa que tot sigui tan petit.

Frederic Soler, "Pitarra", tingué un talent natural prodigiós, una intuïció viva, una agilitat espontània sorprenent. Conegué els trucs del teatre com ningú, ací, en el seu temps. Malgrat vestir gairebé sempre de levita, com a dramaturg semblava un Sardou desbotonat i en cos de camisa.

En la seva joventut fou rellotger. Després, per combatre el catalanisme, muntà, amb gran èxit, el teatre català. No fou pas un home de cultura. El seu teatre és intuïtiu. Personalment fou un home agre i displicent. Una de les seves màximes fou aquesta:

—Prefereixo un fracàs propi que l'èxit d'un company.

En determinats sectors, sobretot entre artistes, aquesta màxima és molt freqüent.

Josep Maria Pasqual, de "La Publicidad", fou molt amic de Pitarrra. Anava a casa seva a fer-li companyia. En aquella època Barcelona era un poble gran on passaven poques coses, on tothom es coneixia la vida i miracles. És comprensible, així, el xivarri que s'armà a Barcelona quan la senyora X —senyora molt bella i de la millor societat— fugí amb el seu amant. Pasqual comentava amb Pitarra la fuga de l'agraciada senyora. S'ha d'advertir que Soler estigué casat amb una senyora d'escassa presentació, tocada per una mica de pèl a la cara.

—Davant de determinades accions —deia Pasqual— s'ha de reconèixer forçosament...

—Què és el que s'ha de reconèixer? —demanà Pitarra.

—S'ha de reconèixer que són impensables, absurdes, incomprensibles...

—Això ho diu vostè! —féu Soler amb la seva agra vivor—. El que li puc assegurar és que hi ha molt poques coses absurdes en el món i que, el mal gust que hom ha pogut tenir, el pot tenir una qualsevol altra persona.

En el menjador de la seva casa de Corriol, Puget hi té tres taules comprades a Mallorca —taules que degueren ésser molt borroses, però que netejades convenientment aclariren el que contenen.

Una d'elles representa Caïm matant Abel; una altra, el sacrifici d'Isaac, és a dir, Abraham matant Isaac. La tercera és una escena del mateix sentit, entre David i Urias.

—Aquest pintor és molt curiós... —em diu Puget, amb un posat indiferent—. És un pintor que demostra tenir, de la vida de família, una idea claríssima.

MEDITACIÓ FINAL. TARDOR A COLLSACABRA

—He viscut a Barcelona —em diu Puget amb una veu tocada de malenconia— una gran part de la meva vida. He tingut a Barcelona una considerable quantitat d'amics. Les seves idees sempre m'importaren menys que els seus sentiments. Gairebé tots ells (tots es pot dir) contribuïren a fer-me agradable l'existència.

He estimat moltíssim els meus amics i estic segur que ells també m'han estimat. Gairebé tots han mort. Dels concurrents a algunes tertúlies a les quals generosament vaig ésser admès, ja només quedo jo. I jo tinc un peu a l'altra vida. No sóc més que una obra de l'ahir.

He estimat molt els meus amics. No passa dia que no hi pensi. Ja no puc moure'm. No puc anar a veure els pocs que em queden. Alguns tenen la meravellosa bondat de venir, de vegades, a fer-me companyia. Ja durarà poc, perquè tant ells com jo estem penjats d'un fil. Les cames no em poden portar, el cap m'és un turment, però la imaginació, les ruïnes de la meva memòria, s'emplenen amb la seva presència. Cada dia prego a Déu per la seva ànima. Cada dia, mentalment, m'imagino les seves cares, parlo i tinc llargs diàlegs amb ells.

Hipotèticament, pago quaranta-set pensions vitalícies a altres tants amics. Si hagués estat un home ric, la meva més gran il·lusió hauria estat fer-los la vida agradable. Sumat tot el que els dono, la xifra puja a uns cent quaranta-set mil irrisoris duros cada any. Tots els qui foren amics meus i que no s'obriren pas en la vida tenen dret a una pensió que els pago amb la més gran alegria. Per a aquests afers tinc un administrador perfecte: és el meu difunt amic Jaumandreu, de la penya de l'Ateneu.

A Oliver, li passo tres mil duros l'any perquè pugui viure en la seva dolça Mallorca i no hagi d'escriure articles de fons a "La Vanguardia". Li passo dos mil duros més perquè pugui fer un viatge anual a l'estranger —a París— i pugui folgadament dedicar-se als seus estudis històrics preferits.

Perquè no vegin en mi un mecenas sinistre —com són gairebé tots els mecenas— encarrego treballs als meus amics, però si no els escriuen m'és igual. A Oliver, un parell de mesos de vida de París li van admirablement. Els qui tota la vida foren uns paràsits, els pago perquè ho continuïn essent. Els càlculs de les meves pensions són fets a base dels preus d'abans de la guerra.

El diner és probablement la cosa més important de la vida. Però dubto que la possessió de grans quantitats de diners hagués aconseguit canviar les meves idees i els meus hàbits mentals. Jo he estat rendista; però, com tants rendistes, més que viure de renda no he fet més que anar-me morint de renda. El diner perd el seu valor, es volatilitza com el perfum, és devorat pels qui l'administren, que no solen ésser mai les persones que el guanyaren. Aquests administradors són cada vegada més rics. Ho són cada dia més, al meu entendre, perquè no tenen amics. A mi m'hauria agradat d'ésser ric, per una sola raó: per no haver hagut de pensar en els diners...

Tot això —i moltes coses més—, m'ho deia Puget assegut en una poltrona a la galeria de la seva casa de Corriol, a Collsacabra, una meravellosa tarda de tardor. Corriol és una masia molt gran, oberta a quatre vents, acarada a migdia, amb dues teories d'arcs superposats a la façana: els de la planta baixa els de la galeria del primer pis. Des d'aquesta galeria contemplàvem el paisatge. Ens sentíem envoltats com per un coixí de silenci deliciós. En el prat de davant de la casa pasturaven unes vaques. Més enllà, un poltre enjogassat i pelut passava el coll pel ventre d'una euga planturosa i solemne. Després, la terra feia una brusca depressió i l'entallada de Rupit es dibuixava sobre el cel. Més enllà, tremolant dins l'aire blavís, s'estenia la solitària i vasta Guilleria i a l'horitzó, flotant en la deliqüescència aèria, el Montseny era una forma evanescent.

En aquesta galeria hi ha una col·lecció curiosa: una col·lecció d'esquelles. N'hi ha a dotzenes, molt ben posades, penjades d'uns ferros. Hi ha grosses esquelles per al bestiar petit i esquellincs diminuts per a les vaques, els bous i les eugues. En passar de vegades una mica d'aire, es movia el batall d'alguna peça i se sentia —de vegades greu, de vegades cristal·lina, sempre molt dolça— una remor que el vent s'emportava lentament, com si es gronxés. Això donava al lloc i a l'hora un estar plàcid i tranquil.

Contemplàvem el paisatge en silenci...

Aquest país de Collsacabra, delícia de les terres altes de Catalunya, és a la primavera i a l'estiu com un jardí anglès. Tres quarts de segle enrera, a l'època del general Savalls i del brigadier Huguet, degué ésser un bosc inextricable de faigs, roures i alzines. Amb el pas dels anys s'han tallat molts d'arbres, el país s'ha esclarissat i els terrenys aclarits es convertiren en prats i terres de conreu. Aquesta obra de l'economia humana, realitzada de qualsevol manera, no fa pas la impressió, encara, d'haver arrasat el país. Un jardí anglès no és mai un bosc, com tampoc no és, com el jardí francès, una organització geomètrica de la terra i de la botànica. És un punt dolç entre l'ordre i el desordre, un miracle del bon gust humà folgat i espontani, un compromís entre les necessitats econòmiques i l'esplendor de la naturalesa en llibertat.

Quan arriba la tardor, entra Collsacabra en una agonia vegetal de visualitat meravellosa. Tothom sap que la matèria, que la vida, tendeix a la fatiga. Les espècies vegetals es cansen d'estar sempre al mateix lloc. Degeneren. Moren. Fa cinquanta anys, el nombre de pins que vivien en aquest país era literalment irrisori. Ara són innombrables i creixen pertot arreu. Però encara hi ha alguna alzina, de fulla perenne, incomparables roures de fulla fugissera i molts de faigs en els vessants acarats a llevant, als quals el sol de tarda no arriba. Els faigs són arbres finíssims. A l'estiu les seves fulles tenen un verd dens i una profunditat prodigiosa —un verd que sembla que es pot tallar com la llonganissa—. Els teixits de la planta són blancs i tendres: la soca, la branca, són recobertes d'una pell fina, tan fina al tacte com la pell d'una cama esvelta. A la tardor aquests arbres viuen al sol, quatre o cinc hores del matí. L'altra part del dia, la passen tocats per una ombra humida, submergits en el baf de l'humus de la terra. Les seves fulles s'acoloreixen de tots els matisos de la flama viva, des del color de pa morè als sienes més espessos fins als vinagres més àcids i de més calfred. Les seves fulles cauen al sòl i els vessants es cobreixen de caliu. Els colors de boca de forn dels faigs tenen una densitat llefiscosa. A terra, les fulles fan una viscositat relliscadissa. Les gotes d'humitat les perlegen. Els bolets rovellats, tocats de blancs cadavèrics, de carmí, de bronzes mullats, de verds de verí, viuen en els seus forats i els seus misteris. La molsa de color verd botella, el fistonat de les falgueres, posa, en les anfractuositats, una tendresa líquida. Dintre d'aquesta esplendor, els arbres que no muden semblen un anacronisme: els pins, els avets, les alzines. Els pins són negres i la seva copa té un enravenament hirsut, treu unes agulles rígides. Els avets, de branques planes, esperen sempre que caigui alguna cosa del cel. L'obscuritat verdosa de les alzines nobles es torna sorda i grisa. En canvi, els roures tenen una agonia meravellosa, més clara i exsangüe que la dels faigs; més irisada de roses i vermells. Els oms treuen grocs de ploma de canari frenètics, per a acabar morint en esvaïments vellutats, tènues. En les torrentades profundes, aquests colors, que el sol tebi abrillanta, es fonen amb els tocs bronzejats dels boixos, dels avellaners silvestres, de les mates i els arbustos del ras de terra. Es produeix com una combustió lenta de colors torrats, rogencs, argilosos, morens, que oscil·len entre el vinagre espès i rubor de la galta, entre la taca sanguinolenta i el desmai dels ocres. Sobre aquest trànsit lent floten les mandroses fumeroles de tardor, que de vegades s'arrosseguen lentament i altres filen molt prim i s'esfilagarsen en la cal·ligrafia arbòria en tenuïtats levíssimes.

Sense voler, penso, davant d'aquest paisatge, en el pintor tardoral per excel·lència: en Sisley. La botànica del pintor és distinta. Els seus arbres foren els castanyers d'Índies, els *marronniers* de l'Illa de França, greus i pomposos, que l'artista trobava sobre un cel d'estany, en boirina, en les dolces recolzades dels canals i dels rius. Ací el cel sol ésser d'un blau tendre; la llum, més que grisa, és daurada; els arbres són una mica més escanyolits; els rius són torrenteres. Però els colors, sobre la terra, són els mateixos: sal i vinagre; caliuer de boca de forn, grocs desmaiats, sienes i terres, ocres granulats, canyelles, colors de vi i de rapè. I com en aquelles meravelloses teles hi ha una sensació de silenci, de calma, una pau adormida en la peresa dels fums tardorals de la naturalesa. És en aquest temps que les esquelles de les vaques tenen un gust més dolç, que els camins solitaris, tan patètics, fan més companyia, que les corbes del vol dels ocells són més fines, que el pas dels núvols transporta el sentiment cap a enyorades llunyanies. Tot és subtil i voltat de suavitats. La llum flota sigil·losament, la tebior daurada de l'aire sembla un miracle suspès per un fil, la morbidesa estàtica del paisatge posa, en el front, una ombra de malenconia, la solitud és cosa bona i molt fina.

Quan el dia decau i l'aire s'ensopeix, acostar-se a la llar és com veure, transposats, els colors del dia. El primer efecte del foc és projectar una mica de silenci. Aquests troncs que es cremen donen els mateixos colors de la tardor. El pensament queda com obsessionat en la flama viva. El foc fa una gran companyia. Absorbeix els sentits. Pensar, llavors, en el que s'ha perdut en la vida —gairebé tot— incita a la conformació i a la pau. Pensar en el que s'ha guanyat —gairebé res— és cosa que, per la seva irrisorietat i el dolor que produeix, fatiga. Hom queda mirant la fantasmagoria del foc, la flama tenaç i persistent —blava o rogenca— i la transformació de tot en cendra. Les lleugeres remors del silenci —el somiqueig del vent, el xisclet d'un ocell nocturn, el cruixir lleu d'un vell moble tocat dels corcs— adormen la imaginació i posen el cotó soporífer en els nervis.

El senyor Puget ha atiat el foc i després ha pres seient en la seva butaca d'orella. En el menjador hi ha una semiobscuritat tocada per la resplendor de la llar. Les fustes, els coures, les bacines d'església —Puget ha estat col·leccionista d'esquelles i de bacines—, els cristalls, relluen somortament. Darrera la butaca de don Rafel, l'empunyadura del sabre del general Savalls llança una petita lluïssor. Puget posa el colze sobre el braç de la butaca, acosta la galta al palmell de la mà, deixa caure una mica el cos i els seus ulls es tanquen lentament.

ÍNDEX